영혼에도
감각이 살아 있어서

영혼에도
감각이 살아 있어서

ⓒ 김상진, 2023

초판 1쇄 발행 2023년 10월 16일

지은이   김상진
펴낸이   이기봉
편집   좋은땅 편집팀
펴낸곳   도서출판 좋은땅
주소   서울특별시 마포구 양화로12길 26 지월드빌딩 (서교동 395-7)
전화   02)374-8616~7
팩스   02)374-8614
이메일   gworldbook@naver.com
홈페이지 www.g-world.co.kr

ISBN   979-11-388-2377-7 (03230)

죄 용서함을 받지 못한 영혼은 혹독한 벌을 받게 됩니다

김상진 지음

영혼에도 감각이
살아 있어서

"나 주 여호와는 그 누구도 죽는 것을 원하지 않는다."
"그러므로 너희는 회개하고 살아라!"

좋은땅

머리글

이 글을 쓰게 된 동기는 실존하신 하나님을 세상에 널리 알리기 위해서입니다. 그런데요, 주님을 의지하는 마음 때문인지 이 글을 쓰게 되면서 저자는 점점 더 하나님이 두려워짐을 느낍니다. 성경을 깨달으면 깨달을수록 종이 무엇이기에 이토록 주님의 말씀이 생각나게 하시는지 그 사명의 막중함을 느꼈기 때문입니다. 그것은 주님께서 에스겔 선지자에게 깨우쳐 주신 대로 주님을 대신하여 죄를 범하는 모든 사람에게 말씀을 전파하지 않으면 "그 피 값을 네 손에서 찾겠다." 말씀하신 것입니다. 이 말씀은 어린 시절에도 주셨던 파수꾼(겔 3:17-21)에 대한 말씀인데요, 오늘날에 와서도 자꾸만 생각나게 하신 것입니다.

저자는 지인 중 한 사람을 다음에 만나면 "꼭, 예수님을 영접하라고 말을 해야지!" 하고 잠깐 미루었다가 그만 그 기회를 영원히 놓치고 말았습니다. 지금에 와서 전도하지 못한 저자의 책임감 때문에 이 세상을 떠난 사람에게 후회하며 용서를 빈들 소용없는 일이지만, 이 글을 쓰기 시작하면서 그 일이 생각나 저자의 가슴을 후벼 파고 있습니다. 기회가 항상 열려 있는 것이 아니었습니다. 그래서 주님께서 사도 바울을 통해서 "너는 말씀을 전파하라. 때를 얻든지 못 얻든지 항상 힘쓰라."(딤후4:2)고 하셨나 봅니다. 여러분도 저자처럼 기회를 놓치지 마시길 바랍니다. 저자도 이제부터는 기회를 절대로 놓치지 않으려고 합니다. 그것은 "죽은 사람의 영혼이 '자신의 영혼의 몸'으로 '지옥에서 처절하게 몸부림치며 겪는 그 고통'을 눈으로 보듯 확실하게 깨달았기 때문"입니다. 그래서 저자가 한 번 그렇게 기회를 놓친 일로 더욱 괴로워하는 것입니다. 조금만 더 이 사실을 일찍 깨달았더라면 적극적으로 행동에 나섰을 텐데, 하는 후회막심함에 저자가 무척이나 괴로운 것입니다.

그러나 다윗이 죽은 아이로 식음을 전폐하고 나서 털고 일어난 것과 같이 저자도 이제는 그런 심정으로 새로 시작하려고 합니다. "가서 제자 삼으라."라는 찬양처럼 수많은 사람의 영혼들이 저자와 동역자들과 형제 여러분들에게 달려 있기에 시작하려고 합니다. 그러므로 **죄인**에게든지(겔3:18-19; 가령, 내가 악인에게 말하기를 너는 꼭 죽으리라 할 때에〈공동번역; 너는 못되게 구는 자들은 죽는다는 나의 선언을 그대로 전하여 깨우쳐 주기만 하면 된다〉 네가 깨우치지 아니하거나 말로 악인에게 일러서 그 악한 길을 떠나 생명을 구원케 아니하면 그 악인은 그 죄악 중⟨제 죄로⟩에서 죽으려니와 내가 '그 피 값을 네 손에서 찾을 것'이고 네가 악인을 깨우치되 그가 그 악한 마음과 악한 행위에서 돌이키지 아니하면 그는 그 죄악 중⟨자기 죄로⟩에서 죽으려니와 '너는 네 생명을 보존하리라') **의인**에게든지(겔3:19-20; 또 의인이 그 의에서 돌이켜 악을 행할 때는 이미 행한 그 의는 기억할 바 아니라, 내가 그 앞에 거치는 것을 두면⟨공동번역; 나는 그 앞에서 올무를 놓아 잡으리라⟩ 그가 죽을지니 이는 네가 그를 깨우치지 않음이라. 그가 그 죄 중⟨제 죄로⟩에서 죽으려니와 '그 피 값은 내가 네 손에서 찾으리라'. 그러나 네가 그 의인을 깨우쳐 범죄치 않게 하므로⟨잘못에 빠지지 않도록 일깨워 주어서 그 때문에⟩ 그가 범죄치 아니하면 정녕 살리니 이는 깨우침을 받음이며 '너도 네 영혼을 보존하리라') **죄를 범하는 모든 사람**에게 말씀을 전파해야만 합니다. 죄인이든, 의인이든 '지금 짓고 있는 모든 죄에서 돌아서라고' 말입니다. 만일 말씀을 전파하지 않으면 파수꾼으로 세우신, 주님이신 구주께서 저와 여러분의 손에서 그들의 **피 값**을 찾는다(공동번역; 너는 내 앞에서 그의 죽음에 대한 '책임을 면하지 못할 것'이다)고 말씀하셨기 때문입니다.

얼마나 두려운 말씀입니까? 그러므로 지금부터는 저와 여러분들은 하나님의 영광스러운 힘을 통해 오는 모든 능력으로 여러분이 강해져서 모든 일을 기쁨으로 하며 서로 진실로 사랑하며 있는 힘을 다하여 믿음의 가족뿐 아니라 혈육의 가족, 그리고 친척, 친구, 동료, 동네 이웃, 더 나아가서 그리스도의 형제들과 그리스도의 향기를 가지고 이 나라 방방곡곡뿐 아니라 전국으로, 세계로 뻗어 나가 파수꾼의 사명을 다해야만 하는 것입니다. 그리스도의 형제가 된 여러분 모두에게 우리 주 예수 그리스도의 아버지, 하나님의 은혜와 그리스도의 사랑과 성령님의 교통하심이 항상 함께하시기를 예수님의 이름으로 기도합니다.

복음의 소리 김상진 드림

목차

머리글 _4

눈에 보이지 않는 하나님을 어떻게 사랑하지? _9

갑자기 온몸이 침대 밑으로 굴러떨어져 버렸다 _25

육체와 같이 우리의 영혼도 아픔을 느낍니다 _39

죽음 뒤에 오는 인생 _43

악인들의 종말 _51

악한 사람들을 시샘하는 여호와의 찬양단장 아삽 _55

놀라운 사실은 영적 존재들에게도 감각이 살아 있다는 것입니다 _67

지옥은 불의 세계요, 어둠의 세계입니다 _95

성령님이 지배하는 생활, 마귀가 지배하는 생활(지금은 나를
돌아보는 시간, 나는 의인에 속할까요? 악인에 속할까요?) _105

살아 계신 하나님 _141

고도로 발달한 AI 시대를 대비하십시오 _165

사랑은 허다한 죄를 용서해 줍니다 _183

어째서 너희가 제사장직마저 요구하는가? _193

선악과를 따서 먹은 하와가 뱀의 말과 같이 죽지 않았는데 _249

제사장 제도, 하나님께서 아주 특별하게 세우신 제도입니다 _269

사도들을 통해 누가 하신 말씀입니까? _273

눈에 보이지 않는 하나님을
어떻게 사랑하지?

"하나님을 사랑한다고 하면서 형제를 미워하는 사람은 거짓말쟁이입니다. 눈에 보이는 형제를 사랑하지 못하는 사람이 보이지 않는 하나님을 사랑할 수 없습니다. 하나님을 사랑하는 사람은 형제도 사랑해야 합니다. 우리는 이 계명을 예수님에게서 받았습니다."(요일4:20-21; 현대인의 성경)

우리는 때때로 자신에게 기분 좋은 일이 있을 때나 기쁜 일이 생겼을 때는 너무 좋아서 혼잣말로 "하나님 감사합니다." 하거나 "하나님 사랑합니다." 합니다. 그렇습니다. 하나님에게서 온 것이나 하나님에 의해서 생긴 일이라면 하나님을 마음으로 사랑하고 그분에게 감사함을 표하는 것이기에 잘한 일인 것입니다. 주님께서도 "네 **마음**을 다하고 목숨을 다하고 뜻을 다하여 주 너의 하나님을 사랑하라." 하셨으니 말입니다.

그런데 문제가 어디에서 일어나는가 하면 마음으로만 사랑한다는 것에부터 발생하기 시작합니다. 그래서 저자가 사람들에게 "하나님을 사랑합니까?" 하고 물어봅니다. 그러면 대부분 대답이 "네, 하나님을 사랑하지요." 말합니다. 그래서 그 대답을 듣고 나서 다시 물어봅니다. "그러면 하나님을 어떻게 사랑하지요?" 그러면 어떤 사람들은 대답하기를 이렇게 하더라고요. "하나님을 어떻게 사랑하긴요, 마음으로 사랑하지요." 그렇습니다. 마음으로 사랑하는 것입니다. 자신의 마음에 하나님을 사랑한다는 마음이 없으면 절대로 하나님을 사랑할 수가 없으니까 말입니다. 그런데요, 문제는 마음에 있는 사랑을 나타내지 못하고 자신의 마음속에서 멈추는 사람들이 대부분이라는 것입니다. 그것이 문제인 것입니다.

그러나 그런 사람들 가운데서도 물론 실천하는 사람들도 많이 있습니다. 그래서 그리스도인들이 하나님의 사랑을 실천한다고 하면서 말씀을 전할 때에 세상에서 핍박을 받거나 고난을 받으면서도 세상의 어려운 이웃들을 많이 도와주는 것입니다. 그것은 하나님의 자녀가 된 도리로서 마땅히 해야 할 일인 것(마5:45; 현대인의 성경; 그렇게 하는 것이, 하나님의 자녀 된 도리이다)입니다. 우리가 하나님의 자녀 된 도리로서 그렇게 하는 것은 하나님 아버지께서도 의인에게도, 악인에게도 똑같이 해를 비추시고 비를 내려 주시기 때문(마5:45; 하나님이 그 해를 악인과 선인에게 비추게 하시며 비를 의로운 자와 불의한 자에게 내리우심이니라, 말씀하셨기 때문입니다)입니다. 이와 같이 세상 어려운 이웃을 사랑하는 것은 하나님의 성품을 지닌, 하나님의 자녀가 된 우리로서는 당연한 일인 것입니다. 그리고 그런 일들이 곧 하나님께서 자신의 사랑으로 누구에게나 골고루 베풀어 주시는 것으로서 "일반적인 사랑에 속한 것"이며 하나님 아버지를 닮은 자녀라면 마땅히 행하여야 할 올바른 길이요, 일인 것입니다.

그러나 믿음의 형제와의 사랑은 세상 사람들을 사랑하듯이 똑같이 사랑하는 그런 일반적인 사랑을 말씀하는 것이 아닙니다. 많은 사람이 여기에서 세상 어려운 사람들을 사랑하는 것과 고난에 처한 믿음의 형제들을 사랑하는 것을 구분하지 못하고 세상 어려운 이웃에게 하는 것처럼 하여 그들과 같은 사랑으로 대하는 것을 보게 됩니다.

성경에서는 형제를 사랑할 때는 특별한 사랑으로서 "목숨을 버려 사랑하는 것"이라고 말씀하고 있는데도 말입니다. 사도 요한을 통해 하신 말씀입니다. "그(예수님께서)가 **우리를 위하여 목숨**을 버리셨으니 우리가 이로써 사랑을 알고 **우리도 형제를 위하여 목숨**을 버리는 것이 마땅하니라."(요일3:16)라고 말입니다. 이렇게 우리가 목숨을 버려 형제를 사랑하는 사람이 바로 하나님을 사랑하는 사람이라고 사도 요한은 말씀을 전하고 있는 것입니다. 그것은 왜냐하면 "눈에 보이는 바 형제를 사랑하지 못하는 사람이 눈에 보이지 않는 바 하나님을 사랑할 수 없느니라."(요일4:20) 말씀하고 있기 때문입니다.

그렇습니다. 자신의 눈에 보이는 믿음의 형제를 사랑하는 사람이 곧 보이지 않는 우리 하나님을 사랑하는 사람인 것입니다. 이와 같이 눈에 보이는 형제를 사랑하는 것이 눈에 보이지 않는 하나님을 사랑하는 것인데도, 왜들 그렇게 행동하는 걸까요? 어려운 자신의 믿음의 형제에게는 많은 관심을 두지 않으면서도, 세상의 어려운 사람을 돕는 일에는 열심히 하는 것을 봅니다. 그런 일들은 하나님의 자녀로서 당연히 하는 일인데도 불구하고 많은 사람이, 세상에서 소외되고 어려워진 이웃을 돕는 일을 특별히 해야 할 일인 것처럼, 강조하기까지 하며 일하는 것입니다.

어려운 이웃을 돕는다는 것은 물론 좋은 일입니다. 그러나 아무리 그런 일이 좋은 일이라고 해도 그리스도 형제보다, 어렵게 사는 세상 이웃에게 더 치중하는 것은 "내가 너희를 사랑한 것처럼, 너희도 서로 사랑하여라."라는 예수님의 말씀에 맞지 않습니다.

대부분 그와 같이 세상 이웃에게 더 치중하게 되는 것은, "너희는 가서 모든 족속으로 제자 삼아 아버지와 아들과 성령의 이름으로 세례를 주고 내가 너희에게 분부한 모든 것을 가르쳐 지키게 하라."(마 28:20) 하신 말씀 때문일 것입니다. 그러나 아무리 전도도 중요하다고는 하지만, 그리스도 안에 형제가 된 사람들을 먼저 사랑하는 일이 세상에 나가서 전도하는 일보다도 더욱더 중요한 일이 아닐까요?

그러니 사랑하는 형제 여러분, 주님께서 목숨을 버려 우리를 사랑하신 것처럼 여러분도 형제를 위하여 목숨을 버려 사랑해 보십시오. 그와 같이 형제가 그리스도께 바탕을 두고, 온전히 힘을 다하여 서로 사랑하게 되면, 전도하지 말라고 해도 형제들은 기쁨으로 전도하게 되지 않을까요?

예수님께서는 그와 같이 형제를 위하여 목숨을 버려 사랑하라고 하셨건만 세상 어려운 이웃에게 밀리는 것은 왜일까요? 그것은 그런 세상 어려운 이웃을 돕는 일도 "예수님을 돕는 일"이라고 가르치고 있기 때문이 아닐까요?

그렇다면 예수님께서 세상 어려운 이웃을 돕는 일도 바로 자신을 돕는 일이라고, 그렇게 주님의 제자들에게 가르쳤을까요? 성경에서는 "그러므로 (그리스도에 관한 말씀을) 들어야 믿을 수 있습니다. **그리스**

도를 전하는 말씀(옥스퍼드원어성경대전; '그리스도에 관한 말씀')이 있어야 들을 수 있습니다."(롬10:17; 공동번역) 말씀합니다. 그 말씀은 '옥스퍼드 원어성경대전'의 해석과 같이 "그리스도에 관한 복음의 말씀이어야 올바른 믿음이 생긴다." 하는 그런 뜻의 말씀인 것입니다. 그러므로 우리는 그리스도에 관한 말씀을 듣되, 잘 보고 잘 듣고 마음속에 양식을 쌓듯 잘 걸러 내어 자신의 마음에 쌓아야만 하는 것입니다. 주님은 세상 어려운 이웃을 돕는 일도 "나 예수를 돕는 일이다."라고 가르치지 않으셨기 때문입니다. 예수님은 사도 요한을 통해 "눈에 보이는 형제를 사랑하지 않는 자가 어떻게 보이지 않는 하나님을 사랑할 수 있겠습니까?"(요일4:20; 공동번역)라고 가르치셨으며 "하나님을 사랑하는 사람은 자기 형제도 사랑해야 한다."(요일4:21)라고 가르치셨습니다. 그래서 사도 요한은 위 말씀을 누구에게서 받았다고 기록하고 있습니까?

"우리는 이 계명을 그리스도에게서 받았습니다."(요일4:21; 공동번역) 기록하고 있습니다. 그러므로 사도 요한을 통해 그리스도께서 하신 말씀을 해석하면 "눈에 보이는 형제를 사랑하지 않는 자가 눈에 보이지 않는 하나님을 사랑한다고 말하는 것은, 거짓말을 하는 것입니다." 하는 말씀이 되는 것입니다. '옥스퍼드원어성경대전'도 그와 같이 해석합니다. "보이지 않는 하나님을 사랑하는 것보다, 형제를 사랑하는 것이 더 쉬운 일인데, 이렇게 쉬운 형제 사랑을 실천하지 않으면서, 하나님을 사랑한다고 말하는 것은 거짓말이다."라고 말입니다. 그러므로 "눈에 보이지 않는 하나님을 어떻게 사랑하지?" 하고 생각해 보면 "믿음의 형제를 사랑하는 사람이 곧 하나님을 사랑하는 사람이구나."라는 결론이 나옵니다. 그래서 사도 요한은 다음 구절에서 이렇게 말씀을 전하고 있습니다. "하나님 아버지를 사랑하는 사람은 그분의 자녀들도 사랑합니다."(요일5:1; 현대인의 성경)라고 말입니다. 그러므로 "하나님을 사랑하는 사람은 형제도 사랑해야 합니다."라는 말씀과 같이 눈에 보이는 믿음의 형제를 사랑해야만 하는 것입니다.

사랑하는 형제 여러분, 그렇다면 왜, 눈에 보이는 형제를 사랑하는 사람이 눈에 보이지 않는 하나님을 사랑하는 사람일까요?

간략히 핵심만 말씀해 드리겠습니다. 핵심은 이렇습니다. "이는 우리가 그(그리스도)의 몸과 그(그리스도)의 살과 그(그리스도)의 뼈의 지체임이라."(엡5:30; 킹제임스성경) 말씀하셨기 때문입니다. '공동번역'은 "우리는 그리스도의 몸의 지체들입니다."라고 말씀합니다. 그래서 눈에 보이는 형제를 사랑하면 그리스도의 몸과 살과 뼈의 지체인 **그리스도 자신을 사랑하는 것**이요, "오늘날 내가 너를 낳았도다."(시2:7) 말씀하신, 주님을 낳으신 "눈에 보이지 않는 하나님을 사랑하는 것"이 되는 것입니다. 그래서 주님께서는 주님의 제자들에게 다음과 같이 말씀하신 것입니다. "너희를 영접하는 사람은 곧 **나를 영접하는 것**이요, 나를 영접하는 사람은 나를 보내신 **하나님을 영접한 것**이다."라고 말입니다.

"세상 어려운 이웃을 영접하는 사람은 나를 영접하는 것이요"라는 말씀이 아니라, "너희"입니다. 곧 "예수 그리스도를 믿는 모든 형제를 가리키는 말씀"인 것입니다. 여러분과 함께 천국에 들어가 영광스러운 영원한 빛을 누릴 그 형제들을 말씀하고 있는 것입니다. 그와 같이 "주님을 믿는 형제"가, 거지 나사로와 같은 형제일지라도, 순수 혈통이라고 주장하는 그의 동족들이 이방인 취급함으로(요8:48; 유대인들이 예수님께 "우리가 너를 사마리아 사람이라."라고 말할 정도로) 천대를 받는 사마리아인일지라도, 빛의 나라에서 성도들이 받을 상속의 몫을 차지할 자격이 있는, 예수님의 형제(히2:11-12)는, 우리 그리스도인에게는 그만큼 엄청 존귀한 사람인 것입니다. 그러므로 앞으로는 형제를 대할 때에는, 서로 형제끼리 주님의 몸으로 생각하고 주님을 대하듯이 하여 귀히 여기며 서로 대하시기를 바랍니다. 그것은 왜냐하면 형제를 함부로 대하는 사람은 주님 자신을 함부로 대하는 사람(눅10:16; 현대인의 성경; 너희를 배척하는 사람은 나를 배척하는 것이다)이라고 주님께서는 말씀하셨기 때문입니다. 청년 사울이 개종하기 전에 "예수 그리스도를 믿는 사람"들을 잡아 예루살렘으로 끌어가려고 대제사장에게 공문을 받아 다메섹으로 가는 길에서 사울이 현현하신 예수님을 만난 장면에는 이러한 말씀이 잘 나타나 있습니다. '현대인의 성경'과 '공동번역'의 말씀입니다. "사울이 길을 떠나 다메섹에 가까이 갔을 때 갑자기 하늘에서 빛이 번쩍이며 그의 둘레를 환하게 비추었다. 그 순간 그는 땅에 쓰러졌는데 그때 '사울아, 사울아, 네가 왜 나를 박해하느냐?'라는 음성이 들려왔다. 사울이 '당신은 누구십니까?' 하고 물으니 **'나는 네가 핍박하는 예수이다.'** 대답하신 것입니다."(행9:3-5) 사울이 누구를 핍박했습니까?

그렇습니다. "예수 그리스도를 믿는 사람들을 핍박하였던 것"입니다. 그런데 주님께서 사울에게 나타나셔서 "사울아, 사울아, 네가 왜 나를 핍박하느냐?"라고 말씀하시며 막아서신 것입니다. 왜 그러셨을까요?

그것은 예수 그리스도를 믿는 사람들은 "우리는 그리스도의 몸의 지체들입니다." 말씀과 같이 그리스도의 몸의 지체이기 때문입니다. 우리가 그런 사람들이기에 주님께서는 "너희를 배척하는 것은 나를 배척하는 것이며 나를 배척하는 것은 나를 보내신 하나님을 배척하는 것이다." 말씀하신 것입니다. 그렇습니다. 형제를 배척하는 것은 그리스도를 배척하는 것입니다. 그만큼 그리스도를 믿는 여러분 모두가 주님께는 주님의 몸과 같이 존귀한 사람인 것입니다.

그리고 한 가지 더, 알려 드릴 것이 있습니다. 여러분은 그리스도를 믿는 사람들이, 왜 예수님의 형제인지를 아십니까? 그리스도의 형제에 대하여 성경에서는 이렇게 말씀하고 있습니다. "사람을 '거룩하게 해 주시는 분'과 '거룩하게 된 사람'들은 **모두 같은 근원에서 나왔다**고 말씀하고 있습니다."(히2:11; 공동번역) 그러므로 히브리서 기자는 "그래서 예수께서는 거리낌 없이 '그들을 형제'라 부르시고 이렇게 말씀하셨습니다. 내가 당신의 이름을 **'내 형제들에게 선포'**하며 회중 가운데서 당신을 찬송하겠습니다."(히2:11-12; 공동번역)라고 기록하고 있습니다.

이 말씀과 같이 거룩하게 하시는 그리스도와 그의 피로 거룩함을 입어 그리스도를 믿은 우리는 모두 한 분이신 하나님에게서 나왔기 때문에 "많은 형제 중에 맏아들"(롬8:29)이 되신 예수님께서 자기를 믿는 우리를 **부끄러워 아니하시고 형제라고 부르신 것**입니다. 주님의 제자 도마가 "나의 주시며 나의 하나님이십니다." 고백함과 같이 하나님이신 예수님께서 우리를 형제라고 부르셨다는 것은, 우리가 상상도 할 수 없을 만큼, 엄청난 특권을 형제들이 받고 있다는 것을 말씀하는 것입니다. 그와 같이 하나님이신 우리 주 예수 그리스도(요일 5:20; 현대인의 성경; "예수 그리스도는 참되신 하나님"이시며 영원한 생명이십니다)를 믿는 사람들은 누구나 예수님의 형제인 것입니다.

그러므로 자기를 믿는 사람들을 형제라고 부르신 주님께서 주님의 제자들에게 "너희를 영접한 사람은 곧 나를 영접한 것이요."라고 말씀하신 이 말씀을 기억하고 마태복음 25장의 말씀을 잘 깨달으시기를 바랍니다. 왜냐하면 "너희를 영접한 사람은 곧 나를 영접한 것이요."라는 그 말씀은 마태복음 25장에 말씀하신 그리스도 최후의 심판에 대한 열쇠의 말씀이 되는 것이기 때문입니다. 그러므로 이제부터는 그리스도를 믿는 여러분의 형제들이 "그리스도의 몸의 지체"들인 줄을 알고 그리스도께서 마태복음 25장에 양과 염소를 비유로 하여 예화로 들려주신 그리스도의 말씀을 여러분이 다 확실하게 깨달아 우리를 위하여 자기의 생명을 내어 주신 그리스도와 같이 고난 속에 있는 우리 그리스도 형제에게 참으로 사랑을 주님께 하듯 실천함으로써 그리스도에게 속한 사람이 되어 심판 날을 떳떳하게 맞이하는 사람들이 다 되시기를 주님의 이름으로 기도합니다.

마태복음 25장의 말씀은 이렇습니다. 예수님께서 재판장으로 오셔서(참고; 살전4:13-18; 주님이 재림하실 때, 살아 있는 사람이든지, 이미 죽은 사람이든지, 예수님을 믿는 모든 사람이 '먼저 부활한다는 것'을 생각하십시오, 그리고 마8:11-12; "많은 사람이 '사방에서 모여들어' 하늘나라에서 아브라함과 이삭과 야곱과 함께 잔치에 앉을 것이다."라는 말씀도 참고하여 읽어 보십시오) 복음을 듣고 모여든 모든 민족을 모아 놓고 그들을 갈라 "오른편에는 양"을 두고 "왼편에는 염소"를 두어 하나님의 백성을 심판하는 그리스도 최후의 심판에 대하여 말씀하십니다. (시50:1-7; 새 번역 성경; 당신의 백성들을 판단하시려고, 나를 믿는 성도들을 불러 모아라) 그 말씀을, 마태복음 25장 31절부터 46절에 걸쳐 말씀하셨는데요, 그 말씀 중에서 예수님께서 의인과 악인을 심판하실 것을 미리 보여 주신 심판에 대한 결말의 말씀을 여러분에게 보여 드리겠습니다. 먼저 "너희(형제)를 영접한 사람은 곧 나(예수)를 영접한 것이요."라는 말씀을 생각하고 예수님에 말씀에 비추어 많은 깨달음이 있기를 바랍니다.

예수님께서는 "너희가 여기 있는 '내 형제' 중에 '가장 보잘것없는 사람'(마25:35-36) 하나에게 해 준 것이 바로 나에게 해 준 것이다."(마25:40; 공동번역, 개역성경) 말씀하신 것과 "임금은 똑똑히 들어라. 여기 있는 '내 형제' 중에 '가장 보잘것없는 사람'(마25:42-43; 공동번역, 개역성경) 하나에게 해 주지 않은 것이 곧 나에게 해 주지 않은 것이다.”(마 25:45) 말씀하셨습니다. 맞습니다. “그리스도 형제 중에 가장 보잘것 없는 사람 곧 그와 같은 여러 어려운 형편에 처한 주님의 형제에게 한 일이 바로 예수님 자신에게 한 일이다.” 말씀하신 것이며 “그리스도 형제 중에 가장 보잘것없는 사람 곧 그와 같은 어려운 형편에 처한 주님의 형제에게 해 주지 않는 것이 곧 예수님 자신에게 해 주지 않은 것이다.”라고 그리스도께서 말씀하신 것입니다. 그렇습니다. 주님께서 말씀하신 형제는 가장 보잘것없는 사람, 곧 그와 같은 어려운 형편에 처해 있는(요일3:17; 형제의 궁핍함을 보고) 그리스도 자신을 믿는(요일 3:23; 현대인의 성경; 우리가 “하나님의 아들 예수 그리스도의 이름을 믿고” 그리스도께서 명령하신 대로 “서로 사랑하는 것”이 바로 하나님의 계명을 지키는 것이라는 말씀과 같이) **자기의 형제요, 자신의 지체**인 “그리스도의 형제를 말씀하신 것”입니다. 그러니 심판 끝자락에서 판결을 내리시는 그리스도의 심판에 대한 말씀을 잘못 해석하지 않기를 바랍니다. 그 말씀을 잘못 해석하면 주님을 섬긴다는 것이 엉뚱한 사람을 섬기게 되는 꼴을 낳는 것이 되기 때문입니다.

예수님께서 말씀하신 마태복음 25장 말씀은 위와 같이, 그리스도의 형제가 주님 자신의 몸이요, 자기 몸의 지체로서 형제와 함께 고난을 겪고 계신 것을 나타내고 있는 말씀입니다. 그와 같이 형제 안에서(요일4:15; 새 번역 성경; 누구든지 예수를 하나님의 아들로 시인하면, 하나님이 그 사람 안에 계시고, 말씀과 같이) 형제와 함께 어려움을 겪고 계신 주님에게 도움의 손길을 내민다면 누구를 돕는 것이 되겠습니까?

"내 형제 중에 지극히 작은 자(마25:35-36; 고난받는 형제) 하나에게 한 것이 곧 내게 한 것이니라." 말씀하신 대로 **"주님 자신에게 한 것"**이 되는 것입니다. 그러므로 잘못 해석하면 안 되는 것입니다. 이와 같이 마태복음 25장에 그리스도 최후의 심판에 대한 말씀은, 형제 사랑 실천 유무에 대한 심판의 말씀이기 때문에, 전도를 목적으로 하여 세상 어려운 이웃을 돕는 것으로 성경(마25:35-43; 내⟨예수님이⟩가 헐벗었을 때, 나그네 되었을 때 등등 주님을 돕는 것과 도와주지 않음의 말씀인데도 불구하고) 말씀을 그들에게 하신 말씀으로 혼동하는 일이 있어서는 안 되는 것입니다. 그러므로 이제는 먼저 형제들끼리 서로 진실로 사랑함으로써, 복음에 그런 찐한 하나님의 사랑을 싣고 실천하면서 전도하지 않는다면, 지나온 과거와 같이 누구나 복음에 마음의 문을 쉽게 열고 받아들이지는 않을 것입니다. 그만큼 세상은 복음을 거부하는 내성이 강해졌고, 교회는 그 내성을 이기는 강력한 면역이 떨어졌습니다. 그러므로 이제 우리가 믿지 않는 자들의 강해진 내성을 이기는 강력한 면역 체계를, 여러분 마음에 갖추지 않는다면, 하나님께서는 여러분들이 무엇을 하든지 하는 일에 아무런 응답도 하지 않으실 수도 있습니다.

전도는 사람이 하지만, 그 역사를 이루시는 분은 하나님이시기 때문입니다. 그 증거는 하나님의 사랑이 행하여지는 곳에, 하나님께서 3,000명, 5,000명 회개의 역사가 이루어지게 하신 것입니다. 그와 같이 "주께서는 구원받을 사람을 날마다 늘려주셔서 신도들의 모임이 커 갔다."(행2:47; 공동번역)는 말씀과 같이 구원받을 사람을 이끌어 주시는 일은, 구원의 주체자이신 하나님께서만이 하시는 일인 것입니다. 또한 "내가 너희에게 아버지께서 오게 해 주시지 않으면 아무도 나에게 올 수 없다."(요6:65)라고 말씀하셨기 때문이기도 합니다. 말씀과 같이 여러분은 하나님의 선택을 받은 자인만큼, 존귀한 사람인 것입니다.

그러므로 우리는 주님의 심부름꾼으로서 자신이 하려고 나서지 말고 하나님의 심부름만 하고 하나님께 맡기십시오. 그러면 그가 이루어 주실 것입니다. 그리고 서로 형제들을 귀하게 대하시기를 바랍니다. 형제는 주님의 품꾼입니다.

그러니 이제부터는 작은 교회든지, 큰 교회든지, 우리 그리스도의 피로 맺어진 우리 모두의 형제교회로서 그리고 하나님의 한 가족으로서 한마음, 한뜻으로 서로 힘을 모아 합심하여 어느 교회가 되든 형제들을 돕는 마케도니아교회처럼 하나님의 사랑을 실천하는 교회라면 교회 안에 있는 어려운 주님의 형제들에게 여러분들의 아름다운 하나님의 사랑을 나누어 주어야 합니다.

그렇게 행하지 않는 한, 하나님의 역사는 기대하지를 말아야 합니다. 그러나 하나님의 사랑을 진실로 그리스도의 형제들에게 행하는 그리스도의 몸 된 교회라면, 하나님께서 초대교회 형제들에게 행하심과 같이, 여러분 안에서도 일하실 것입니다. 그러므로 위와 같이 초대교회 형제들에게 뜨거운 사랑이 나타남으로써, 하나님의 놀라운 역사가 믿음의 형제들에게 일어났습니다. 우리 형제들에게도 형제를 위해 목숨을 버리는, 그런 피 끓는 사랑의 역사가 주님의 능력으로 형제들에게 나타남으로, 형제와 연합하여 계시는 우리 하나님을 진심으로 사랑하게 되기를 바랍니다.

그리하여 그와 같은 사랑을, 그분의 능력을 힘입어 실천하는 머리이신 그리스도와 그리스도의 몸인 우리 모두의 공동체 교회 안에서도, 하나님의 놀라운 역사가 일어나게 되기를 두 손 모아 간절히 우리 주 예수 그리스도 이름으로 기도합니다.

갑자기 온몸이
침대 밑으로 굴러떨어져 버렸다

"사람이 한 번 죽는 것은(개역성경; 사람에게 정하신 것이요)
정해진 운명이지만 죽은 후에는 심판이 있습니다."(히9:27;
현대인의 성경)

위 성경 말씀에서는 "죽은 후에는 심판이 있습니다." 말씀하고 있습니다. 거짓 예언자들과 세상 사람들은 죽음 뒤에 오는 하나님의 정의로운 심판을 두려워하지 않고 있습니다. 그러한 그들은 죽음 뒤에는 인생이 소멸한다거나 아무런 영혼도 존재하지 않는다고 생각하고 있기 때문일지도 모르겠습니다. 그런데 과연 그럴까요?

고등학생 때의 일입니다. 집 구조가 2층으로 된 양옥집이었는데, 그 양옥집 밑에는 지하 공간이 있어서, 그 지하 공간을 저자는 유화 그림을 그리는 작업실 겸 침실로 꾸며 쓰고 있었습니다. 그러던 어느 날 밤, 자정 12시경에 밖에서 돌아와서 잠을 자려고 지하 침실에 들어가 얇은 천 같은 이불을 덮고 누워 있는데, 무언가에 몸이 짓눌리나 싶더니, 나도 모르게 갑자기 온몸이 침대 밑으로 굴러떨어져 버렸습니다. "어, 내가 왜 떨어졌지?" 하고 이상하게 생각하면서, 두 다리에 힘을 주고, 두 손으로 침대를 짚고, 다시 침대 위로 올라가서 바르게 누웠습니다.

그 순간 머리가 솟구칠 정도로 깜짝 놀랐습니다. 내가 잠을 자려고 덮은 얇은 이불이 하나도 흐트러지지 않은, 처음 상태로 내 몸을 덮고 있었기 때문입니다. 나는 분명히 침대 아래로 굴러서 떨어졌는데 말입니다. 그때 분명하게 알게 되었습니다. 코미디에서 유체이탈 쇼를 연극하는 것처럼, 그리고 영화 '사랑과 영혼'에서 주인공이 괴한의 총에 맞고 죽은 자신의 몸에서 빠져나와 자기가 사랑하는 여인의 옆에 있고 싶어 하는 그 영혼처럼, 내가 내 몸에서 유체이탈을 하게 되었다는 것을 말입니다. 그래서 영화나 코미디에서 죽은 사람의 몸에서 유체이탈의 장면을 보면, 너무나 그 장면이 저자에게는 진짜처럼 생생하게 느껴지는 것입니다. 왜냐하면, 그것은 저자가 잠을 자려다가 침대 밑으로 떨어졌을 때, 두 다리에 힘을 주고, 두 손으로 침대를 짚으며, '어, 내가 왜 떨어졌지?' 하는 생각을 가지고, 침대 위에 올라가 처음과 같이 누웠기 때문입니다. 그것은 저자의 영혼이, 저자의 육체와 같이 두 발도 있고 두 손도 있으며 육체를 진두지휘하는 생각(마음)마저도 저자의 영혼 안에 모두 다 존재하고 있는 것입니다. 그것은 꼭 벼 낱알 안에 **충실한 쌀 알맹이**가 그 모양 그대로 있는 것과 같이 내 육체와 같은 영혼이 저자의 육체 안에 함께 존재하고 있는 것입니다.

　지금의 저자와 여러분의 **육체는** 바로 **영혼의 껍데기**인 것입니다. 그것(영혼이 입고 있는 집〈육체〉에 대하여)에 대해 성경에서 "만일 땅에 있는 우리의 장막 집이 무너지면 하나님께서 지으신 집 곧 손으로 지은 것이 아니요, 하늘에 있는 영원한 집이 우리에게 있는 줄 아나니"(고후5:1) 말씀하고 있고, 또 "내가 이 장막에 있을, 동안에 너희를 일깨워 생각하게 함이 옳은 줄로 여기노니",(벧후1:13) "지금 육신의 장막을 쓰고 사는 우리는 옷을 입듯이 하늘에 있는 우리의 집을 덧입기를 갈망하면서 신음하고 있습니다.”(고후5:2; 공동번역)라고 말씀하고 있습니다. 이를 통해 성경에서는 사람의 육체를 “장막”으로 표현하고 있음을 우리는 알 수가 있습니다.

그런데 저자가 체험한 그 영혼에는 늙은 모습은 없었던 것 같습니다. 어떻게 보면 자신의 최고의 아름다운 젊음을 과시하는 시기처럼 느껴진 것입니다. 그것은 가끔 노인들이, 아이들이 운동장에서 달리기를 잘하거나 뛰어노는 모습을 보면 “마음은 금방이라도 저 아이들처럼 달리기를 잘할 수 있을 것같이 생각은 되지만 현실의 몸은 마음대로 되지 않아!”라고 말하는 것처럼, 사람의 영혼은 마음과 같이 늙지 않는 것처럼 느껴집니다.

어떻든지 간에 하나님께서 하늘에 있는 우리의 집을 우리가 덧입을 수 있도록 마련해 주시는 것입니다. 그것을 우리는 바라는 것입니다. 하나님께서는 사도 바울을 통해 말씀하셨습니다. “우리는 이 장막에 살면서, 무거운 짐에 눌려서 탄식하고 있습니다. 우리는 이 장막을(이 육체를) 벗어 버리기를 갈망하는 것이 아니라, 그 위에 (육체 부활 곧 신령한 육체 또는 불멸의 옷을) 덧입기를 바라는 것”(고후5:4-5; 새 번역 성경)입니다. 그렇게 됨으로써 **“죽음이 생명에게 삼켜져 없어지게 되기를 갈망하는 것”**(고후5:4; 공동번역)입니다.

이 말씀은 바로 고린도전서 15장에 있는 말씀입니다. 이 심오한 진리의 말씀을 읽어 보고 성령의 이끌려 감동하심을 입어 하나님께 영광을 돌리시기를 바랍니다. “(살아 있는) 우리는 죽지 않고 모두 변화할 것입니다. 마지막 나팔 소리가 울릴 때 순식간에 눈 깜짝할 사이도 없이 '죽은 이들은 불멸의 몸'으로 살아나고 (살아 있는) 우리는 모두 '변화할 것'입니다. 이 썩을 몸은 불멸의 옷을 입어야 하고 이 죽을 몸은 불사의 옷을 입어야 하기 때문입니다. 이 썩을 몸이 **'불멸의 옷'**을 입고 이 죽을 몸이 **'불사의 옷'**을 입게 될 때는 "죽음을 영원히 없애 버리시리라."(사25:8; 공동번역)는 말씀과 같이 '승리가 죽음을 삼켜 버렸다. 죽음아, 네 승리는 어디 갔느냐? 죽음아, 네 독침은 어디 있느냐?'라는 성서의 말씀이 이루어질 것입니다."(고전15:51-55; 공동번역)라고 사도 바울을 통해 말씀하신 것입니다. "그러므로 사랑하는 여러분, 굳건히 서서 흔들리지 말고 언제든지 **주님의 일**을 열심히 하십시오. 주님을 위해서 하는 노력은 결코, '헛되지 않다는 것'을 명심하십시오."(고전15:58; 공동번역) 말씀하신 것입니다.

그리고 한 가지 더, 심오한 진리의 말씀을 드리겠습니다. 하늘에 있는 우리의 집(하늘에 속한 신령한 몸)을 덧입으면 아담 때에, 아담 안에서 아담의 죄로 인하여 함께 벌거벗은 자(창3:10-11; 현대인의 성경; "내가 동산에서 하나님이 거니시는 소리를 듣고 벗었으므로 두려워서 숨었습니다." "네가 벗은 것을 누가 너에게 말해 주었느냐? 내가 먹지 말라 한 과일을 네가 먹었구나!")였던 우리가, 이제는 우리에게 승리를 주신 우리 주 예수 그리스도로 말미암아 벗은 자(동산에서 하나님이 거니시는 소리를 듣고 두려워 숨는 자, 창2:25; 부끄러운 자)가 되지 않게 되는 것입니다. 그것은 여호와 하나님께서 아담과 하와에게 가죽옷을 지어 입혀 주셨듯이(창3:21; 여호와 하나님이 아담과 그 아내를 위하여 가죽옷을 지어 입히셨다) "불멸의 옷"을 입혀 주시는 것이기 때문입니다. '공동번역'에서는 이렇게 말씀합니다. "우리가 그것을 입으면 벌거숭이가 되지 않을 것입니다."(고후5:3) '현대인의 성경'도 "우리가 그 몸을 입게 되면 벗은 자가 되지 않을 것입니다."라고 말하고 있습니다. '개역성경'은 "이렇게(고후5:2; 하늘로부터 오는 우리 처소로 덧입기를 간절히 사모함은) 입음은 벗은 자로 발견되지 않으려 함이라." 말씀하고 있습니다. 마귀는 죽음(롬5:14; 사망이 왕 노릇 하였나니; 롬5:17; 한 사람의 범죄로 인하여 사망이 그 한 사람으로 말미암아 왕 노릇 하였은즉; 히2:15; 죽기를 무서워하므로 일생에 매여 종노릇하는 모든 자로)으로 왕 노릇을 하였지만, 우리 주 예수 그리스도는 죽음을 삼키는 부활의 생명(고후5:4)으로 (롬5:17; 더욱 은혜와 의의 선물을 넘치게 받은 자들이 한 분 예수 그리스도로 말미암아 생명 안에서 왕 노릇 하리로다. 구원을 받은 자들과 함께) 왕 노릇을 하게 되는 것입니다.

다시 본론으로 돌아와서 지하 작업실 침대에서 유체이탈을 경험한 저자는 그 후로도 그와 유사한 체험을 하였습니다. 하루는 침대에 누워서 잠을 청하려고 하는데, 순간 머리가 로켓맨 앞부분이 되어 지하 벽을 물리적 법칙에 저촉되지 아니하고 통과하여 어디론가 날아서 날아갔습니다. 그곳은 어둡고 캄캄하며 뼈만 앙상한 많은 해골이 사람처럼 살아서 움직이고 있었습니다. 저자가 그들에게 가까이 다가갔을 때, 그들은 저자를 자기들이 있는 곳에 끌어내리려고 일제히 손을 뻗어 붙잡아 잡아당기려고 하였습니다.

그때, 그 순간 저자를 인도하던 그가 그들로부터 구원하여, 다른 별천지로 인도하여 주었는데요, 그곳은 경치가 빼어나게 아름다운 곳이었습니다. 그곳에서 마음대로 하늘을 날며 새들처럼 여유로운 시간을 보내며 구경하도록 하여 주었습니다. 정말 하늘을 맨몸으로 저자가 마음대로 훨훨 날아다니며 새하얀 구름이 자유로이 떠서 다니는 자유로움처럼 뭔가 형언할 수 없는 기분 좋은 마음과 가벼움을 느꼈습니다. 마치 천국 생활이 그런 것처럼 말입니다. 그곳이 천국이었는지도 모릅니다. 그런 후에 다시 집으로 돌아온 것입니다.

또 다른 유체이탈 경험에 대해서도 말씀드리겠습니다. 하루는 집에서 방바닥 위에 누워 쉬고 있었는데, 갑자기 온몸이 무언가에 짓눌린 듯하더니 몸이 붕 뜬 기분을 느꼈습니다. 그러더니 어느새 저자의 얼굴이 천장 가까이에 누워 있는 채로 떠서 있는 것이었습니다. 그 뒤에 바로 놀라운 광경이 벌어졌습니다. 공중에 떠서 있는 내 몸이 뒤집히는가 싶더니, 저자가 방바닥 위에 누워 있는 저자의 모습을 실제로 본 것입니다. "사람이 죽으면 저와 같은 모습으로 누워서 자는 사람처럼, 죽는 것이구나!" 하고 그때 깨달았습니다. 이와 같은 비슷한 체험을, 장장 6개월 동안 몇 번이나 계속해서 체험하게 된 것입니다. "하나님께서는 왜 내게 이러한 체험을 하도록 하셨을까?" 하고 그때 생각해 보았는데, 정확한 답변을 그때는 얻지 못하였습니다. 그 후로도 간간이 계속하여 무언가의 짓눌리는 것으로 여러 체험으로 하였는데도 알지를 못하였습니다.

오늘에 와서야 그 체험에 대한 답을 얻게 되었습니다. 그것은 사람의 영혼이 자신의 육체와 같이 흡사한 모습이라는 것이며, 놀랍게도 육체가 감각을 받아 느끼고 있듯이 감각기관이 영혼 안에 있다는 것과 마음과 생각과 기억마저도 그 영혼 속에 다 들어 있는 것이며, 우리의 마음이 육체를 지배하는 것처럼, 저자의 육체를 지배할 뿐만 아니라 영혼을 지배하는 마음까지도 그 영혼이, 모두 다 가지고 있는 것입니다.

그러므로 사람이 죽으면 그 사람의 영혼이 그리스도의 날에 선한 일을 한 사람은 부활하여, 영원한 생명을 얻고 신령한 옷을 입는다는 것입니다. 그러나 악한 일을 한 사람들은 부활하여, 단죄를 받게 된다는 것입니다.

말하자면 그 일은 이렇습니다. 사람이 죽으면 그 사람의 영혼이 그리스도의 날에 선한 일을 한 사람은 부활(육체 부활)하여 (고후5:10; 심판을 받아 상을 받고; 계20:12; 공동번역; 또 다른 책 한 권이 펼쳐져 있었습니다. 그것은 생명의 책이었습니다)하여 영원한 생명을 얻고(요5:29) 신령한 옷(고전15:53; 공동번역; 불멸의 옷)을 입는다는 것입니다. 그러나 악한 일을 한 사람들은 부활하여 단죄(요5:29; 악한 일을 행한 자는 심판의 부활로 나오리라; 고후5:10; 공동번역; 심판을 받아 벌을 받게 될 것입니다; 계20:12-13; 그 책들에 기록된 자기의 행위에 따라 심판을 받았습니다. 그리고 그들은 각자 자기의 행위대로 심판을 받았습니다 등)를 받게 된다는 것(요5:29; 공동번역)입니다.

그와 같이 심판을 받는다는 것은 누구나 하나님 앞에 서면 자신이 한 일을 모두 다 기억하게 된다는 것(롬14:11-12; 모든 혀가 하나님께 자백하리라 하였느니라. 이러므로 우리 각인이 자기 일을 하나님께 직고〈현대인의 성경; 낱낱이 자백해야〉하리라; 벧전4:5; 산 사람과 죽은 사람을 심판하실 분에게 자기들이 한 일을 낱낱이 고해 바쳐야 할 것입니다)입니다. 만에 하나 자기가 한 일을 기억하지 못한다면 죽은 악인이 어떻게 하나님의 심판대 앞에서 심판을 받겠습니까? 말하겠지만 그런 생각은 하지 않아도 됩니다. 하나님은 죽은 자의 사건을 보기 위하여 사람을 살리시는 분(전3:22; 현대인의 성경; 죽은 후에 사건을 볼 수 있도록 사람을 다시 살릴 자가 누구인가?)이십니다.

그런데 형제 여러분, 여기서 우리가 절대로 잊어서는 안 될, 아주 중요한 사실 한 가지를 알려 드리겠습니다. 성경에서는 "하나님께서는 당신을 경외하는 사람들을 유혹에서 건져 내시고 악인(악인; 여기서 악인은 하나님과 예수 그리스도를 믿는다고 하면서도 계속해서 죄를 짓는 자들을 지칭합니다)들은 **심판 날까지 계속 벌**(계20:13; 바다와 죽음과 지옥도 죽은 사람들을 토해 냈으며, 기록하심과 같이)을 받게 하실 수 있습니다."(벧후2:9; 현대인의 성경)라고 말씀하신 것입니다. 그 말씀은 주님을 믿는다고 하면서도 악한 짓을 하는 **악인은 죽자마자, 지옥 불**에 던져 넣을 수 있다는 아주아주 심각한 말씀입니다.

바로, 그와 같은 말씀을 예수님께서 다음과 같이 하셨습니다. "부자도 죽어 땅에 묻혔다. 부자가 **지옥에서 고통**을 당하는 중에 쳐다보니"(눅16:22-23; 현대인의 성경)라고 말입니다. 참으로 악인들에게는 무서운 말씀인 것입니다. 이스라엘 사람으로서 의인의 반열에 있었던 한 부자가 어떠한 죄를 지었습니까?

그는 자신의 소유가 된 재산으로 자신이 자신을 위하여 살다가 죽은 죄밖에 없습니다. "그런 죄가 지옥에 던져질 죄입니까?" 하고 대수롭지 않은 것으로 생각하여 물어볼 사람도 있을 것입니다. 그런 사람에게는 욥의 고백이 답이 될지 모르겠습니다. "내가 태어날 때 아무것도 가져온 것 없었으니 죽을 때에도 아무것도 가져가지 못하리라. 주신 자도 여호와시요 가져가신 자도 여호와시니 여호와 이름이 찬양받기를 원하노라."(욥1:21; 새 번역 성경) 욥은 자신의 소유한 모든 것이, 하나님이 주신 것이라고 고백하였습니다. 그러므로 욥은 말합니다. "내가 재산이 많다고 하여 자랑한 적도 없고 벌어들인 것이 많다고 하여 기뻐하지도 않았다."(욥31:24-25) 그와 같이 욥은 자신의 재산으로 하나님께서 "내 종 욥"이라고 부르실 정도로 그리고 낯선 사람들이 욥을 찾아와 문제를 해결해 달라고 할 정도로, 수없이 착한 일을 (욥31:17; 나는 배불리 먹으면서도 "불쌍한 고아"를 굶겨 본 적도 없다) 하였음을 고백하고 있습니다.

그런데요, 한 부자는 어떻습니까? 그는 하나님께서 주신 많은 재산을 소유하고 있었으면서도, 자신의 집 대문 앞에 거하는 자신과 같은, 동족이요 형제인 거지 나사로 하나 구제하지 않았습니다. 그는 아브라함의 자녀이면서도 자기만을 위해 살고 자기만을 위해 죽었습니다. 그러므로 그는 믿는 자로서 하나님의 선한 일도, 아브라함의 자녀로서 형제를 사랑하지 않음(요일3:10)으로써 "네 이웃(이스라엘 민족의 동포, 동족)을 네 몸과 같이 사랑하라."(레19:18) 명하신 하나님의 말씀을 거역하는 자(악인이)가 되어 하나님께서는 심판 날까지 계속 벌(옥스퍼드원어성경대전; 불의한 자들이 최후 심판 이전에도 지속적으로 형벌을 받고 있음을 나타낸다)을 받게 하시는 것입니다. 그와 같이 우주와 온 세상의 주인이신 하나님은 주님을 섬긴다고 하면서도 죄를 짓는 악인(마8:12; 본 나라 자손들은; 마22:1-13; 왕의 아들 혼인 잔치; 마15:7-14; 소경이 소경을 인도하면; 마23:1-33; 외식하는 서기관과 바리새인들아 지옥의 판결을; 마24:45-51; 위선자 율에 처하리니 등등)들에게 이렇게 벌을 내리시니 우리 그리스도인들은 어떤 삶을 살아야 하겠습니까?

주님께서는 사도 바울을 통해 말씀하셨습니다. "여러분이 가진 것 중에 하나님에게 받지 않은 것이 무엇입니까?"(고전4:7)라고 말입니다. 그런데도 우리는 주님에게 받은 것을(신8:18) 자기의 능력으로 벌어들인 것처럼(신8:17; 여러분은 여러분의 힘과 능력으로 부유해졌다고 생각해서는 안 됩니다) 자랑합니다. 그리고 주님의 것을 제 것인 양, 쌓아 놓고 주님의 것을 제 것인 양, 욕심을 부립니다. 우리는 주님의 것을 누리다가 이 세상을 떠나는 것인데도 말입니다. 이 세상 사람 누구나 하나님에게서 받지 않은 것이 있으실까요?

그러므로 우리는 주님께서 주신 것으로 주님을 위하여 사용하여야 합니다. 우리가 재물을 취득하든지, 취득하지 않든지 우리는 모두가 주님의 것입니다. 그래서 사도 바울이 "우리 가운데는 **자기만을 위**

해 사는 자'도 없고 '자기만을 위해 죽는 사람'도 없습니다. 우리는 살아도 주님을 위해 살고 죽어도 주님을 위해 죽습니다. 그러므로 사나 죽으나 우리는 주님의 것입니다."(롬14:7-8) 말씀을 선포하지 않았습니까? 그렇습니다. 우리는 주님을 위해 살고 죽는 것입니다. 우리는 모두가 우리의 것이 아니라 주님의 것입니다.

그러므로 주님의 것인 우리는 주님의 지체가 되는 형제를 비판하거나 업신여기지 말아야 합니다. 그것은 왜 그런가 하면, 형제는 주님의 지체가 되기 때문에 형제를 비판하면 주님을 비판하게 되는 것이고 형제를 업신여기면 주님을 업신여기게 되는 것이기 때문(눅 10:16; 너희를 배척하는 사람은 나를 배척하는 것이다)입니다. 위와 같이 형제에게 하는 일이 주님에게 하는 일이 되기 때문에 우리는 정신을 바짝 차려야 합니다. 성경에서는 "여러분이 각자 받은 은혜의 선물이 무엇이든지 간에 하나님의 여러 가지 은혜를 맡은 선한 관리인답게 **서로를 섬기는 데 그것을 사용하십시오.**"(벧전4:10; 현대인의 성경) 말씀하고 있습니다. 이 말씀처럼 하나님께서 주신 은사로 여러분의 형제를 진실로 사랑하고 하나님의 선한 일을 하며 섬기며 살아야만 하는 것입니다. 그와 같이 사는 사람이 주님을 위해 사는 사람이며, 주님을 위해 죽는 사람인 것입니다. 형제는 그만큼 우리에게는 존귀한 사람인 것입니다. 우리는 이렇게 형제를 진실로 사랑함으로써 **세상과 구별된 삶**을 살아야만 하는 것입니다. 그것이 그리스도인의 삶인 것입니다.

그러나 주님을 믿지 않는 세상 사람들은 자신의 이익을 중요하게 생각하기 때문에, 형제를 자신의 몸을 사랑하듯이 대하지 못합니다. 그래서 세상 사람들은 이 땅에 살면서 자기 욕심을 따라 마음껏 누리고 행복한 삶을 꿈꾸며 사는 것입니다. "왜 그들이 그렇게 생각을 하는가?" 하면 그들은 죽으면 인생은 끝이라고 생각하거나 자신들도 알지 못하는 그 무엇으로 환생한다거나 자기도 모를 또 다른 세상에 가서 살게 된다고 확실치 않은 것들을 막연하게 사실처럼 생각하는 사람이 대부분이기 때문입니다. 예수님을 믿는다는 사람들도 확신이 없이 어렴풋하게 사람이 죽으면 천국에 간다고만 아주 편하게만 생각하는 사람들도 있습니다. 물론 그리스도 예수님을 정말 확실하게 영접하면 천국에 들어가는 것은 이미 정해져 있는 일입니다. 하지만 예수님을 믿으면 믿는 사람들은 세상 사람들과는 다르게 믿음의 일을 하는 것입니다. 그러나 만일 예수님을 믿는다고 하면서도 형제를 사랑하지 않거나 주님의 일을 하지 않는다면 그 사람은 예수님을 믿는 사람이 아니라고(요일3:10) 성경은 말씀하고 있습니다. 왜, 형제를 사랑하지 않거나 의로운 일을 하지 않는 사람은 예수 그리스도를 믿는 사람이 아니라고 하셨을까요?

그것은 예수님께서 "나는 무슨 일이나 **내 마음**대로 할 수 없고 그저 **하나님께서 하라**고 하시는 대로 심판할 따름이다."(요5:30; 공동번역)라고 하시면서 "내가 '아버지의 일'을 하지 않으면 나를 믿지 말아라."(요10:37) 말씀하셨기 때문입니다. 그러나 하나님의 일을 하는 사람은 다른 것입니다. 그것에 대하여 예수님께서 말씀하시기를 "그러나 '내가 아버지의 일'을 하거든 나는 믿지 않더라도 그 일만은 믿어라. 그러면 너희가 '아버지께서 내 안에 계시고(내 안에서 일하시고) 내가 아버지 안에 있는 것을(내가 아버지의 분부하신 대로 일한다는 것을), 확실히 알게 될 것'이다."(요10:38; 현대인의 성경) 말씀하셨습니다. 예수님께서도 주님 안에 계시는 하나님 아버지의 분부하심을 따라 일하신 것(행10:38; 저가 두루 다니시며 착한 일을 행하시고 마귀에게 눌린 자를 고치셨으니 이는 "하나님께서 함께 계셨음이라")이기 때문입니다. 이처럼 예수 그리스도를 믿는다고 하는 사람 안에 성령님께서 계신다면 그 사람도 주님처럼 하나님의 성령께서 그 사람 안에서 일하심으로 말미암아 그가 성령님의 분부하심을 따라 하나님의 선한 일을 실천하기 때문에 그와 같이 하나님의 일을 하는 사람, 곧 주님을 믿는 성도다운 생활을 하는 사람이 우리 주 예수 그리스도를 믿는다고 말을 한다면 그의 믿음은 확실한 것입니다.

이처럼 예수님을 확실하게 믿는 사람들은 정말로 행복한 사람들입니다. 왜 예수님을 믿는 사람은 행복한 사람이라고 말씀을 드릴까요? 그것은 놀랍게도 사람의 영혼도 아픔을 느끼기 때문입니다. 사람의 영혼이 아픔을 느끼는데 그것이 "왜 예수님을 믿는 사람은 행복한 사람입니까?" 하고 저자에게 되묻는다면 그것에 대하여 다음 장에 가서 말씀드리겠습니다.

육체와 같이
우리의 영혼도 아픔을 느낍니다

사람들은 무슨 어려운 일이나 괴로운 일을 당하면, 마음이 아프다고 하고, 마음이 괴롭다고 하고, 때로는 고통이 너무 심해서 마음을 제어하지 못하여 아픔을 최고조로 느끼기까지 하며, 심지어는 자기의 마음을 제어할 수가 없어서 육체를 해하기까지도 합니다. 위와 같이 우리는 무슨 어려운 일을 당하면, 몸과 마음으로 힘들어합니다. 왜냐하면, 그것은 "육체의 몸이 있으면 영의 몸도 있는 것입니다."(고전15:44; 현대인의 성경)라는 말씀과 같이 우리의 육체에는 겉사람인 몸이 있고 속사람(고후4:16; 벧전3:4)인 마음이 있기 때문입니다. "또 너희 온 **영**과 **혼**과 **몸**이 우리 주 예수 그리스도 강림하실 때 흠 없이 보전되기를 원하노라."(살전5:23) 말씀하는 것과 "하나님의 말씀은 살았고 운동력이 있어 좌우에 날선 어떤 검보다 예리하여 **혼**과 **영**과 관절과 골수(골수; 민중국어사전; 골강에 가득 차 있는 결체질의 물질, 예; 마음속 깊은 곳)를 찔러 쪼개기까지 하며"(히4:12) 말씀하신 것을 보면 우리의 몸을 영과 혼과 몸으로 성경은 구분합니다. 그것을 우리는 흔히들 하는 말로 몸과 영혼으로 구분하여 말을 하고 있습니다. 하나님께서는 사람을 흙으로 빚어 만드셨습니다. 그것을 '공동번역'은 아래와 같이 해석하고 있습니다.

"야훼 하나님께서 진흙으로 사람을 빚어 만드시고 코에 입김을 불어 넣으시니, 사람이 되어 숨을 쉬었다."(창2:7)라고 말입니다. 이와 같이 사람은 코에 하나님의 숨이 살아 있는 흙으로 빚어진 몸을 누구나 가지고 있습니다. 그래서 사람은 어떤 사람이든지 죽으면 영혼은 떠나고 한 줌의 흙이 되어 흙으로 돌아가거나 한 줌의 재가 되어 흙으로 돌아가는 것입니다. 우리네 인생 중에서 이렇게 사람이 죽은 후에 한 줌의 흙이나 재가 되어(창3:19; 너는 흙이니 흙으로 돌아갈 것이니라) 흙으로 돌아가고 끝나는 인생이라면, 이 땅에서 거짓과 악한 행동으로 빼앗아 자신들이 누릴 것 다 누리며, 악한 열매를 맺고 죽은 악인들이 제일 행복한 사람들일 것입니다. 그리고 거짓이 없고 하나님의 뜻을 따라 성령의 열매를 맺으며, 정직하게 살려는 우리는 제일 불쌍한 존재일 것입니다. 그러나 여러분은 걱정하지 마십시오. 사람이 죽으면 그것으로 끝나는 인생이 아니니 말입니다. 물론 다른 종교에서도 사람이 죽었다고 그것이 끝이 아니라 또 다른 세상에서 산다는 종교도 있을 것이지만, 저자는 우리가 믿고 있으며 성경에서 말씀하고 있고, 실제로 존재하고 있는 우리의 영혼과 그 영혼이 육체와 같이 실제로 느끼고 있으며 실제로 영혼이 느끼는 그 감각 때문에 겪을 일을 말하고 싶은 것입니다. 죽음 뒤에 오는 인생을 말입니다.

죽음 뒤에 오는 인생

사랑하는 형제 여러분, 여러분은 우리 주 예수 그리스도에 대한 믿음을 꼭 붙드시기를 바랍니다. 그것은 간혹 가다가 잘못된 이론을 심어 주며 "주여, 주여" 하는 자들처럼, 주님께서 주신 능력을 행사하면서도, 여러분의 호주머니를 털어 가 자신만 알고 자신의 목구멍과 끝없는 욕심의 배만 채우는 그런 거짓 예언자들이 발생하고 있기 때문입니다.

성경은 제일 먼저 해야 할 일은 **내적인 일**로서 내실을 튼튼하게 하는 일이라고 말씀합니다. 그 일의 첫째는 "네 마음을 다하며 목숨을 다하며 힘을 다하며 뜻을 다하여 주 너의 하나님을 사랑하라." 하는 것이며, 둘째는 "네 이웃을(레19:18; 여기서 '이웃'은 '이스라엘 동족으로서 같은 한 동족'을 말씀하고 있는 것입니다. 그것은 레25:55에서 "이스라엘 자손은 나의 품꾼이 됨이라. 내가 애굽 땅에서 인도하여 낸 나의 품꾼이요, 나는 너희 하나님 여호와로라."라고 말씀하고 있기 때문입니다. 그 말씀은 곧 '그리스도의 지체로서 그리고 주님의 몸으로서 그리스도의 형제'를 가리키는 말씀입니다) 네 몸처럼 사랑하라는 것으로서, 예수님의 말씀과 같이 '내 계명은 곧 내가 너희를 사랑한 것과 같이 너희도 서로 사랑하라.' 하는 이것이니라."(요15:12) 말씀하신 것입니다. 이것은 형제 사랑(살전4:9; 형제 사랑에 관하여 너희에게 쓸 것이 없음은 너희가 친히 하나님의 가르침을 받아 서로 사랑함이라; 벧전1:22; 진심으로 형제를 서로 사랑하게 되었으니 순결한 마음으로 서로 뜨겁게 사랑하라는 말씀과 같이) 계명에 대하여 말씀하신 것입니다.

서로 형제를 주님을 사랑하듯 힘써 사랑함으로써 내실을 튼튼하게 한 다음에 해야 할 일은 **외적인 일**로서 그리스도의 향기를 내뿜는 일입니다. 그 향기는 "하나님의 사랑을 입은 사람들이 그의 사랑을 세상에 비추어(마5:16; 너희 빛을 사람에게 비추게 하여 저희로 너희 '착한 행실'을 보고 하늘에 계신 너희 아버지께 영광을 돌리게 하라; 벧전2:12; 현대인의 성경; 여러분의 선한 행실을 보고 회개하는 날에 하나님께 영광을 돌리게 될 것입니다) 나타냄으로써 세상에서 소외되고 고난에 처한 어려운 세상 이웃을 도와 구원함으로써 그와 같이 행한 너희 착한 행실을 보고 사람들로 말미암아 하나님 아버지께 영광을 돌리게 하라는 말씀으로 기록"되어 있습니다. 위 말씀이 그리스도인의 비전과 앞으로 나아갈 방향을 제시해 주는 우리 서로의 주재가 되는 것으로서 공동체의 목표가 되는 것입니다.

그러므로 간곡하게 부탁합니다. 외적인 부분만을 강조하지 말고, 내적인 부분부터 튼튼하게 하시기를 바랍니다. 우리는 지금 믿음 생활을 거꾸로 하고 있습니다. "가서 제자 삼으라." 찬양과 같이 세상에 나가서 제자 삼는 일도 중요하지만, 그리스도 예수께서 "내가 너희에게 명(현대인의 성경; 명령하는 것은)함은 **너희로 서로 사랑하게 하려 함이로라.**" 명령하셨듯이 형제끼리 먼저 진실로 사랑을 하는 일이(벧전 4:8; 공동번역; '모든 일에 앞서' 서로 진정으로 사랑하십시오) 우선순위가 되어야만 하는 것입니다. 그와 같이 먼저 형제를 위해 일하는 것이 그리스도의 몸을 세우는 일인 것입니다. 그러므로 여러분은 그리스도의 형제로서 누가 되든지 간에 서로 존귀한 그리스도의 지체들로서 그리스도를 대하듯이 서로를 가장 귀하게 여기시기를 바랍니다.

그리고 우리는 눈에 보이지 않는 곳에서 힘들고 어려운 생활에도 무릅쓰고 일하며, 힘쓰고 있는 그리스도의 지체들을 생각하고 더욱 그들을 사랑해야 합니다. 그들이 무너지면 여러분을 지탱하고 있는 몸 전체가 무너질 수 있기 때문입니다. 여러분의 몸을 한번 생각을 해 보십시오. 만일, 여러분이 어디를 가다가 무언가의 긁혀서 상처가 생기면 여러분의 몸의 외상은 어지간하면 다 치료할 수 있습니다. 그러나 여러분의 몸속에 있는 것들이 하나하나 병들어 그것들이 무너지기 시작하면, 그때에는 손을 쓸 방법이 없어질 수도 있습니다. 그러므로 겉으로 드러나 보이는, 아름답고 영광스러운 지체들인 잘사는 형제들보다 겉으로 드러나 보이지 않는, 우리의 연약한 지체들인 어려운 형제들에게 더욱 많은 관심을 가지고 귀히 여겨 주시기를 바랍니다. 이처럼 자신 안의 지체와 같은 연약한 형제들이 그리스도의 몸으로 함께 있기에 지금, 여러분이 몸을 일으켜 일어나서 그리스도의 존귀한 몸으로써 활동하고 있는 것이 아니겠습니까? 이와 같은 일들이 "그리스도의 몸을 세우는 일"이요, "내적인 일로서 그리스도의 몸을 튼튼하게 하는 일인 것"입니다.

이에 대해 성경에서는 "우리의 몸은 각 부분이 자기 구실을 다함으로써 각 마디로 서로 연결되고(힘을 합하여) 얽혀서(서로 도와서〈서로 사랑함으로써〉 영양분을 공급함으로) 영양분을 받아 자라납니다. 그리스도를 머리로 하는 교회도 이와 같이 하여 **사랑으로 자체를 완성해 나가는**

것입니다."(엡4:16-17; 공동번역)라고 말씀하고 있습니다. 이 말씀이 우리를 향하신 하나님 아버지의 뜻이요, 우리가 행할 지상 최대의 과업 (할 일)으로서 그리스도께서 저자와 여러분 모두에게 주님의 뜻을 이루라고 명하신 그리스도의 지상명령인 것입니다. 그러므로 여러분은 위의 말씀이 그리스도께서 주의 자녀들에게 "너희는 서로 사랑하라. 다시 말하노니 서로 사랑하라." 명령하신 그 말씀과 같음을 알아야 합니다. 그리고 이김을 주시는 우리 주 예수 그리스도의 은혜를 힘입어 여러분 모두가 다 진실로 서로 사랑함으로 주님의 뜻을 이루어 드림으로써 하나님의 일의 반대자, 마귀를 이기는 승리자가 되시기를 기도합니다.

육체를 입은 사람들은 누구나 하나님께서 성경에 말씀하신 대로 대부분 100년 안팎의 세월을 살아갑니다. (시90:10; 우리의 연수가 70이요 강건하면 80이라도 그 연수의 자랑은 수고와 슬픔뿐이요 신속히 가니 우리가 날아가나이다) 그런데 대부분 많은 사람이 시편 기자를 통해 주님께서 말씀한 바와 같이, 우리의 인생이 이렇게 신속히 날아가는데도 죽음 뒤에 오는 참된 세상을 맞이할 준비를 하지 않고 있습니다. 그것은 죽음 뒤에 오는 세상이 어떤 세상으로 자신 앞에 펼쳐질지를 모르기 때문일 것입니다.

성경에는 두 가지 세상이 있습니다. 하나는 하나님의 나라 곧 천국 (계22:1-2; 또 저가 수정같이 맑은 생명수 강을 내게 보이니 하나님과 및 어린양의 보좌로부터 나서 길 가운데로 흐르더라) 세상입니다. 다른 하나는 너무너무 무섭고 괴로워서 죽고 싶어도 죽을 수도 없으며, 무시무시하여 말로만 들어도 끔찍한 지옥과(막9:48; 거기는〈지옥은〉구더기도 죽지 않고 불도 꺼지지 아니하니라) 유황이 끊임없이 타는 불바다 세상입니다.

어떤 세상으로 갈 것인가는 모두 각자(겔18:20; 공동번역; 올바르게 살면 올바르게 산 보수를 받고, 못된 행실을 하면 못된 행실의 보수를 받는다는 말씀처럼)에게 달려 있습니다. 그러므로 예수 그리스도를 믿지 않는 것은 큰 죄악입니다. 그것은 하나님께서 온 세상 민족들에게 회개하도록 하여(행17:30; 알지 못하던 시대에는 하나님이 허물치 아니하셨거니와 이제는 어디든지 사람을 다 명하사 "회개하라" 하셨기 때문입니다) 온 세상 죄를 제거하셨으며, 심판의 주님이신 우리 주 예수 그리스도를 믿으라고 선포하셨기 때문(행17:31)입니다. 이와 같이 온 세상 민족들에게 하나님께서 선포하신 하나님의 아들 그리스도이신 우리 주 예수님을 믿지 않는다면, 그 사람은 구원할 방법이 없는 것입니다. 죽음 뒤에 오는 자신의 인생이 어디로 가는지를 알지 못하여 잡혀 죽기 위해 사는 이성 없는 짐승과 같은 사람으로서 정말 불쌍한 사람인 것입니다. 왜냐하면 우리 주 예수 그리스도께서는 실제로 인간으로 오셔서 33년 동안을 세상에 계시면서 하나님의 아들로서 하늘나라의 기쁜 소식을 사실 그대로 온 세상 민족들에게 전하여 주셨기 때문입니다. 그리고 주님은 죽음을 이기시고 부활하셨으며 하늘로 올라가셔서, 자기 아들을 이 땅에 보내신 살아 계신 하나님, 그분의 우편에 앉아 계시기 때문(히10:12)입니다. 위와 같이 **'성경 말씀이 모두 사실'**인데도 불구하고 믿지 않는 사람들은 정말 불쌍한 사람인 것입니다.

　그러나 더욱더 불쌍한 사람은 주님을 믿는다고 하면서도 죄를 짓는 사람인 것(주여, 주여 하는 자들처럼⟨마7:21-23;⟩, 또 의로운 자가 의를 저버리고 악을 행하면 내가 그 앞에 장애물을 놓을 것이다⟨겔3:20; 현대인의 성경⟩)입니다. 이런 사람은 성령님을 근심케 하는 더 큰 죄악을 짓는 사람입니다. 저자가 여러분들에게 말하지 않아도 참으로 최고로 불쌍한 사람일 것이라고 이미 여러분의 마음에 느껴졌을 것입니다. 그러나 하나님께서는 자신이 짓는 모든 죄의 행위에서 돌아서는 사람(겔18:23; 공동번역; 그런 사람⟨죄를 짓는 사람⟩이라도 그 가던 길⟨죄악의 길⟩에서 발길을 돌려 살게 되는 것이 어찌, 내 기쁨이 되지 않겠느냐는 말씀처럼)을 기뻐하신다고 말씀하셨습니다. 그래서 주님께서는 이스라엘 백성들에게 "너희는 **지금까지 범한 모든 죄**를 버리고 마음과 심령을 새롭게 하라."(겔18:31; 현대인의 성경) 말씀하시고 "나는 그 누구도 죽는 것을 원하지 않는다. 그러므로 너희는 회개하고 살아라."(겔18:32) 말씀하셨습니다. 이스라엘 백성들에게 위와 같이 하신 말씀은 예수 그리스도를 믿는 영적 백성들인 우리에게도 말씀하신 것입니다. 그러므로 죽음 뒤에 오는 영원한 인생을 약속을 받은 여러분은 혹시라도 지금까지 범한 죄가 있다면 가던 길에서 발길을 돌려 사는 길을 택하고 마음과 심령을 새롭게 하시기를 바랍니다. 그러므로 승리를 주시는 우리 주님께 늘 감사하시기를 바랍니다. 그리스도를 믿는 모든 형제에게 하나님 우리 아버지의 은혜가 함께하시기를 빕니다.

악인들의 종말

"우리가 소망(롬8:23; 현대인의 성경; 우리 몸이 구원받기를 갈망함)으로 구원을 얻었으매 보이는 소망이 소망이 아니니 눈앞에 보고 있는 것을 누가 바라겠습니까? 만일 우리가 보지 못하는 것(보이지 않는 것 곧 영적인 것)을 바란다면 참고 그것을 기다려야 할 것입니다."(롬8:24-25; 개역성경; 현대인의 성경)

우리는 보이지 않는 하나님의 세계를 믿음의 눈으로 보는 것처럼 믿는 사람들입니다. 하나님의 세계는 육체의 눈으로는 공기처럼 볼 수 없는 세계이지만 공기가 존재하고 있는 것처럼, 실제로 존재하고 있는 그러한 영적인 세계입니다. 그런데 이 영적인 세계를 기다리지 못하는 사람들이 있습니다. 그런 사람들은 하나님의 나라 영적 세계를 알지 못하기 때문에, 우리 주 예수님을 믿지 않고 있거나, 믿는다고 하면서도 악한 짓을 합니다. 그런 사람들은 레위인이요, 여호와의 찬양단 두령인 아삽, 그가 쓴 시에 나온 악인들처럼(시73:3-12; 죽는 때에도 고통이 없고 그 힘이 건강하며, 고난이 없고 재앙도 없으며, 교만이 저희 목걸이요 강포가 저희 입는 옷이며, 살찜으로 저희 눈이 솟아나며 저희 소득은 마음의 소원보다 지나며, 저희는 능욕하며 악하게 압제하여 말하고 거만히 말하며, 그들이 입으로 하늘에 있는 하나님을 대적하고 혀로 땅에 있는 사람을 악담하며, 볼지어다. 이들은 악인이라 항상 평안하고 재물은 더하도다; 악인들의 형통함처럼) 이 세상에서 정말 잘 먹고 잘 살아야만 되는 것입니다. 왜, 그런가 하면 아삽은 하나님의 성소에 들어갔을 때 악인들의 종말(시73:17; 현대인의 성경; 악인들의 최후를)을 보았기 때문입니다. 원래 번제단은 죄인인 자신이 불에 타서 죽는 곳입니다. 그런데 죄인이 자기의 죄를 소나 양에게 죄를 전가하여(레1:4; 현대인의 성경; "제물을 바치는 자가 번제물의 손을 얹으면 내가 그것을 그의 죄를 대신, 속죄하는 희생의 제물로 받을 것이다." 하는 말씀과 같이) 죄인의 죄를 전가받은 번제물이 번제단에서 그 죄인 대신 불에 타 죽는 것입니다.

이와 같이 하나님께서 우리의 죄와 세상 죄를(요일2:2; 우리만 위할 뿐 아니요, 온 세상 죄를 위함이라는 말씀과 같이) 세례자 요한을 통해 그리스도에게 전가하여 우리와 세상 사람들의 죄를 전가받으신 우리 주 예수 그리스도께서 우리를 포함하여 모든 죄인 대신 죽는다는 것을 상징하는 곳이, 바로 번제단인 것입니다. 우리 주님은 예언의 말씀대로(창 3:15; 여자의 후손은 네 머리를 상하게 할 것이요 너는 그의 발꿈치〈요13:11-18; 자기를 팔 자가 누구인지 아심이라. 내 떡을 먹는 자가 내게 발꿈치를 들었다 한 성경을 응하게 하려는 것이니라〉를 상하게 할 것이라고 예언하신 말씀을) 2,000년 전에 이미 그 일을 십자가에서 실현하셨습니다.

이처럼 하나님의 아들 그리스도 예수로 말미암아 **율법의 요구**(히 10:8; 현대인의 성경; 제사와 예물, 번제와 속죄제 이런 것은 율법이 요구하는 것; 요 19:30; "다 이루었다." 하시고, 머리를 숙이시며 숨을 거두셨다; 히10:12; 그리스도는 죄를 위해 단 한 번의 영원한 제사를, 드리시고 하나님의 오른편에 앉으셨습니다; 율법의 요구를 다 이루신 것입니다)를 다 이루셨음에도 불구하고 우리 주 예수 그리스도를 믿지 않는다면, 그리고 주님을 믿는다고 하면서도 죄를 계속하여 짓는다면, 최후에는 자신이 자신의 죄를 지고 그 불 속에(누구는 지옥 불 속에 그리고 누구는 영원한 불 속에) 던져지는 것입니다. 아삽은 그런 악인들의 최후를 성소에 들어갔을 때 번제단에서 보게 된 것입니다.

악한 사람들을 시샘하는
여호와의 찬양단장 아삽

아삽은 처음에 그런(시73:4-12) 악인들의 형통함을 보면서 자신의 인생에 대하여 발을 헛디뎌 넘어질 뻔할 만큼 마음의 번뇌(번뇌; 마음이 시달려 괴로움을)를 느꼈습니다. 왜 그런가 하면 아삽 자신은 하나님을 믿는 사람으로서 깨끗한 마음으로 살면 하나님께서 선을 베푸시는 것(시73:1; 이스라엘에 선을 베푸시며 그중에서도 마음이 깨끗한 자에게 선을 베푸시는구나)으로 알았습니다. 그래서 아삽은(욥과 같이; 새 번역 성경; 욥1:1; 그는 흠이 없고, 정직하였으며 하나님을 경외하며 악을 멀리하는 사람이었다는 말씀과 같이) 깨끗한 삶을 살았고 손으로 죄를 짓지도 않는 사람이었습니다. 그러한 삶을 살고 있음에도 불구하고 아삽은 "나는 종일 재앙을 당하며 아침마다 징책을 보았도다." 하였습니다. '현대인의 성경'은 같은 구절을 "나는 종일 괴로움을 당하고 아침마다 벌을 받았다."라고 해석하였으며 '새 번역 성경'은 "하나님, 주님께서는 온종일 나를 괴롭혔으며, 아침마다 나를 벌하셨습니다."라고 기록하고 있습니다.

그와 같이 아삽은 매일 하는 일마다 일이 번창해 가는 저들을 시샘함으로 인하여 마음이 시달려 고통의 삶을 살았습니다. 항상 '어떻게 하면 자신의 생활이 저들처럼 나아질까' 하는 생각에 매여 있어서 잠만 깨면 그러한 생각으로부터 자유를 얻으라고 하나님께서는 아삽을 벌하셨습니다. 그런데도 아삽은 그러하신 주님의 뜻은 알지 못하고 욥이 "내게는 잘못이 없다. 나는 잘못을 저지르지 않았다. 나는 결백하다. 내게는 허물이 없다."(욥33:9; 새 번역 성경)라고 말하였듯이 자신의 신앙생활이 올바르다고만 생각했습니다.

그래서 아삽 자신은 하나님을 믿고 섬기며 깨끗한 마음으로 살고 있는데도 불구하고 원하는 대로 되지 않음으로 그러한 생각을 떨쳐 버리지 못하고 종일 마음이 시달렸습니다. 괴로워하던 아삽은 자신이 깨끗하게 사는데도 불구하고 선을 베풀어 주지 않고 온종일 괴롭히시며 아침마다 심히 마음 아프게 하시는 하나님을 떠나 아삽 자신도 저 악인들처럼 말하며 살고 싶었습니다. (시73:14-15; 공동번역; 나는 과연 무엇하러 마음을 맑게 가졌으며 깨끗한 손으로 살았습니까? 이렇게 종일토록 얻어맞고 아침마다 책벌일 바에야 나도 그들처럼 말하며 살고 싶었습니다)

그도 그럴 것이 아삽은 소원을 빌면 소원 성취가 잘 이루어지지 않는 반면에(시73:13; 내가 깨끗한 마음으로 살고 죄를 짓지 않은 것이 허사라는 그의 생각처럼) 악인들은 그렇게 악한 짓을 하는데도(시73:4-11) 소원을 빌면 일이 너무나도 잘 이루어졌기 때문입니다. (시73:12; 현대인의 성경; "이 악인들을 보아라. 이들은 언제나 편안한 생활을 하고 그들의 재산은 날로 늘어만 간다"는 말씀처럼 말입니다) 오늘날에도 그렇게 말하는 사람들이 있습니다. "너는 예수를 믿는다면서 왜 그렇게 못살아! 예수가 안 도와줘?" "그런 예수를 뭐하러 믿니?" "자신을 믿는다는데, 어떻게든 살아 보려고 아등바등하며 살고 있는데, 그렇게 살도록 놔두는 그런 신도 있니?" "나 같으면 그런 신은 절대로 믿지 않아!" 말하는 것입니다.

그때는 참 이상도 했습니다. 다른 사람들은 아삽이 말하고 있는 악인들처럼, 저들은 손만 댔다 하면 무슨 일이든 너무나도 잘되었습니다. 그러나 저자는 아무리 노력을 해도, 해도 일이 이루어지지 않는 것이었습니다. 그와 같이 아삽도 여호와 하나님으로부터 특별히 선택받은 레위인이었고 그리고 여호와의 영광을 찬양하는 찬양단원으로서 최고의 반열에 올라가 그 자리에 번듯하게 앉아 있었지만, 그의 삶의 순탄함과 재산 증식을 하나님께서는 허락하지 않으셨던 것입니다. 예를 들어 제물을 돌려 대는 악한 사람("너희가 눈먼 희생으로 드리는 것이 어찌 '악'하지 아니하며 저는 것, 병든 짐승을 나에게 제물로 바치는 것이 어찌 '악'하지 않느냐⟨말1:8; 개역성경; 현대인의 성경⟩ 성전 안에서 소와 양과 비둘기 파는 사람들과 돈 바꾸는 사람들의 앉은 것을 보시고 노끈으로 채찍을 만드사 양이나 소를 다 성전에서 내어 쫓으시고 돈 바꾸는 사람들의 돈을 쏟으시며 상을 엎으시고 ⟨요2:14-15⟩" 말씀과 같이)들은 악한 짓을 하고 또 해도 번영하고 번성하는데, 하나님의 말씀대로 자신은 죄도 짓지 않으며 하나님 보시기에 깨끗한 마음으로 살고 있는데도 번영하지도 않고, 물질이 넉넉해지지 않는 것이었습니다.

그와 같이 물질의 복을 받아 누릴 생각으로 꽉 들어차 있는 아삽이 저 악인들의 형통함을 시샘하자, 주님께서는 그가 온종일 번뇌케 하시며 아침마다 회개를 촉구하는 책벌(책벌; Oxford Languages; 죄과를 꾸짖어 벌하는 것)을 하셨던 것입니다. 그것이 이해되지 않았던(시73;16) 아삽은, 어리석은 자들을 부러워하고 악한 자들이 잘되는 것을 보고 시샘하여(시73:3; 공동번역) 아삽 자신도, 하나님을 믿는다고(시73:1; 하나님은 "이스라엘에 선"을 베푸시며 "그중에서도 마음이 깨끗한 자에게 선"을 베푸시는구나 하는 사람들로서) 하면서도 매일 악한 짓(말1:8)을 하는 저 악인들처럼, 아삽 자신도 말도 하고 같은 말과 행동을 하며 저들과 같이 잘살고 싶었지만, 아삽은 하나님의 성소에 들어가서야 "악인들의 종말"을 보고(시73:17-20) 하나님의 그 크신 은혜를 깨달은 것입니다.

그러므로 여러분도 세상에 소망을 두지 말고, 아삽이 성소에 들어갔을 때 번제단을 보고 악인의 종말을 깨달은 것과 같이 자기 아들을 이 땅에 보내셔서 우리의 죗값을 그에게 담당시켜 그 육체를 죽이심으로써 죄를 없이 하신(롬8:3) 하나님 아버지의 무한하신 사랑과 은혜를 깨닫기를 바랍니다. 아삽은 악한 사람들을 멸망으로 던져 넣으시는 영원한 하나님의 불의 세계(마25:41; 지옥 불)를 보고(시73:17; 내가 성소에 들어갔을 때 악인들의 최후를 깨달았습니다) 자신이 어리석고 무식(우매하고 무지함)하며 주님 앞에서 짐승 같은 자신을 발견하고 욥과 같이 회개(시73:21-22; 주님 앞에 한 마리 짐승이었습니다; 욥42:5-6; 티끌과 잿더미 위에 앉아서 회개합니다)하였습니다. 그리고 하나님의 은혜(시73:23; 현대인의 성경; 그러나 내가 주를 가까이함으로 주께서 내 오른손을 붙드셨습니다. 〈공동번역; 나를 타일러 이끌어 주시고〉 주는 나를 주의 교훈으로 인도하시니)에 감사하였습니다.

그리고는 자신에게는 오직, 주님밖에 없으며 악한 사람들을 시샘하며 고통의 생활을 하는 동안에도 자신이 어리석고 무식하며 주 앞에서 짐승 같은 자신을, 붙들어 주시고 타일러 인도하시며 자신의 전체이신 주님을 변함 없이 가까이하기로 결심(시73:25-26, 28; 현대인의 성경; 하늘에서는 나에게 주밖에 없습니다. 내가 주와 함께 있는데 이 세상〈개역성경;

땅에서)에서 무엇을 더 바라겠습니까? 내 몸과 마음은 쇠약해질 수 있습니다. 그러나 하나님은 내 마음의 반석이시며 내가 필요로 하는 전체입니다. 나에게는 하나님을 가까이하는 것이 정말 좋은 일입니다. 내가 여호와 하나님을 나의 피난처로 삼았으니 주께서 행하신 모든 일을 널리 전하겠습니다)하였습니다.

위와 같이 아삽이 영적인 일을 깨달았을 때 몸과 마음이 하나님 앞에 항상 있었으면서도 어느 한순간 자신도 모르게 자신의 신세를 한탄하면서 자신은 하나님의 사람인데도 불구하고 지지리도 궁상떨며 살고 있는데, 반면에 하나님을 믿는다고 하면서도 악한 일하는 저들과 같은 악한 사람들은 너무나도 잘살고 있다고 어리석은 자들을 부러워하고 시샘하게 되면서 아삽의 마음이 잠깐 하나님과 멀어져 버린 것입니다. 그래서 하나님께서는 아삽이 성소에 들어왔을 때, "저들이 그렇게 잘살면 무엇 하겠느냐? 악한 사람들은 결국은 순식간에 멸망하여 번제단에서 불에 타서 종말에 이르러 아침이 되어서 일어나면 악몽이 다 사라져 없어지듯이, 사라지는 꿈과 같은 자들로서, 내가 일어나면 그들은 꿈처럼 사라져 버릴 것인데 말이야!"(시73:17-20)하고 악한 사람들의 최후의 종말을 아삽에게 보여 주셨던 것입니다.

이 말씀은 영원한 세상을 맞이하는 길목에선, 우리 주 예수 그리스도를 믿는 사람과 믿지 않는 모든 사람에게 미리 보여 주시고 있는 것입니다. 다시 말해 곧 세상을 거쳐 지나가는 모든 그리스도인에게 선한 인생을 사는 사람은 **상**을 받고 악한 인생을 사는 사람은 **벌**을 받게 되는 심판에서 하나님의 정의로우신 판결을 받게 된다는 것을 알라고(고후5:10; 현대인의 성경; 우리는 모두 그리스도의 심판대 앞에 나타나서 심판을 받아야 합니다. 각 사람은 육체에 머물러 있는 동안 자기가 행한 일에 따라서 "선한 일을 한 사람"은 상을 받고 "악한 일을 한 사람"은 벌을 받게 될 것입니다. 우리가 주의 두려우심을 알기 때문입니다) 미리 알리는, 극적인 영화와 같은 예고편을 미리 보여 주시고 있는 것입니다. 예수 그리스도를 믿는다는 모든 사람에게 주님의 선한 일을 하면서 거룩한 삶을 살라는, 하나님께서 그리스도인들에게 엄중하게 내리신 일종의 경고인 셈인 것입니다.

그러므로 위에서 말씀을 드린 바와 같이 심판의 대상(시50:4; 하나님이 자기 백성을 심판하시려고 하늘과 땅을 불러; 벧전4:17; 하나님의 집에서 심판을 시작할 때가 되었나니)이 의인들 가운데서 악인들을 가려내는 것으로서 우리 그리스도인 것을 절대로 잊어서는 안 되겠습니다. 이처럼 악을 미워하시는 하나님께서는 이스라엘 백성들에게(레19:2; 너희는 거룩하라. 나 여호와 너희 하나님이 거룩함이니라; 살전4:3; 하나님의 뜻은 이것이니 너희의 거룩함이라는 말씀과 같이) "내가 거룩하니 너희도 거룩하여라." 말씀하심으로써 그들 또한 거룩하게 살라고 부르신 것처럼, 우리 또한 그리스도와 함께 그리스도 안에서 거룩한 인생(여러분을 불러 주신 그 거룩하신 분을 따라 모든 행실을 거룩하게 하십시오. 성경에 기록하기를 "내가 거룩하니 너희도 거룩하여라."〈벧전1:15-17〉 하였습니다. 공정하게 심판하시는 분을 아버지라고 부른다면 여러분은 나그네 삶을 사는 동안 두려운 마음으로 살아가십시오. "티도 없고 흠도 없는 사람으로, 아무 탈이 없는 삶"〈벧후3:14; 새 번역 성경〉, "거룩해지지 않고서는 아무도 주님을 보지 못할 것입니다."〈히12:14; 현대인의 성경〉라는 말씀과 같이)을 살아야만 하는 것입니다. **거룩한 삶이란**, 예수 그리스도를 믿었다고 그것으로 끝나는 것이 아닙니다. 하나님께서 나누어 주시는 거룩한 하나님의 본성을 여러분이 주님을 믿는 그 "믿음 위"에 풍성하게 갖추면 마침내 그리스도를 잘 알게 되고, 그와 같은 믿음을 가지고 생활하는 것입니다. 그것을 "**믿음에 덕을**, 덕에 지식을, 지식에 절제를, 절제에 인내를, 인내에 경건을, 경건에 신도 간에 우애를, 신도 간에 우애에 사랑을 '더하는 것'입니다."(벧후1:5-7; 새 번역 성경)라고 말씀하시지 않았습니까?

이처럼 하나님에게서 나오는 그분의 성품들은 모두 다 거룩한 것입니다. 그러므로 여러분은 이러한 하나님의 거룩한 성품들을 넉넉하게 갖추어야 합니다. "그러면(이런 하나님의 거룩한 성품들이 풍성하게 갖추어지면) 여러분은 부지런히 우리 주 예수 그리스도를 알려고 할 것이며, 게으르거나 열매를 맺지 못하는 사람이 되지 않을 것"(벧후1:8; 새 번역 성경, 공동번역)이라고 사도 베드로는 말씀을 전하고 있습니다. 하나님의 말씀이 이러하니 여러분은 여러분의 믿음 위에 하나님의 거룩한 성품들을 풍성하게 갖추게 되면 마침내 그리스도를 잘 알게 되고 그런 것들로 그리스도의 형제로서 참으로 서로 간에 공급함으로써 열매 맺으며 사는 거룩한 생활을 하게 되며, 거룩해지는 사람으로서 하나님을 뵐 수 있는 사람이 되는 것입니다. "그러나 위와 같이 나누어 주시는 하나님의 거룩한 성품들을 갖추지 못한 사람은 앞 못

보는 소경이며 과거의 지은 죄가 깨끗해졌다는 것을 잊어버린 사람입니다." 하고 말씀하고 있습니다. 그러므로 우리는 이제부터라도 예수 그리스도를 믿는 믿음 위에 나누어 받은 하나님의 거룩한 성품을 흡족하게 갖추어서 그것으로 "너희가 서로 사랑하라." 말씀과 같이 그리스도의 형제끼리 서로 사랑해야만 하는 것입니다. 그러면 여러분은 절대로 빗나가는 일이 없을 것이고 그리스도의 영원한 나라에 들어가는 문이 활짝 열릴 것(벧후1:4-11)입니다.

사랑하는 형제 여러분, 이 세상 인생은 아주 짧다 못해 날아가는 인생(시90:10; 우리의 연수가 칠십이요 강건하면 팔십이라도 그 연수의 자랑은〈현대인의 성경; 모든 날이 수고와 슬픔뿐이요〉 슬픔뿐이요 신속히 가니 우리가 날아가나이다)입니다. 우리는 예수 그리스도를 믿는 사람이든지 주님을 믿지 않는 사람이든지 간에 누구나 신속히 날아가는 그런 인생을 살고 있습니다. 우리의 인생이 젊어서 보면 먼 것같이 보여도 늙어서 보면 순식간에 나이가 들어차 있다는 것을 알 수 있습니다. 연세가 많은 할아버지, 할머니들에게 물어보십시오. 그러면 세월이 살같이(화살과 같이) 빠르다는 것을 알게 될 것입니다. 우리는 지금 그런 인생을 함께 겪으며 이 세상에서 살고 떠나고 있는 것입니다. 사람이면 누구나 이렇게 짧은 인생을 살고 떠나는데 서로 사랑해도 모자라는 세월을 왜 그렇게들 아웅다웅 다투면서 사는 것인지 원, 알다가도 모를 세상입니다.

이처럼 세상이 서로 사랑하지 않기 때문에, 누구를 통해서라도 주님의 기쁜 소식의 말씀은 한 사람도 빠짐없이 다 구원받을 때까지 계속해서 전해져야 할 것입니다. "왜 한 사람도 빠짐이 없이 다 구원을 받아야만 하는가?" 하면, 자기 자신 안에 있는 영혼이 자기의 육체와 함께 육체 속에서 존재하고 있어서 지금은 그 영혼이 함께 있는지조차 여러분들이 잘 느끼지 못하고 있을 것입니다. 그러나 사람(눅12:20; "어리석은 사람아, 오늘 밤에 '네 영혼'을 도로 찾으리니" 말씀과 같이)이 죽으면 그 영혼이 사라져 없어지는 것이 아닙니다. 여러분은 영화 '사랑과 영혼'에서 괴한의 총에 맞아 죽은 주인공이 자기의 죽은 몸에서 유체이탈하는 장면을 보았을 것입니다. 이와 유사하게 저자뿐만 아니라 여러분도 죽으면 영혼이 육체로부터 빠져나오게 됩니다. 저자가 이와 같이 말할 수 있는 것은 비슷한 체험을 6개월 동안 여러 차례 하였기 때문입니다.

성경 또한, 사람의 영혼이 실제 사람과 같은 모습으로 존재하고 있어서 주님의 예화에 예복(예복; 계19:8; 현대인의 성경; 빛나고 깨끗한 모시옷을 받아 입었으니 이 모시옷은 성도들의 의로운 행위라고 말씀하신 옷)을 입지 않고 혼인 잔치에 들어온 어떤 한 사람의 "손"과 "발"을 묶어 바깥 어두운 곳(지옥)에 던지라고 명령하는 장면이 묘사되어 있습니다. 여러분들도 읽어 보고 많은 깨달음이 있기를 바랍니다.

어떤 왕이 자기 아들의 결혼 잔치를 베풀어 놓고 종들에게 명하여 "먼저 초대받은 사람들은 이것을 받을 만한 자격이 없다." 하시고 "네 거리에(온 세상) 나가서 만나는 사람마다 잔치에 초대하라." 하였습니다. 그래서 종들이 네거리에 나가서 "좋은 사람"이건 "나쁜 사람"이건 만나는 대로 데려오자 잔치 자리가 가득하였다고 말씀하고 있습니다. 그래서 왕은 손님들을 보려고 잔치 자리에 들어갔다가 그곳에 예복을 입지 않고 들어온 한 사람을 보게 되었습니다. 왕은 그 사람에게 "그대는 어째서 예복도 입지 않고 여기 들어 왔는가?" 하고 묻자 그는 아무 대답이 없었다고 말씀하고 있습니다. 그래서 왕은 종들에게 명하기를 "이 사람의 **손발을 묶어 결박하여 바깥 어두운 곳에 던져라.** 거기서("불구덩이에 던져 넣을 것이다. 그러면 그들이 '거기서' 통곡하며 이를 갈 것이다."〈마13:50; 현대인의 성경〉와 같이 불구덩이에서) 통곡하며 이를 갈 것이다."(마22:1-13; 현대인의 성경) 말하였습니다. 그러므로 우리는 하나님을 두려워해야만 하는 것입니다. 예수님은 말씀하셨습니다. **"영혼과 몸을 지옥에다 던져서 멸망시킬 수 있는 분을 두려워하라."**(마10:28)고 말입니다. 그것은 위 말씀과 같이 하나님께서는 계속하여 죄를 짓는 사람의 몸을, 지금과 같이 몸과 영혼이 연합되어 있는 상태에서도 고라와 그의 추종자들과 같이 그대로 지옥에다 던져 넣는 분이시므로 두려워하라고 말씀하고 있는 것입니다.

그리고 또한 예수님의 예화 곧 부자와 나사로의 이야기에 나온 부자도 ("부자도 죽어 땅에 묻혔다."〈눅16:22〉는 말씀과 같이 육신은 땅에 묻히고) "죽은 자신의 몸에서 빠져나온 영혼"이 손과 발이 있는 육체와 같은 모습으로 지옥에서 극심한 고통을 받고 있다고 주님께서 말씀하고 있습니다. 부자의 영혼이 지옥 불꽃 속에서 괴로움을 호소하고 있듯이, 주님을 믿는다고 하면서도 거지 나사로와 같이 고난 속에 있는 어려운 자신의 동족(형제를)을 사랑하지 않는 사람과, 하나님의 선한 일을 하지 않는 사람("빛나고 깨끗한 모시옷을 입지 못한 사람 곧 의로운 행위가 없는 사람"〈계19:8〉, "각 사람이 '자기의 행위대로 심판'을 받고"〈계20:12-13〉와 같이)과, 주님의 은혜를 받았음에도 불구하고 죄 용서함을 받지 못한 사람의 영혼은 고통의 장소인 지옥을 벗어날 수 없다고 '부자와 거지 나사로'를 예화를 들어 주님은 우리에게 상세하게 설명하여 주시고 있는 것입니다. 그래서 더욱더 누구보다도 열성 당원처럼 저자는 우리 주 예수 그리스도를 누구든지 꼭, 꼭, 꼭 믿고 믿음으로 살아야만 한다고 목 놓아 큰 소리로 외치며 여러분에게 호소하면서 기록하여 전하는 것입니다.

놀라운 사실은 영적 존재들에게도
감각이 살아 있다는 것입니다

놀라운 사실은 영적 존재들에게도 사람이 느끼는 것처럼 감각이 살아 있다는 것입니다. 사람의 죽은 몸에서 빠져나온 영혼이 육체와 같이 감각이 살아 있음을 예수님께서 부자와 거지 나사로를 예화로 들어 말씀하고 있습니다. 성경을 보겠습니다.

"이에 그 거지가 죽어 천사들에게 받들려 아브라함의 품에 들어가고 부자도 죽어 장사되매(공동번역; 부자는 죽어서 땅에 묻히게 되었다) 저가 음부에서(현대인의 성경; 헬 '하데스' 지옥에서) 고통 중에 눈을 들어 멀리 아브라함과 그의 품에 있는 나사로를 보고 불러 가로되 '아버지 아브라함이여 나를 긍휼히 여기사 나사로를 보내어 그 손가락 끝에 물을 찍어 내 혀를(공동번역; 제 혀를 축이게 해 주십시오.) 서늘하게 하소서. 내가 이 불꽃 가운데서(공동번역; 이 불꽃 속에서 심한 고통을 받고 있습니다) 고민하나이다.' 하고 부르짖었다."
(눅16:22-24)

이처럼 지옥 불꽃 속에서 고통을 당하는 중에 자신의 아버지 아브라함("주여, 주여" 하는 자들뿐만 아니라 예수 그리스도를 믿는다고 말하는 모든 사람의 아버지 곧 하나님 아버지를 의미합니다)에게 애타게 부르짖는(벧후2:9; 심판 날까지 계속 벌을 받게 되는) 한 부자를 잘 살펴보시기 바랍니다. 예수님의 말씀은 모두 다 사실이니까 말입니다.

부자는 죽어서 육체는 땅속에 묻히고, 죽은 자기의 육체에서 영혼이 빠져나와 지금 부자의 영혼은 지옥에 던져져서 말로 표현을 할 수 없을 정도로 심한 고통을 받고 있습니다. 그와 같이 지옥에서 고통을 받아 괴로워하고 있는 한 부자의 **영혼의 모습**을 보면 이렇습니다. '현대인의 성경'의 말씀입니다.

한 부자는 "지옥에서 고통을 당하는 중에"라는 말씀과 같이 부자는 지금 지옥에서 영혼의 온몸으로 고통을 당하고 있습니다. 그리고 그와 같이 "부자가 지옥에서 고통을 당하는 중에 쳐다보니 멀리 아브라함이 보이고 나사로는 그의 품에 안겨 있었다." 말씀하심과 같이 아버지 아브라함과 나사로를 바라다보는 부자의 '**눈**'이 있습니다. "아버지 아브라함이여, 나를 불쌍히 여겨 주십시오."라고, 아버지 아브라함을 향하여 큰 소리로 애원하는 부자의 '**입**'이 있습니다.

"나사로를 보내 손가락 끝으로 물을 찍어 다가 제 혀를 축이게 해 주십시오." 하며 부자는 지금 물 한 방울이 없는 지옥 불꽃 한가운데서 고통이 너무 심하여, 태양이 이글거리며 내리쬐는 사막 한가운데에서 물 한 모금 얻어먹지 못하여 심한 갈증으로 죽어 가는 사람보다 더 심하게 갈증 위에 갈증을 느끼고 있습니다. 여름 가뭄 속에 뒤틀리다 못해 아무렇게나 내동댕이쳐져 버려져 있는 바짝 메마른 걸레짝보다, 더 심한 갈증을 느끼면서 나사로를 보내 손가락 끝으로 물을 찍어다가 자신의 혀를 시원하게 해 달라고 말하며 애원하는 부자의 '**입안의 혀**'가 있습니다. 그리고 천국에서 아버지 아브라함 품에 있는 나사로의 '**모습**'과 나사로의 '**손가락**'이 표현되어 있습니다.

그리고 부자는 말합니다. "내가 이 불꽃 가운데서 너무 괴로워 죽을 지경입니다." 온몸으로 지옥 불꽃 가운데서 죽을 정도로 심한 고통을 겪고 있는 한 부자의 '**영혼의 몸**'이 있습니다. 그리고 "내 형제가 5명이 있는데 나사로를 보내 그들에게 경고하여 내 형제들만이라도 이 고통을 받는 곳에 오지 않게 해 주십시오."(눅16:28; 현대인의 성경)라고 자기 형제를 생각하며 애원하는 한 '**부자의 생각**'이 있습니다.

지금까지 한 부자가 처한 이 모든 상황을 종합해 보면, 지옥 불꽃 가운데에서 고통을 받는 부자의 영혼이 아버지 아브라함과 나사로를 알아보는 것과 아브라함이 자기 자녀인 부자를 알아보고 말하는 것 등등을 보았을 때, 잠을 청하려고 침대 위에 누웠다가 갑자기 몸이 침대 밖으로 굴러떨어져 두 발로는 무릎에 힘을 주어 일어나면서 두 손으로는 침대를 짚고 '어, 내가 왜 떨어졌지?'라는 생각을 가지고 다시 침대 위에 누웠던 저자와 같은 육체 형상을 닮은 영혼의 몸이 있음을 알 수 있습니다.

또한 영혼 상태에서도 "어, 내가 왜 떨어졌지?" 하고 생각하며 다시 침대 위에 누웠던 것을 생각해 볼 때, 한 부자의 영혼의 몸도 부자가 육체의 옷을 입고 있을 때와 같이 지옥에서도 그의 영혼이 부자의 "형상을 닮은 모습"을(계20:12; 또 "죽은 사람"들이, 큰 자나 작은 자나 할 것 없이, 다 그 보좌 앞에 "서 있는 것"을 보았습니다; 마22:13; "수족을 결박"하여 바깥 어두운 곳에 던져 넣으라. 거기에서 슬피 울며 이를 갊이 있으리라) 지니고 있음과, 부자의 영혼 속에(눅16:28-30; 부자가 고통의 지옥에서 자기 형제들이 자기가 있는 곳으로 오지 않게 회개하게 해 달라고 자신의 형제 5명을 생각할 정도로) '생각'이 함께 있음을 우리는 알 수가 있습니다. 이와 같이 부자가 육체의 몸을 입고 있는 몸이 아닌데도 불구하고 부자의 영혼의 몸이 생각과 함께 갈증도, 뜨거움도, 아픔도, 몹시 괴로움도, 쓰라리고 아림도 그리고 빨리 죽었으면 좋겠다 싶을 정도로 극심한 고통을 지옥 불꽃 가운데서 감각으로 느끼고 있는 것을 알 수가 있습니다.

하기야(하기야; Google 사전; 사실 그대로 말하자면야!) "마귀와 그의 졸개들과 같은 영적인 존재(계20:10; 또 저희를 미혹하는 마귀가 불과 유황 못에 던지니 거기는 그 짐승과 거짓 선지자도 있어 세세토록 밤낮 '괴로움을 받으리라.'라고 말씀하신 말씀과 같이)들도 자신들의 **'영적인 몸'**으로 밤낮 끊임없이 '고통'을 당할 것이다."(계20:10) 하신 말씀을 보면 사람의 영적 존재인 영혼에도 부자와 나사로 이야기에 나온 한 부자와 같이, 지옥에서 고통을 겪게 되는 것은 예수님의 말씀대로 **기정사실**(기정사실; Google사전; 이미 정해져 있어 바꿀 수 없는 사실)인 것입니다.

"또 왼편에 있는 자(염소 편에 선 자들 곧 "주님께서 배고프셨을 때, 목마르셨을 때, 나그네 되셨을 때, 헐벗었을 때, 병들었을 때, 옥에 갇히셨을 때 '돌아다보지 않은 자'들〈마25:42-43〉을 말합니다. 이런 악인들에게)들에게 이르시되 저주를 받은 자들아, 마귀와 그의 졸개들을 위하여 예비된 영원한 불에 들어가라."(마25:41) 말씀하셨지만, 지금 주님을 믿는 우리가 그러한 죄를 짓고 있더라도 자신의 영혼이 **육체에 머물러 있는 동안**에, "보라,

지금은 은혜받을 만한 때이며, 구원의 날이로다." 말씀하고 있는 구원의 기회를 놓치지 말고, 죄를 범했으면 지금까지 지은 모든 죄를 회개(겔18:31-32; 현대인의 성경; "너희는 '지금까지 범한 모든 죄'를 버리고 마음과 심령을 새롭게 하라. 이스라엘 백성들아, 너희가 어째서 죽으려고 하느냐? 나 여호와가 말한다. '나는 그 누구도 죽는 것을 원하지 않는다.' 그러므로 너희는 '회개'하고 살아라." 말씀하심과 같이)하고 돌아서서 **양**에 대열에 서서 선한 일을 함으로써 영원히 타는 유황불 못에 들어가지 않기를 간절히, 그것도 아주 애원하면서까지 간절히 또 간절히 저자는 바랍니다.

그러므로 **지옥이 그와 같이 고통스럽고 끔찍한 곳인 줄을 알았다면** 예수 그리스도를 믿는다는 자기 자신이, 자기의 부모가, 자기의 자녀가, 자기의 형제가, 친척이, 친구가, 동료가, 이웃이, 아는 사람 모두가, 마그마와 같은 유황불이 펄펄 끓다 못해 튀어져 나오는 곳, 그리고 (막9:48; 공동번역; 지옥에서는 그들을 파먹는 구더기도 죽지 않고 불도 꺼지지 않는다고 하신 말씀과 같이) 영혼의 몸을 어디든지 파먹는 구더기도 죽지 않는 곳, 너무 고통스러워 죽고 싶어도 죽을 수도 없는 곳, 그와 같이 비참하고도 끔찍한 지옥에 들어가 살기를 바라는 사람이 있겠습니까?

그러하니 사랑하는 형제 여러분, 여러분은 그리스도의 사랑을 가지고, 온유한 마음으로 부드럽게 그리고 죽기 살기로, 그리스도의 형제들에게(예수 그리스도를 믿는 믿음의 모든 형제에게는 지옥이 이렇게 끔찍하니 정신을 차리고 깨어 있으라는 뜻으로 전해야 하며)는 물론이요, 내 육신의 부모에게, 내 육신의 자녀에게 내 육신의 형제에게, 내 친척에게, 내 친구에게, 내 동료에게, 내 이웃에게 전도해야만 합니다. 실제로 존재하고 있는 저, 처참하고도 끔찍한 그와 같은 무서운 지옥 불과 같은 유황이 끊임없이 타는 불바다 세상에 우리와 부모 형제들의 영혼이 친척들의 영혼뿐만 아니라 사람이라면 누구의 영혼이라도 **던져지지 않도록 전심으로 꼭, 꼭, 꼭 전도해야 합니다.** 여러분들이 왜, 꼭, 꼭, 꼭 전도해야만 하는가 하면 만왕의 왕이신 하나님께서 구원 사명의 목적으로 여러분 한 사람, 한 사람에게 명령(마28:19; 너희는 가서 모든 민족으로 제자로 삼아 전도의 사명을)을 내리셨기 때문이며, 우리 주 예수 그리스도의 막대한 임무를 띠고, 이 땅에 태어났기 때문입니다. 그리하여 여러분은 여러분들이 사는 곳에 주님으로부터 보내심을 받은 것입니다.

지금은 사람들이 그러한 지옥과 유황 불바다의 세계를 잘 알지를 못하기 때문에 현실과 같이 느긋한 생활을 할는지는 모르겠지만, 지옥 그리고 유황이 타는 불바다의 세계를 알리는 주님의 말씀을 접한 후부터는 누구나 지옥으로 그리고 유황이 영원히 타는 불바다로 빠져드는 그와 같은 모든 생활에서 벗어나야 할 것입니다. 그것은 하나님께서 온 세상으로 "회개하라." 명하셨기 때문(행17:30; 현대인의 성경; 이제는 각처에 있는 모든 사람에게 회개하라고 명령하십니다)이며, 육신은 영혼의 장막(집)이요 육체에 머물러 있는 시간은 아삽의 시에서처럼 잠깐 세상에 머물러 있는 안개와 같아서 꿈을 꾸다가 아침이면 깨어난 그런 사람과 같은 시간을 누구나 살고 있기 때문입니다.

　사랑하는 형제 여러분, 사람이 죽으면 모든 것이 사라져 없어지는 것이 아닙니다. 사람이라면 그 누구나 자기의 육체 속에 자신의 속사람이 있습니다. **"육체적인 몸이 있으면 영적인 몸도 있습니다."**(고전 15:44; 공동번역) 말씀처럼 말입니다. 예수님께서도 말씀하시기를 "어리석은 자여 오늘 밤에 네 **영혼**을(영혼은 속사람을 가리키는 말씀입니다) 도로 찾으리니"(눅12:20) 말씀하셨습니다. 그리고 "비록 우리의 겉사람은(육체는) 쇠약해 가지만 우리의 '속사람'은(영혼은) 날마다 새로워지고 있습니다."(고후4:16; 현대인의 성경)라고 우리의 형제 사도 바울을 통해 말씀하셨고, "유순하고 정숙한 마음가짐으로 '속사람'을 아름답게 하십시오."(벧전3:4; 새 번역 성경)라고 사도 베드로를 통해 말씀하셨습니다. 또 "각 사람은 (속사람이) 육체에 머물러 있는 동안 자기가 한 일에 따라"(롬5:10; 현대인의 성경) 심판을 받는다고 하나님께서 그리스도의 종, 사도 바울을 통해 말씀을 하셨지 않았습니까? 사람에게 영혼이 없다면 무엇으로 심판을 받겠습니까?

　"한 번 죽는 것은 사람에게 정하신 것이요 그 후에는 심판이 있으리니"(히9:27) 말씀하셨고, "죽은 후에 '사건을 볼 수 있도록 사람을 다시 살릴 자가 누구인가?"(전3:22; 현대인의 성경) 말씀하셨습니다. 그 말씀은 "죽은 자들이 자기 행위를 따라 책(자기 행위를 따라 기록된 책; "하나님 앞에서는 아무것도 숨길 수가 없습니다. 우리가 모든 것을 고백해야 할 그분의 눈앞에는 모든 것이, 벌거숭이로 드러나기 마련입니다."〈히4:13; 현대인의 성경〉 말씀처럼)들에 기록된 대로 심판을 받으니"(계20:12-13) 말씀과 같이 "생명의 부활"로, "심판의 부활"로 나와 심판을 받게 되는 것을 말씀하신 것(요 5:29)입니다.

그러므로 우리 주 예수 그리스도를 믿는 사람이든지 믿지 않는 사람이든지 정말로 이방인처럼, 아예 믿지 않는 사람이든지 간에 누구든지, 거룩한 사도들로 전하신 말씀과 같이, 자신의 육체 안에 있는 속사람은, 바로 자신의 영혼을 가리키는 것임을 알아야만 하는 것입니다.

그것에 대하여 사도 야고보를 통해 말씀하셨습니다. **"영혼 없는 몸이 죽은 것같이"**(약2:26)라고 말입니다. 육체에서 영혼이 떠나면 그 육체는 죽은 것이 맞습니다. 그런데요, 다시 말하지만 더욱 놀라운 사실은, 육체를 떠나서 나온 영혼에도 육체와 같이 마음과 감각기관이 살아 있다는 사실입니다. 만일 영혼에 아무런 마음(눅16:27; 현대인의 성경; 그러자 부자는 "제발 부탁입니다. 그렇다면 나사로를 내 아버지 집에 보내 주십시오. 내 형제가 5명이 있는데 나사로를 보내 그들에게 경고하여 내 형제들만이라도 이 고통받는 곳에, 오지 않게 해 주십시오." 하고 애원하였다. 걱정하는 마음이 어디에 있겠으며)도, 감각(눅16:23; 지옥에서 고통 중에; 눅16:24; 그 손가락 끝에 물을 찍어 내 혀를 서늘하게 하소서. 내가 이 불꽃 가운데서 고민하나이다; 눅16:28; 저희로 이 고통받는 곳에 오지 않게 하소서; 계20:10; 그들은 밤낮 끊임없이 고통을 당할 것입니다. 자극을 받는 몸이 어디에 있겠습니까?)도 없다면 악인이 지옥을 들어가 벌을 받아도 약한 벌을 받게 되는 것입니다.

만일 영혼에 마음과 감각기관이 없다면 그 영혼은 지옥에서 받게 되는 (지옥에 던져진 한 부자가 너무너무 뜨겁고 고통스러움에 형제들이 자신의 고통받는 곳에 오지 않기를 바라는) 걱정도, "거기서 슬피 울며 이를 갊이 있으리라." 말씀과 같이 지옥의 고통이 너무 심하여서 울음도, 바득바득 이를 갊도, 괴로움도 자극을 받는 뜨거움도, 아픔도, 쓰라리고 아림뿐만 아니라 그 어떤 고통도 느낄 수가 없게 되는 것이기에, 하나님께서 내리시는 진노하심의 형벌이 그런 영혼에게 통하지 않게 되는 것이기 때문입니다. 만일 그렇게 된다면 악한 사람에게 내리신 하나님의 형벌은, 우리가 보기에는 그 영혼의 몰골은 처참하고 끔찍하고 형편없어 보이겠지만, 악인들에게는 그것마저도 없는 마음과 감각이기에 그런 지옥의 형벌은 솜방망이 처벌이 되는 것입니다.

그러나 위와 같이 될 일은 아예, 처음부터 하나님의 계획(하나님의 지옥에 대한 계획은 이렇습니다.; 막9:48-49; 공동번역; 지옥에서는 "그들을 파먹는 구더기도 죽지 않고 불도 꺼지지 않는다." "누구나 불 소금에 절여질 것이다" 말씀하심으로써) 안에는 없었으며 지금도 없다는 것입니다. 그리고 **악한 사람은 심판 날까지 계속 벌**을 받게 하는 방법(계20:13; 현대인의 성경; 바다와 죽음과 지옥도 죽은 사람들을 토해 냈으며 그들은 각자 자기들의 행위대로 '심판을 받았습니다' 말씀과 같이)을 알고 계십니다."(벧후2:9; 현대인의 성경) 그러므로 우리 주님을 믿는 사람들은 죽음 너머의 세상을 너무 안일하게 생각함으로써 정말 무엇이라고 표현할 수 없는 상상, 그 이상의 모든 고통을 한군데 집합해 놓았다고 해도 과언이 아니다 할 정도로, **'고통의**

집합체'인, 그 지옥의 끔찍한 불 속으로 들어가지 않게 되기를 바랍니다. 지옥은 그 누구도 구더기도 죽지 않는 곳(막9:48; 지옥에서는 구더기도 죽지 않고), 너무 괴롭고 죽고 싶을 정도로 아파서 죽었으면 하는데도, **죽을 수도 없는 곳**("그 기간에는 사람들이 죽음을 구하여도 죽지 못하고 죽고 싶어도 죽음이 그들을 피할 것입니다."〈계9:6; 현대인의 성경〉 말씀과 같이)입니다. 그러므로 처음부터 아예 죽음 자체가 없는, 그런 끔찍한 지옥의 불구덩이 속으로 누구든지 들어가지 않게 되기를 바랍니다.

지옥은 그런 곳이니 여러분은 생각하시기를 바랍니다. 여러분은 여기저기 쑤시고 아프면 땀을 흘리려 피로를 푸는 방법으로 사우나를 하러 목욕탕에 가지 않습니까? 그리고는 여러분은 목욕탕에 가서는 그 안에 시설한 불한증막 곧, 숨이 턱턱 막히는 뜨거운 한증탕 안에 들어가 앉아 있을 것입니다. 그러면 어떻습니까? 숨이 턱턱 막히고 뜨거워서 오래는 계속 그곳에 서 있을 수도, 앉아 있을 수도 없지 않습니까?

그렇다면 여기서 질문을 하나 하겠습니다. 여러분이 한증탕 속에서 체험한 것처럼 뜨거운 수증기가 가득하여 숨이 막힐 정도로 열기로 가득한 그런 가마솥 한증탕 속에 여러분은 얼마나 앉아 있을 수 있을까요?

하루, 이틀, 사흘, 한 달, 아니 평생을 그 뜨거운 한증탕 속에 앉아 있을 수 있습니까? 아무리 좋아도 그렇게는 들어가 앉아 있을 수는 없지 않을까요?

여러분이 한증탕 안에 들어가 있는 시간이 제아무리 시간적인 여유가 있다고 해도 대부분 몇 분이 아니면, 긴 시간이라고 해도 몇 시간 정도일 것입니다. 어느 사람은 그것도 숨이 막혀 죽을 지경이어서 바로바로 나오는 사람도 있습니다.

그러니 여러분은 잘 생각을 해 보시기를 바랍니다. 그 누구의 영혼이라도 숨이 턱턱 막히는 사우나는 처음부터, 비교 자체가 불가한, 그 끔찍한 지옥의 그리고 유황이 타는 그 불구덩이에 들어가면 밤낮 끊임이 없이 고통을 당한다고(마귀와 그 부하들을 위해 준비된 '영원한 불'에 들어가라.⟨마25:41⟩ 그리고 거기는 그 짐승과 거짓 선지자도 있어 '세세토록 밤낮' 괴로움을 받으리라⟨계20:10⟩고 말씀하셨습니다) 주님께서는 사도들을 통해 위험수위를 최고조로 높여서 경고하고 계십니다. 이 말씀을 전하는 것은 잠자는 여러분의 마음을 일깨워서 그 마음에 경각심을 불러일으키기 위함입니다. 그러니 주님을 두려워하고 깨어나십시오.

"야훼를 두려워하며 그를 섬기면 **악을 미워하기 마련**"(잠8:13; 공동번역)이라고 하였습니다. 그래서 하나님은 "나는 잘난 체, 우쭐대며 악한 길을 가거나, 거짓말하는 것을 역겨워한다."(잠8:13; 공동번역) 말씀하셨습니다.

다시 말씀드리지만 예수님께서 말씀하신 지옥에 대한 말씀은, 정말로 모두가 다 사실입니다. 그러니 깨어나셔서 믿음으로써, 예수님의 말씀을 마음에 사실로 받아들이고, 주님께서 말씀하신 대로 의로운 일을 하거나, 그리스도의 몸 된 어려운 형제들을(마25:35-36) 진심으로 돕고, 서로 형제 사랑하기를 주님을 사랑하듯 하시기를 바랍니다.

우리 주 예수 그리스도를 믿지를 않거나, 형제를 사랑하지 않는 사람이거나, 하나님의 의로운 일(계19:8; 성도들의 의로운 행위이다, 하는 말씀과 같이)을 하지 않는 사람들은 육체가 죽으면 끝나지 않고 육체에서 빠져나온 영혼이 지옥에 그리고 심판을 받아 유황이 타는 불 못에 던져진다(그리고 의로운 일을 하지 않거나 형제를 사랑하지 않는 사람들은〈요일 3:10; 현대인의 성경〉마귀의 자녀이므로, 한 부자와 같이 거지 나사로가 자신과 같은 동족이요, 자신의 형제인데도 불구하고 자비를 베풀지 아니한 부자와 같이, 그리고 하나님을 공경하지 아니하고 하나님의 이름을 소중히 여기지 아니하는 사람들은 누구나 생명책에 이름이 기록이 되지 않는다는 것입니다.〈눅16:19-31〉누구든지 생명책에 이름이 기록되어 있지 않은 사람은 이 불 못에 던져졌습니다.〈계20:15〉그리고 비겁한 사람과 흉악한 사람과 살인자와 음란한 사람과 마술사와 우상 숭배자와 모든 거짓말쟁이들은 유황이 타는 불 못에 던져질 것이라고〈계21:8〉말씀하심으로써)고 성경은 강력하게 경고하고 있습니다. 이러하니 우리는 경각심을 가지고 형제를 사랑하며 주님의 일을 열심히 해야겠습니다.

그렇지 않고 이생을 떠난다면, 확실히 알아야 하는 것은, 지금 **육체의 옷을 입고 있는 영혼** 안에는 생각하는 마음과 육체가 느끼고 있는 감각이 그대로 그 영혼 속에 들어 있다는 것입니다. 그와 같이 자신의 영혼 안에, 생각과 감각이 다 들어 있기 때문에 영혼이 빠져나간 육신을 불 속에 집어넣고 화장을 해도, 죽은 그 육체는 뜨거움을 전혀 느끼지 못하고 한 줌의 재가 되어 "너는 흙이니 흙으로 돌아가라."라는 여호와 하나님의 말씀대로 육체는 흙으로 돌아가는 것입니다.

그만큼 우리가 입고 있는 육체는 **영혼의 껍데기**인 것입니다. 여러분은 아래의 말씀을 잘 되짚어 생각해 보시기를 바랍니다. 주님께서 회당장의 집에 들어가 죽은 아이의 손을 잡고 말씀하시기를 "달리다굼!" 하셨습니다. 이는 번역하면 "소녀야, 내가 네게 말하노니 일어나라"라는 뜻입니다. 그때 죽은 소녀가 예수님의 말씀을 듣고 곧 일어나서 걸으니 나이가 12살이라고 말씀합니다. 이 사건은 죽은 소녀에게서 나간 영혼이 주님의 말씀을 듣고 다시 소녀에게로 돌아온 것입니다. 그래서 주님은 죽었다가 살아난 소녀에게 먹을 것을 주라고(막 5:35-43) 말씀하셨습니다.

그러니 죽었다가 살아난 소녀를 잘 생각해 보시기를 바랍니다. 소녀가 죽었을 때는 소녀의 영혼이 빠져나가 아이의 육신은 감각도 느끼지 못하며 걷지도 못하고 제아무리 맛있는 것을 가져다가 주어도 그 아이는 먹지도 못합니다. 그런데 "달리다굼!" 말씀하신 주님의 말씀을 듣고 소녀에게서 나갔던 영혼이 돌아와 다시 그의 육신 안에 거하면서 예전과 같이 소녀는 감각을 느끼기도 하며 걷기도 하고 "소녀에게 먹을 것을 주어라!" 말씀하심과 같이 그 소녀가 먹기도 하는 것입니다. 그러므로 "영혼 없는 몸이 죽은 것 같이"라는 말씀처럼 영혼이 떠난 몸은 죽은 것입니다. 그러나 몸에서 떠난 영혼이 다시 자기 집으로 돌아온다면 그는 예전대로 생각하는 사람으로, 감각을 느끼는 사람으로 다시 살게 되는 것입니다.

위와 같이 사람의 영혼은 감각과 생각 등 모두를 갖추고 있는 것입니다. 그러므로 예수님은(눅12:20; 어리석은 자여 오늘 밤에 네 영혼을 도로 찾으리니 말씀과 같이) 영혼을 도로 찾기도 하시고 되돌려 주시기도 하신 분(예수께서 "돌을 치워라." 하시자 죽은 사람의 누이 마르다가 "주님, 그가 죽은 지 나흘〈4일〉이나 되어서 벌써 냄새가 납니다." 말하였어도 주님은 〈영면에 들어간 나사로에게〉 요11:43-44; 큰소리로 "나사로야, 나오라!" 부르시니 죽은 자가 수족을 베로 동인 채로 나오는데 그 얼굴은 수건에 싸였더라. 예수께서 가라사대 "풀어 놓아 다니게 하라." 하셨다는 말씀과 같이 말입니다)이십니다. 그러므로 예수님은 예수님을 믿는다고 하면서도 불순종한 영혼이라든가, 남을 죄짓게 하는 영혼이라든가, 하나님을 멸시하는 영혼은 지옥으로 던져 넣음으로써 지옥 불꽃 속에서 한 부자처럼(눅16:19-31) 그 괴로움을 그대로 느끼게 되는 것입니다. 영혼이 이렇게 고통을 느끼는데, 그 영혼이 부활한다면 어떻게 되겠습니까? 상상만 해도 끔찍한 일인 것입니다.

그러나 진실한 그리스도인들은, 우리의 형제 사도 바울을 통해 말씀하신 것처럼 "우리는 땅에 있는 **육체의 집**이 무너지면(육체가 죽으면) 사람의 손으로 지은 것이 아닌 하나님이 지으신 '하늘의 영원한 집(하늘의 신령한 불멸의 몸)'을 소유하게 될 것을 압니다. 우리는 이 육체의 집에서 탄식하며 **하늘의 몸**을 입게 될 날을 고대하고 있습니다."(고후5:1-2; 현대인의 성경) 하신 말씀처럼 '불멸의 옷을 입게 되는 것'입니다.

그래서 형제 사도 바울은 우리가 이 육체의 집에 있는 동안 짐을 진 것처럼 탄식하고 있는 것은, 죽을 몸이 하늘의 몸을 입어서 영원히 살기 위한 것(고후5:4)이라고 주님의 말씀을 전하고 있는 것입니다.

그러므로 다시 말씀을 드린다면 교회를 다니면서도 우리의 주님을 확실히 영접하지 못했다거나 예수 그리스도의 이름을 믿는다고 하면서도 잘못 믿어 거짓 선지자들을 따라간 영혼들은, 죽음 뒤에 한 부자와 같이 영혼이 지옥에 던져져 심판 때까지(벧후2:9) 계속 뜨거운 지옥 불꽃 가운데서 엄청난 고통의 벌(눅16:24; 내가 이 불꽃 가운데서 너무 괴로워 죽을 지경입니다. 한 부자가 죽을 지경에 이르는 고통을 호소하다 못해 부르짖음과 같이)을 받거나, 부활하여 그리스도 최후의 심판 때에 판결을 받고 마귀와 그의 부하들을 위해 준비된 곳(마25:41; 마귀와 그 부하들을 위해 준비된 영원한 불에 들어가라)에 들어가서 영원히 그 육체가 가지고 있는 감각으로 인하여 고통을 느끼면서 처절하게 몸부림을 치게 되는 것입니다. 이 말씀은 저자의 말이 아닙니다. 예수님께서 '양과 염소 비유'와 '부자와 거지 나사로'를 예화를 들어 직접 말씀하신 것입니다. 이러한데도 지옥을 '그저 그럴 것이다.' 혹은 '별것 아닐 것이다.' 하며 안일하게 생각할 것입니까?

그러므로 여러분은 한번 잘못 생각하거나, 잘못 믿으면 큰일이 나는 것입니다. 지금 주님의 말씀은 한 민족으로부터 전승되어 오는 무슨 신화이거나, 사람이 생각해서 글로 써 놓은 것이거나, 사람이 그려 놓은 그런 무시무시한 무슨 동화책 나라의 이야기가 아닙니다. 주님을 진실로 믿지 않는 사람들과 주님을 업신여기는 사람들이, 이루 말할 수 없는 처절한 고통을 실제로 겪게 되는 **사실의 세계**요, 그들이 피하지 못하고 반드시 부딪쳐야 하는 그들만의 **현실의 세계**인 것입니다. 이처럼 육체가 죽었다고 해서 그의 인생이 완전히 끝이 난다거나, 자신의 영혼이 소멸하는 그런 것이 아니라 예수 그리스도를 믿음으로 말미암아 하늘의 몸을 입게 되든지, 아니면 우리 주님을 믿지 않음으로 말미암아 자신 영혼이 살아서 유황이 끓고 있는 불바다에 던져져서 끔찍한 고통을 겪게 된다는 것을, 지금 주님께서는 우리에게 말씀하고 계신 것입니다. 그러므로 우리가 '육체를 입고 사는 동안' 우리뿐만 아니라 세상 모든 사람에게도 하나님께서는 **균등하게 기회**를 주고 계신 것입니다.

이러하니 형제 여러분, 지금 우리가 어떠한 생활을 해야만 하겠습니까? 주님께서 "서로 사랑하라. 내가 너희를 사랑한 것처럼, 너희도 서로 사랑하라. 너희가 서로 사랑하면 **모든 사람이 그것을 보고** 너희가 **내 제자라는 것**을 알게 될 것이다."(요13:34-35; 현대인의 성경) 말씀하신 것처럼 우리가 진실로 믿음의 형제들을 사랑해야만 하는 것 아니겠습니까?

우리가 주님의 말씀대로 진실로 서로 사랑하지 않는다면, "내가 너희에게 **명하는 것**은 이것이다. 너희는 서로 사랑하여라."(요15:17; 새 번역 성경) 말씀하신 그리스도의 명하신 말씀을 우리가 듣지 않고, 오히려 주님의 말씀을 멸시하는 악한 죄인이 되는 것입니다.

그러므로 형제끼리 진정으로 서로 사랑하는 사람이, 주님의 제자이며, 주의 길을 가는 사람이요 진리 안에 거하는 사람인 것입니다. 그런데 "우리는 하나님의 한 가족입니다. 가족은 무조건 사랑하는 것입니다. 가족을 사랑하는데, 무슨 조건이 필요하고 무슨 이유가 필요합니까?" 말합니다. 참 좋은 말입니다. 말한 대로 그리스도의 형제들인 우리가 하나님의 한 가족으로서 진실하게 무조건 사랑한다면 말입니다.

그런데요, 오늘날 여러분이 지금과 같이 하나님의 한 가족으로서 서로 사랑함으로써, 모든 사람이 그것을(지금과 같이 여러분이 사랑하는 것을) 보고 "저 사람들은 정말, 예수님을 믿는 사람들이 맞아!" 그런 인정을 하고 있습니까? 세상 사람들이 예수님을 믿는 우리가 지금처럼 주님의 일하는 것을 보고 잘하고 있다고, "역시나 예수 믿는 사람들은 다르구나!" 하고 칭찬하고 있습니까?

주님은 지금과 같이, 여러분이 사랑하고 있는 그런 사랑을 말씀하시는 것이 아닙니다. 형제 사도 요한으로 말씀하신 것처럼, 주님께서는 우리를 위하여 스스로 목숨을 버리셨으므로 이 일로 주님께서 우리를 얼마나 사랑하셨는가를 알았다는 것입니다. 그러므로 우리도 주님과 같이 형제를 위해 목숨을 버리는 사랑을 하라는 것(요일3:16)입니다. 주님께서 우리에게 예수님과 같이 **"내가 스스로 목숨을 버려 너희를 사랑한 것처럼"** 지금부터라도 서로 "목숨을 버려 사랑하라는 것"입니다. 그 말씀은 곧 여호와 하나님께서 온 이스라엘 백성에게

고하여 이르라는 말씀과 같이 "자기의 이웃"(믿음의 동족 곧 형제)을 "자신의 몸"과 같이 사랑하라고 말씀하신 그 말씀과 같은 것입니다.

그런데도 아직도 여호와 하나님께서 말씀하신 "이웃"을 잘못 알고 있는 사람들이 너무나도 많이 있습니다. 그러기에 **형제 사랑하기를 자신의 몸처럼 사랑해야 맞는 것**인데도 그 말씀을 마음에 잘못 받아서 쌓아 놓았기 때문에 형제 사랑하기를 자기 몸처럼 사랑하지 못하고 있는 것입니다. 그러므로 하나님께서 말씀하신 이웃에 대한 말씀도 여기서 잠깐, 간략하게 말씀드리겠습니다. 여호와 하나님께서 **레위기 19장 18절**에서 "이웃 사랑하기를 네 몸과 같이하라." 말씀하신 그 이웃은 이스라엘의 지도자 모세에게 **"너는 이스라엘 자손의 '온 회중'에게 고하여 이르라."**(레19:2) 말씀하신 것처럼, 이스라엘의 동족이요, 동포요, "그들의 이웃에게 고하여 이르라." 말씀하신 것입니다. 예수님께서 "내 이웃이 누구입니까?" 한 율법학자의 질문에 답변하신 그 이웃도 마찬가지로 이스라엘의 동족이요, 동포요, 그들의 형제를 말씀하신 것입니다. 그러므로 "자녀의 떡을 취하여 개(주님을 믿지 않는 세상 이웃)들에게 던짐이 마땅치 아니하다."(마15:26) 하신 말씀을 기억하시기를 바랍니다.

그리고 말씀을 보시기를 바랍니다. 예루살렘에서 여리고로 내려간 사람이 누구였겠습니까? 세상 사람이겠습니까? 사마리아인이겠습니까? 유대인이겠습니까?

그렇습니다. 예루살렘에서 여리고로 내려가는 사람은 다름 아닌,

자신들의 동포인 유대인이었던 것입니다. 그래서 주님께서는 자신들은 순수 혈통이라고 자랑스럽게 생각하고 있는 그런 유대인들에게 혼혈인이라고 이방인처럼, 부정하게 여기어 멀리하고 있는(요8:48; 유대인들이 대답하여 가로되 "우리가 너를 '사마리아 사람이라' 또는 '귀신이 들렸다' 하는 말이 옳지 아니하냐?" 예수님에게까지 '사마리아 사람'이라고 말하고 있듯이) 자신들의 동족인 사마리아 사람을 이웃으로 등장시켰습니다. 예루살렘에서 여리고로 내려가다가 자신들의 동족이 강도를 만나 강도들에게 맞아서 죽어 가고 있는데도, 대제사장의 최측근인 제사장 레위인은 그를 보고도 피하여 지나가고 지나갔지만, 자신들이 부정하다고 생각하는 사마리아인 동족은 자신들처럼 순수 혈통이나 혼혈인이라고 해서 가리지 아니하고, 강도를 만나 죽어 가고 있는 그를 살리며 자비를 베풀었습니다. 주님께서는 예화를 마치시고 율법학자에게 이렇게 질문을 하셨습니다. "네 의견에는 **이 세 사람 중**(너희 3명의 동족 중에)에 누가 강도 만난 자의 이웃이 되겠느냐?"고 말입니다. 예수님의 질문에 율법학자는 "자비를 베푼(사마리아인입니다) 자입니다."라고 답했습니다. 네, 그렇습니다. 사마리아인과 같이 가리지 아니하고, 고난받는 형제에게 자비를 베푼 자인 것입니다. 그러므로 율법학자의 대답에 주님께서는 "가서 너도 이와 같이 하라."(눅10:37) 말씀하신 것입니다.

다시 말해 '너희가 부정하게 여기는 너희의 동족 사마리아인과 같이, 같은 형제라면 유대인이든지, 이방인이든지 가리지 말고, 그가 누구든지 간에 고난받는 자에게 진실로 자비를 베풀라'고 말씀하신 것입니다. 그 말씀은("너의 땅에 함께 사는 '외국인'을 괴롭히지 말라. 너에게 몸 붙여 사는 '외국인'을 네 나라 사람처럼 대접하고 네 몸처럼 아껴라."〈레19:33-34; 공동번역〉하신 것입니다) 유대인이나 이방인이나 가릴 것 없이 그리스도 안에 거하는 모든 사람을 가리키는 말씀인 것입니다.

이와 같이 믿음의 형제들은 유대인이든지, 이방인이든지 서로 같은 형제라는 뜻으로, 주님께서 사도 바울을 통해 말씀하시기를 "예수님께서는 자신의 몸을 바쳐서 유대인과 이방인이 서로 원수가 되어 갈리게 했던 담(엡2:11; 현대인의 성경; '할례받지 못한 사람들'이라고 멸시하는 것, 율법 조문 등등)을 헐어 버리시고 유대인과 이방인들을 화해시켜 서로 **하나**(고후5:17; 보라, 새것이 되었도다. 새로운 피조물)로 만드시고 율법 조문과 규정(고후5:17; 킹제임스; 옛것들은 지나갔으니; 갈4:25; 율법의 종노릇하는 모든 규정과; 히10:8-9, 12; 죄를 위해 단 한 번의 제사를 드리시고, '새 제도'를 세우시려고 '옛것'을 폐지하신 것 등등 율법의 요구를 모두 이루셨습니다)을 모두 폐지하셨습니다. 그리스도께서는 자신을 희생하여 유대인과 이방인을 하나의 **새 민족**으로 만들어 평화를 이룩하시고 또 십자가에서 죽으심으로 둘을 **한 몸**으로 만드셔서(롬3:25; 현대인의 성경; 누구든지 그분〈예수 그리스도를〉을 믿으면 하나님과 화목하게 하셨습니다) 하나님과 화해시키시고 원수 되었던 모든 요소를 없이 하셨습니다. 이렇게 그리스도께서는 세상에 오셔서 하나님과 멀리 떨어져 있던 여러분(이방인)에게나, 가까이 있던 유대인에게나, 다 같이 평화의 기쁜 소식을 전해 주셨습니다. 그래서 이방인과 유대인들은 모두 '그리스도로 말미암아 같은 성령을 받아 아버지께로 가까이 나아가게 되었습니다.'

이제 여러분은 **외국인**도 아니고 **나그네**도 아닙니다. 성도들과 한 **시민**이며 **하나님의 한 가족**입니다."(엡2:14-19; 공동번역, 현대인의 성경) 말씀하신 것입니다. 이처럼 우리가 그리스도의 피로써 서로 한 몸이요, 한 형제요, 하나님의 한 가족이 되었으므로 유대인이나 이방인이나 그리스도인이라면 누구에게나, 그와 같은 형제가 고난 속에서 고통을 받고 있거나, 어려운 생활하는 것을 보면, 그리스도인으로서 그 형제에게 자비를 베풀라는 말씀을 "그러면 내 이웃이 누구입니까?" 질문하던 율법학자에게, 그리스도께서는 가르치신 것입니다. 그러므로 주님을 믿는 고난받는 형제를 돕는 것은 위에서도 말씀드렸다시피, "우리는 **그리스도의 몸의 지체**들입니다."(엡5:30; 현대인의 성경) 말씀과 같이, 곧 주님에게 자비를 베풀게 되는 것이라고 말씀을 드렸습니다. 그리고 그 말씀이 곧 "너희를 영접한 사람은 나를 영접한 것이요, 나를 영접한 사람은 나를 보내신 하나님을 영접한 것이니라." 말씀을 드렸습니다. 맞습니다. 믿음의 **형제를 영접한 사람**이 곧 **주님을 영접한 사람**이며 형제를 통해 주님을 영접한 사람은 주님의 말씀과 같이 주님을 통해 **하나님을 영접한 사람**인 것입니다. 그러기에 형제 사랑하기를 주님께 하듯 해야만 하는 것(골3:22-23)입니다.

그러려면 간간이 서로 돕는 불확실한 제도가 아니라 그리스도의 형제로서 확실하게 힘을 다하여서 서로 도울 수 있고, 서로 도움을 받을 수 있는, 변하지 않는 확실한 제도부터가 마련되어야만 하는 것입니다. 여기서 제도란 그리스도인이라면 누구나 우리의 어려운 형제를 도울 수 있고, 그리스도인이라면 누구든지, 형제가 고난 속에 있다면 그가 언제든지 도움을 받을 수 있도록 하는 제도를 말하는 것입니다. 이러한 제도를 통하여 여러분의 진실한 사랑을 나타내게 되는 것(고후8:8; 여러분의 사랑이 얼마나 진실한가를 알아보려는 것입니다)이며, 형제들의 부족한 것을 서로 보충하여 서로 도와주고, 서로 도움을 받는 제도로서, "내 형제 중에 '지극히 작은 자' 하나에게 한 것이 곧 내게 한 것이니라." 말씀하심과 같이 예수님을 사랑하는 '예수 사랑 제도'인 것(고후8:14-15; 현대인의 성경; "넉넉하게 사는 여러분이" "가난한 사람들을 도와준다면" "그들도 넉넉할 때에 여러분을 도와줄 것입니다." 그렇게 되면 결국 "서로 도움을 받게 될 것입니다." 성경에도 "많이 거둔 사람도 남은 것이 없었고 적게 거둔 사람도 부족함이 없었다."라는 말씀처럼 말입니다)입니다.

그러므로 주님께서는 사도 베드로와 사도 요한을 통해서도, 바로 그러한(벧전1:22; 여러분은 진리에 순종함으로 〈성령을 통하여〉 자신의 영혼을 깨끗하게 하였고 "진심으로 형제를 사랑"하게 되었으니 "순결한 마음으로 서로 뜨겁게 사랑"하십시오; 요일3:16; 형제를 위하여 목숨을 버리는 사랑 곧 형제끼리 진실로 서로 돕는 사랑을,〈마25:35-36; 요일3:17-18〉 어려운 형제에게 그리스도를 사랑하듯 사랑을 실천하라고 하신 것과 같이) 사랑을 하라고 말씀하고 있는 것입니다. 그런 사람들이 **진리 안에서 사는 사람**들이며(요이1:4) **진리에 속한 사람**으로서 하나님 앞에서도 마음을 편안하게 가질 수 있는 사람

(요일3:19; 공동번역, 현대인의 성경; 우리는 이렇게〈요일3:17-18과 같이〉사랑함으로써 "우리가 진리에 속해 있다는 것"을 알게 되고 하나님 앞에서도 마음을 편안하게 가질 수 있을 것입니다)이라고 말씀을 하는 것입니다. 우리가 예수님을 사랑하듯이 진실로 서로 사랑한다면, 보는 사람마다 "와, 저 사람들은 정말, 예수를 믿는다고 하더니 확실히 믿는 사람은 다르네!!" 하고 하나님을 찬양하고 여러분을 칭찬할 것(행2:47; 하나님을 찬양하고 모든 사람에게 칭찬을 받았다고 기록하고 있듯이 말입니다)이라고 말씀하고 있는 것입니다. 여러분의 착한 행실을 보고 들은 사람들이 여러분을 칭찬하면서 우리와 한 가족이 되고 싶어서 우리에게로 오게 될 것입니다. 이는 하나님께서 보내시는 것(행2:47; 그리고 주님께서도 구원받는 사람이 날마다 많아지게 하셨다는 말씀과 같이 말입니다)입니다.

그러므로 내가 잘해야만 하고 주님을 믿는 우리가 잘해야만 하는 것입니다. "너나 잘해!" "너나 잘 살아!" 이런 소리를 우리는 듣지 말아야 합니다. 그와 같은 말을 그리스도인들이 듣는다는 것은, 우리가 하나님의 한 가족이라고 말을 하면서도 하나님의 한 가족으로서 그분의 사랑으로 서로 뭉치지 못하고 있다는 말이 되는 것이기 때문입니다. 그러므로 우리가 하나님의 한 가족으로서 함께 어울려서 형제끼리 잘 살아야 하고, 다시 말씀을 드린다면, 그리스도의 지체로서 형제끼리 서로 사랑하기를 세상 사람들이 **질투가 나도록 사랑해야만 하는 것**(시133:1; 새 번역 성경; 그 얼마나 아름답고 즐거운가! 형제자매가 어울려서 함께 사는 모습!; 그리고 현대인의 성경의 "형제들이 함께 어울려 의좋게 사는 것"은 정말, 좋은 일이라는 말씀과 같이 말입니다)입니다. 그래서 우리 주님을 영접하지 않은 사람들이 우리가 서로 뭉쳐 사랑하는 것(마5:16; 너희 빛을 사람 앞에 비치게 하여 저희로 너희 착한 행실을 보고 하늘에 계신 너희 아버지께 영광을 돌리게 하라는 말씀과 같이)을 보고 하나님 아버지께 영광을 돌리게 하여야만 하는 것입니다.

그와 같이 우리가 믿음의 형제들끼리 서로 돕는 사랑을 실천함으로써, 그가 어린아이든지, 어른이든지, 노인이든지, 우리의 믿음의 식구들이 나가서, 지금도 주님을 믿지 않는 여러분의 주변 사람들과 그 가운데 우리의 부모, 자녀, 형제, 친척, 친구, 이웃 그리고 사람이라면 그가 누구라도 그들을 불쌍히 여겨 우리 주 예수 그리스도 안에 한 가족으로 자신 있게 초대할 수 있게 되는 것입니다.

저자도 어렸을 때, 이런 소리를 듣곤 했습니다. "예수를 믿으면 밥이 나오니? 떡이 나오니?" 그럴 때마다 주님께서는 이런 생각의 말씀을 주셨습니다. "교회의 재정을 풀어서 월세를 내고 사는 성도들의 집을 지어 주고, 들어오는 헌금으로 어려운 성도들을 도우며, 성도들의 여러 가지 힘든 문제들을 성도 각자가 받은 여러 가지 직업들로 친형제가 되어 풀어 주면 좋겠다."라고 말입니다. 그래서 초년생 두 아이 아빠가 되어서는 이런 전도지도 만들어 전도한 적도 있었습니다. 그것은 "교회에 가면 말씀이 나오고, 먹을 것이 나오고, 입을 것이 나오고, 돈이 나와서"라는 제목의 홍보물을 만들어서 배포한 것입니다. 그 제목의 뜻은 '초대교회 때 사랑을 생각하고 형제들이 교회에 가면,

먼저 말씀으로 깨우치고, 다음은 먹을 것을 대접하여 먹게 하고(굶주린 자에게 먹을 것을 주며), 다음은 돌아온 둘째 아들에게 그의 아버지가 입히심과 같이 입히며(헐벗은 자를 입히며), 다음으로 돈으로는, 고통을 받는 자와 사로잡힌 자와 억눌림을 당하는 자와 고아와 과부와 나그네와 외국인과 무릇 교회의 도움을 필요로 하는 형제들에게 교회의 재정을 풀어서 나누어 주어 형제들을 살리는 일을 해야 한다.'라는 그런 목적이었습니다.

그러나 홍보물은 만들었지만 당시 저자는 교회 목회자도 아니고, 중역진도 아니고, 다만 학생들을 가르치는 교사로 활동하고 있어서 할 수 없었습니다. 하나님께서 하나님의 뜻하신 바의 길을 걷도록 하여 주시면, 응당 그 길을 따라서 가겠지만, 그렇지 않을지라도 지금과 같이 여러분 모두와 함께 일할 수 있도록 허락하여 주셔서, 여러분 모두가 서로 주님의 사랑을 실천함으로써, 그와 같은 일을 할 수 있는 **실현 가능성**을 내비추어 주신 것만이라도 감사할 뿐입니다.

그러므로 "내가 너희를 사랑한 것과 같이, 너희도 서로 사랑하라." 말씀하신 주님의 말씀처럼, 우리가 서로 진실로 사랑함으로써, 주님을 믿지 않는 사람들이 우리 주 예수 그리스도의 사랑을 맛보고, 그리스도 우리 주님을 영접하게 되는 것입니다. 그렇게 하여 마침내, 마귀의 죽음의 굴레에서 벗어나 참혹하고도 고통스러운 유황이 끓고 있는 불바다에 누구라도 던져지지 않게 해야만 하는 것입니다. 그것이 이 땅에 태어난 모든 그리스도인의 사명인 것입니다. 그러므로 우리는 믿지 않는 내 부모, 내 형제, 내 자매, 내 자녀, 내 친척, 내 친구 등 그들을 위해 기도하며, 정말 온 마음을 다하여 전심으로 그들에게 전도해야만 합니다. 주님의 일을 하며 하늘나라 복음을 전하는 여러분 모두에게 주님께서 주님의 제자들에게 주심같이 병든 사람을 고치고, 죽은 사람을 살리며, 문둥병자를 깨끗이 하며, 귀신을 굴복시키는 능력(마10:8)을 주시기를 원합니다. 우리 주 그리스도의 능력과 충만하신 은혜가 주님을 믿는 여러분에게 있기를 빕니다.

지옥은 불의 세계요,
어둠의 세계입니다

"지옥은 칠흑 같은 어둠이며(벧후2:17; 그들에게는 '칠흑 같은 어둠'만이 있을 것입니다) 유황이 부글부글 끓는 불 못입니다. 그곳에 하나님은 범죄한 천사들을 용서하지 않으시고 깊은 지옥에 던져 심판 때까지 '어두운 구덩이'에 가두어 두셨습니다."(벧후2:4; 현대인의 성경)

형제 여러분, 예수님의 말씀은 사실입니다. 예수님께서 말씀하신 지옥은 밤낮 끊임없이 심한 고통과 괴로움에 죽고 싶어도 죽을 수도 없는 곳(막9:48-49; 거기는〈공동번역; "지옥에서는 '그들을 파먹는 구더기'도〉 구더기도 죽지 않고 불도 꺼지지 아니 하느니라. 사람마다 불로서 소금 치듯 함을 받으리라." 하는 곳으로서 선지자 이사야도 지옥에 관해 말씀을 전하고 있습니다; 사66:24; 공동번역; 사람들이 밖으로 나가 '나를 거역하던 자'들의 주검들을 보리라. 그들을 갉아먹는 구더기는 죽지 아니하고 그들을 사르는 불도 꺼지지 않으니 모든 사람이 보고 역겨워하리라고 말입니다)이라고 선지자를 통해서도 말씀하셨으며 우리 주님이신 예수께서도 말씀하셨습니다. 뜨거운 불 속에 소금을 집어넣으면 소금이 활활 타오르는 불꽃이 너무 뜨거워서 그 불꽃에 접촉하는 순간 그 소금은 저마다 각각 사방팔방으로 따다 딱딱, 소리를 내면서 튀어져 나가는 것을 볼 수 있습니다. 그렇듯이 지옥에서는 사람도 불꽃 속에서 튀는 소금과 같이 "사람마다 불로서 소금 치듯 함을 받으리라."(막9:49) 말씀하신 바와 같이 벌을 받게 되는 것입니다.

이렇듯이 쉴 틈도 없이 고통을 받는 그곳이 바로 지옥입니다. 그 지옥은 '그들을(지옥에 던져진 사람들의 몸을) 파먹는 그런 구더기까지 죽지 않고 고통을 더하고 있습니다'. 생각만 해도 속이 느글거리며 매우 역겹고 메스꺼워 토할 것 같은 곳입니다. 그렇게 징그럽고 소름 돋게 하는 구더기가 지옥에 던져진 영혼들의 몸을 어디든지 아무렇게나 끔찍하게 갉아먹고 파먹어 볼품없는 몰골과 고통이 더해져도 지옥에 있는 사람들은 죽지도 못합니다. 지옥은 그와 같이 끔찍하고도 무시무시한 곳입니다. 그리고 또한, 지옥은 하나님의 함께하심의 손길이 없는 곳("너희와 우리 사이에는 큰 구렁텅이가 가로놓여 있어서 여기서 너희에게 건너가려 해도 가지 못하고 거기서도 우리에게 건너오지 못한다",〈눅16:26; 공동번역〉 "육체에 머물러 있는 동안에는 우리가 주님에게서 멀리 떨어져 있다는 것을 알고 있습니다."〈고후5:6; 공동번역〉 말씀처럼 우리가 있는 이곳과 주님이 계신 하늘나라와는 거리가 있음을 말씀하고 있습니다)입니다. 그러므로 사람과 짐승은 다 같은 곳(흙)으로 가게 되는데, "사람의 영"은 위로(구원 의미) 올라가고 "짐승의 영"은 땅속으로(저주 의미) 내려간다(전3:20-21; 현대인의 성경)고 누가 장담하겠느냐는 것입니다.

그런데요, 이런 말씀이 있습니다. "모세의 율법에 '곡식을 밟아 떠는 소에게 망을 씌우지 말라.' 기록하였으니 하나님께서 어찌 소들을 위하여 염려하심이냐?"(고전9:9) 하신 말씀입니다. 하나님의 일꾼들이 주님의 일함으로써 거두는 삶에 대한 비유로 말씀하신 것입니다. 그렇기에 소의 비유처럼, 짐승에 비유한 사람에 대하여 예수 그리스도의 종이요, 야고보의 형제인 사도 유다와 베드로를 통해 말씀하시기를 "이 사람들은 무엇이든지 그 알지 못하는 것을 훼방하는 도다. 또 저희는 '이성 없는 짐승'같이 '본능으로 아는 그것으로 멸망'하느니라."(유1:10) 사도 베드로를 통해서는 "그들은 본래 잡혀서 죽을 목적으로 태어난 지각 없는 짐승 같아서 알지도 못하는 일들을 비방합니다. 그러다가 그들은 짐승들이 멸망하는 것같이 멸망을 당할 것입니다."(벧후2:12; 새 번역 성경)라고 말씀하셨습니다. 그리고 다시 말씀하시기를 "그들에게는 캄캄한 어둠이 마련되어 있습니다."(벧후2:17)라고 하셨습니다.

그런 암흑의 세계(예; 하나님과 교통하심이 없는 세계이며 불구덩이 깊은 땅속과 같은 빛이 없는 캄캄함의 세계; 민16:30, 33; 공동번역; 그들이 식구들과 함께 산 채로 '지옥'에 떨어진 다음에야 '땅'은 입을 다물었다; 마23:33; 뱀들아, 독사의 새끼들아, 너희가 어떻게 '지옥의 판결'을 피하겠느냐?; 마8:12; 나라의 본 자손들은 '바깥 어두운' 데 쫓겨나 거기서 울며 이를 갊이 있으리라; 마22:1-13; 왕의 아들 혼인 잔치에 예복을 입지 않고 들어온 사람에게 명하시기를 그 수족을 결박하여 '바깥 어둠'에 내던지라. 거기서 슬피 울며 이를 갊이 있으리라; 마24:45-51; 악한 종을 엄히 때리고 외식하는 자의 '율'에 처하리니 거기서 슬피 울며 이를 갊이 있으리라; 마25:30; 이 무익한 종을 '바깥 어두운' 데로 내어 쫓으라, 거기서 슬피 울며 이를 갊이 있으리라; 마13:49-50; 세상 끝 날에도 이렇게 할 것이다. 천사들이 와서 '의로운 사람'들 가운데서 '악한 사람'들을 가려내어 '불구덩이에 던져 넣을 것'이다. 그러면 그들이 거기서 통곡하며 이를 갈 것이다; 악한 종들과 하나님을 멸시하는 악한 사람들이 던져지는 곳이 바로 지옥입니다)입니다.

주님께서 말씀하신 "바깥 어둠"은 저마다 등불을 들고 신랑을 맞이하러 나온 열 처녀 가운데, 미련한 다섯 처녀가 신랑을 맞이할 "기름 준비"를('열 처녀 비유의 핵심 주제'로서, "그리하면 성령을 선물로 받으리니"〈행 2:38〉와 같이 그리고 "너희는 주께 받은 바, 기름 부음이 너희 안에 거하나니"〈요일 2:27〉와 같이 그리고 "또한 저가 우리에게 인을 치시고 보증으로 성령을 우리 마음에 주셨느니라."〈고후1:22〉 말씀과 같이 성령을 받아야만 하고, "너희는 다 '빛의 아들'이요, '낮의 아들'이라. 우리가 밤이나 어둠에 속하지 아니하나니, 예수께서 우리를 위하여 죽으사, 우리가 '깨어 있든지', '자고 있든지', 그리스도와 함께 살게 하셨느니라."〈살전5:5, 10〉와 같이 하나님의 자녀 안에 속해 있어야만 합니다. 그러므로 하나님의 자녀가 된 자들은 "형제들아, 너희는 어둠에 있지 아니하매, 그날이 도적 같이〈벧후3:10; "주의 날이 도적같이 오리니" 하셨지만〉 너희에게 임하지 못하리니"〈살전5:4〉 언제든지 신랑을 맞이할 준비가 되어 있는 것입니다. 그러나 미련한 다섯 처녀는 이러한 준비가 돼 있지 않음으로써, 주님의 이름으로 능력을 받아 행하는 자, 곧 주여, 주여 하는 자들과 같이, 하나님의 집에 함께 다니면서 귀신도 내어 쫓고, 예언도 하고, 권능도 행하였지만, 신랑을 맞을 준비가 되어 있지 않은 것입니다) 확실하게 하지 못하고 다 졸며 자 버렸습니다. "보라, 신랑이로다. 맞으러 나오라." 하는 소리에 깨어 다시 기름 준비하러 갔다가 와서 보니, 그만 때(고후6:2; 보라, 지금은 은혜를 받을 때이며, 보라 지금은 구원의 날이로다)를 놓쳐, 이미 닫혀 버린 성문 밖에서 문을 열어 달라고 하는 '미련한 다섯 처녀'처럼, 하나님의 도성 밖에 있게 된 자들을 말씀하는 것(계22:15; 새 번역 성경; 개들과 마술쟁이들과 살인자들과 우상 숭배자들과 거짓을 사랑하고 행하는 자는 다 '바깥에 남아 있게 될 것'이다)입니다. 그러니 함부로 말씀 앞에 나서지 않기를 바랍니다. 그것은 왜냐하면 하나님의 감동을 입은 사람들이 하나님께 받아 말씀으로 기록한 것이기 때문입니다.

그러므로 말씀의 길이도 높이도 깊이도 알지 못하는 사람은 함부로 선생이 되겠다고 하나님 앞에 나서지 마시기를 바랍니다. 그 사람에게는 하나님 나라의 비밀이 허락되지 않았기 때문(마13:11)입니다. 하나님의 말씀을 알지도 못하면서 아는 척을 하는 사람들은, 그만큼 무식한 사람이고 살아 계신 하나님을 너무 얕잡아 보는 사람이며, 그분을 너무 하찮게 대하는 매우 위험천만한 행동을 하나님 앞에서 하는 사람인 것입니다. 또한 하나님께서 감동을 주시지도 않았는데도 감동을 입은 것처럼 하여 성경을 스스로 지어내어 해석한다는 것도 자신이 그만큼 위험천만한 행동을 전지전능하신 그분 앞에서 하는 사람인 것입니다.

하나님의 감동을 입지 않았다면, 살아 계신 하나님 앞에서 그렇게 위험천만한 사람(욥42:7-8; 하나님을 분노케 하는 사람)들이 되는 것이므로 여러분들은 함부로 선생이 되려고 하지 마시기를 바랍니다. 용서받지 못할 가장 큰 죄를 범하는 일은 사도 바울을 통해 말씀하신 바와 같이 하나님의 말씀을 변하게 하는 사람인 것("우리뿐만 아니라 하늘에서 온 천사"〈갈1:8; 현대인의 성경〉)라도 우리가 여러분에게 전한 기쁜 소식 외에 다른 것을 전한다면 저주를 받을 것입니다)입니다. 그것은 왜냐하면 "성경은 하나님의 감동으로 기록되어서"라고 분명하게 말씀하고 있기 때문입니다. 그 말씀은 곧 성령님께서 거룩한 선지자들과 사도들을 통해 그들에게 하나님께서 하시고자 하시는 일에 대하여 하나님의 사람들, 곧 하나님의 심부름꾼들 마음을 감동케 하셔서서 계시의 글을 쓰게 하심으로써 그분의 말씀을 기록하신 것이기 때문입니다. 그러므로 성경을 잘못 풀이한다는 것은, 성령님께서 자기 종들을 통해 말씀하신 그분의 말씀을 "업신여기는 것"으로서 곧 "멸시하는 것"이 되는 것이며, 잘못 해석함으로 말미암아 교인들이 하나님의 뜻을 따라 살지 않게 됨으로써, 결국은 어떤 사람이든지 그분의 말씀에 순종하는 자가 아니라 "거역을 하는 자가 되게 만드는 일"이 됩니다. 이는 성령을 거역하는 죄를 범하게 되는 것이며, 열매는 가라지요, 쪽정이(마3:12; 쪽정이는 꺼지지 않는 불에 태우시리라는 말씀과 같이) 열매를 맺게 되는 것입니다. 그런 사람들이 말씀에 비추어 보면, 거짓 선지자요, 거짓 선생이요, 자신을 따르는 식솔들을 한꺼번에 불구덩이로 몰고 들어가는 최악의 악인인 것(마13:41-42; 악을 행하는 사람들을 '내 나라'에서 모두 추려내어 불구덩이에 모두 던져 넣을 것이라는 말씀처럼 말입니다)입니다.

그런 사람들에 대하여 말씀하시기를 "그들은 사람들에게 **자유를 약속**하지만, 자기들은 타락한 종이 되어 있습니다. 누구든지 진 사람은 이긴 사람의 종노릇을 하게 되는 것입니다. 사람들이 (우리의) 주님이시며 구주이신 **예수 그리스도를 앎으로 세상의 더러운 것**들에서 벗어났다가, 다시 거기에 말려들어서 정복을 당하면, 그런 사람들의 형편은 마지막에 더 나빠질 것입니다. 그들이 '의의 길을 알고서도 자기들이 받은 거룩한 계명'을 저버린다면 **차라리 그 길을, 알지 못했던 편이 더 좋았을 것**입니다. 다음과 같은 속담이 그들에게 사실로 들어맞았습니다. '개는 자기가 토한 것을, 도로 먹는다.' 그리고 '돼지는 몸을 씻고 나서, 다시 진창에 뒹군다.'(벧후2:20-22; 새 번역 성경) 하신 말씀입니다." 그러니 함부로 선생이 되겠다고 너도나도 앞다투어 가며 나서지 않는 것이 좋은 것입니다. 왜냐하면 그런 사람들에 대해 성경에서 "의의 길을 알고서도 자기들이 받은 거룩한 계명을 저버린다면, '차라리 그 길을, 알지 못했던 편이 더 좋았을 것'입니다."(벧후2:21)라고 말씀하고 있기 때문입니다. 또한 그들이 죽은 후에 육체는 땅에 묻히고 영혼은 바로 지옥으로 던져질 수도 있기 때문(벧후2:9)입니다.

그러므로 그런 악인들은 "악인이 심판을 견디지 못하며"(시1:5) 말씀과 같이 하나님의 심판에 대상에서 피할 길이 없는 사람이 되고 마는 것입니다. 그만큼 "살아 계신 하나님의 심판의 대상이 된다는 것은 정말 무서운 일입니다."(히10:11; 현대인의 성경) 맞습니다. 정말 무서운 일인 것입니다. 그러니 누구든지 하나님의 심판에서 대상이 되지 않도록 다시 한번 더 간절히 부탁을 드리겠습니다.

그러므로 여러분은 지금부터라도 선생이 되려고 힘쓰는 것보다, 그 힘까지 다하여 선한 일을 하며 믿음의 형제뿐만 아니라, 자기의 부모와 형제와 자녀와 친척과 친구와 세상 이웃과 그리고 사람이면 누구에게든지, 우리 주 예수 그리스도를 믿도록 그리스도의 사랑을 가지고 전력 질주하듯이, 모든 힘을 쏟아부어, 최선을 다하여 그리스도의 사람으로서, 사람을 살리며 영혼을 구원하는 그러한 일을 하는 사람이 다 되어야만 합니다. 아름다운 소식을 전하는 모든 이들에게 주님께서 능력을 주시기를 바라며 주님의 은혜가 여러분과 함께하기를 빕니다.

성령님이 지배하는 생활,
마귀가 지배하는 생활

(지금은 나를 돌아보는 시간,
나는 의인에 속할까요? 악인에 속할까요?)

그렇다면 어떤 사람들이 유황이 끓고 있는 불바다로 던져질까요?

성경에서는 우리 주 예수 그리스도를 믿지 않는 사람은 누구나 심판 날에 불구덩이에 던져진다고 말씀하고 있습니다. 그러나 성경에는 주님을 믿지 않는 세상 사람들에 대하여 기록된 것은 그다지 많지 않습니다. 성경 중 구약에서는 천지창조를 시작하여 스스로 계신 하나님께서 아브라함, 이삭, 야곱을 부르심, 그들을 보호하심, 이스라엘 백성들을 번성케 하심, 모세를 부르심, 하나님의 백성인 이스라엘 사람들의 순종과 불순종, 복종과 반역, 하나님을 멸시함으로 인한 그분의 진노, 재앙, 예언 그리고 그분의 사랑 등이 이스라엘을 중심으로 하여 기록되어 있습니다. 신약에는 사랑하는 아들을 이 땅에 보내신, 사랑이 무한하신 전지전능하신 하나님, 우리 아버지와 그리고 은혜와 진리이신 예수님과 서로 사랑하라 하신 그분의 새 계명과 그분의 십자가 사랑과 하늘나라 기쁜 소식과 사도들의 행전과 믿는 사람들의 순종과 불순종이며 불순종에 대한 처벌로서 예수님을 믿는다고 하면서도 같은 형제로서 악한 짓을 하는 사람들이 지옥에 던져진다고 하신 말씀 등이 기록되어 있습니다.

그러므로 우리는 정말 잘 알아야만 합니다. 하나님의 백성이 먼저 심판을 받는다는 것(벧전4:17; 공동번역; 하나님의 백성이 먼저 심판을 받을 것이라는 말씀과 같이 말입니다)을 말입니다. 말씀에서 먼저 심판을 받는 사람들이란, 주님께서 마태복음 25장에서 말씀하신 사람들로서 그들은 온 세상에서 하늘나라 기쁜 소식의 말씀을 듣고(마8:11-12; 많은 사람이 사방에서 모여든다는 말씀과 같이) 모여든, 하나님의 백성을 말씀하신 것이며, 유대인을 포함하여 모든 민족에 대한 말씀으로서 "양"과 "염소"를 비유를 들어 말씀하신 것입니다.

이와 같이 그리스도의 심판은 하나님의 백성으로 모여든 사람들을 대상으로 하여 양과 염소를 분별하여 갈라내듯이 하는 심판으로서 하나님의 집에서 하나님의 백성들 가운데서 '참그리스도인'과 '거짓 그리스도인'을 갈라내는 심판을 하나님의 집인 교회 안에서 먼저 시작하신다는 말씀입니다. 그러므로 그 심판은 바로 "네가 어찌하여 '네 형제를 판단하느뇨.' 어찌하여 '네 형제를 업신여기느뇨.' 우리가 다 하나님의 심판대 앞에 설 것이다."(롬14:10) 하는 선악 간에 받는 그리스도 최후의 심판인 것(고후5:10)입니다. 그래서 주님은 사도 바울을 통해 말씀하셨습니다. "그런즉 우리가 다시는 **서로 판단**하지 말고 도리어 **부딪힐 것**이나 **거칠 것**으로 **형제 앞에 두지 아니할 것**을 주의하라."(롬14:13)고 말입니다. 심판받지 않으려거든 네 형제를 멸시하거나 업신여기지 말라는 것입니다. 그만큼 하나님께서는 그리스도를 믿는 하나님의 자녀들은 그가 누구든지 아주아주 존귀한 그분의 자녀인 것입니다. 사람의 자녀도 그렇지 않습니까? 어떤 부모라도 자신의 자녀가 잘났든지 못났든지 그 부모에게는 그 자녀가 다 귀하지 않습니까?

하나님께서도 그와 같은 것입니다. 우리가 잘난 사람이든, 못난 사람이든, 하나님의 자녀로서 서로 사랑하는 것을 하나님께서는 기뻐하는 것이지, 자녀들이 서로 이기주의자들이 되어 '너 잘났어! 나 잘났어!' 하며, 이기주의자들처럼 자신만 알고 서로 아웅다웅 다툰다면, 부모인 우리도 기뻐하지 않듯이, 하나님께서도 기뻐하지 않으시는 것입니다.

그러므로 우리가 하나님을 기쁘시게 하기 위해서는, 진실로 형제와 서로 사랑하며 살아야만 하는 것입니다. 그와 같이 양과 염소의 비유를 통하여, 자신의 몸과 같은 형제를, 제 몸처럼 사랑하라고 말씀하신 참복음을, 세상 어려운 이웃도 자신의 몸처럼 사랑하라고 그리스도께서 말씀하셨다고 하며 가르치는 거짓된 복음에 속아서는 안 되는 것입니다.

위에서도 같은 말씀을 드린 것과 같이, 마태복음 25장에서 그리스도 예수께서 하신 말씀이 세상 어려운 이웃이 아니라, 형제들에 관한 말씀임을 여러분은 절대로 잊어서는 안 되는 것입니다. 그것은 다윗을 통하여 "우리가 함께 다정하게 의논을 하였으며 하나님의 집에 사람들과 함께 다녔도다."(시55:14) 하신 말씀처럼, 우리가 하나님의 집에 함께 드나들던 사람들로서, 참된 형제로서 천국으로 들어가는 판결을 받느냐, 악한 형제가 되어 영원히 타오르는 유황 불바다로 들어가는 판결을 받느냐 하는 **아주 중요한 길목에 서 있는 사람**들이 되는 것이기 때문입니다. 그래서 오직 믿음을, 입으로만 외치면서 주님의 능력을 행사하고 귀신을 내어 쫓으며 선지자 노릇을 하면서도 악한 일을 일삼는 사람들은 마태복음 25장에 기록된 "예수님의 말씀을 제대로 이해하지 못하는 것"입니다. 그것은 "믿음으로 행하지 않는 모든 것이 죄니라"는 말씀과 같이 **믿음으로 실천**하지 않고서는 절대로 하나님의 선한 일을 행할 수가 없다고 말씀하고 있기 때문입니다. 그러므로 하나님을 믿는다고 하면서도, 강도를 만나 가진 것을 다 빼앗기고 죽도록 맞아 버려진 자신의 동족을 보고서도 피하여 지나간 제사장, 레위인(눅10:31-32)과 같이, 형제의 어려움을 보면서도(요일3:17; "자기의 형제가 궁핍한 것을 보고도 마음의 문을 닫고 그를 동정하지 않는다면" 말씀과 같이) 그리고 그가 자신의 동족인데도 불구하고, 고난에 빠진 형제를 진실로 도와주지를 못하는 것(마25:42-43)입니다.

그런 사람들은 고난 가운데 형제들과 함께 계셔서 그런 환경에 처하신 우리 주 예수 그리스도(마25:40; 내 형제 중에 지극히 작은 자)에게, 서로 같은 형제라고 하면서도 거지 나사로 이야기에 나온 부자와 같이 아무런 도움도 주지 못하는 사람이 되는 것입니다. 그와 같은 사람들에게(눅16:19-31; 거지 나사로가 같은 형제인데도 불구하고, 자신만을 위하여 자색 옷과 고운 베옷을 입고 날마다 즐겁고 호화로이 살며 자신만을 위해 죽는 한 부자와 같은 사람들에게 주님은 말씀하시는 것입니다) 주님께서는 주님을 떠나 마귀와 그의 사자들을 위해 준비한 영원한 불로 들어가라 명하신다(마25:41; "저주를 받은 자들아, 나를 떠나 마귀와 그 사자들을 위하여 예비된 영원한 불에 들어가라"고 말입니다)고 말씀하신 것입니다. 그와 같이 고난 가운데 있는 형제를 진실로 사랑하지 않는 사람들이, 곧 주님을 사랑하지 않는 사람으로서 지옥에 판결을 받게 된다고 말씀하신 것입니다. 그래서 주님은 사도 요한을 통해서 "하나님을 사랑하는 자는 형제도 사랑해야 합니다."(요일4:21) 말씀하고 있는 것입니다.

그러니 형제 여러분, 우리가 하나님의 자녀라면, 말씀 앞에 올바르게 서서 실천하며 살아야 합니다. 성경을 보십시오. 성경에서는 주로 어떤 사람들을 보고 악인(시1:4; 악인은 그렇지 않음이여)이라고 말씀하고 있는지, 어떤 사람들에게 "저주를 받은 자들아, **내게서 떠나**서, 마귀와 그 졸개들을 가두려고 준비한 영원한 불 속으로 들어가라." 말씀하신다고 하셨는지와, 예수님을 주여, 주여 부르며 믿는다고 말하는 그들에게 왜, "불법을 행하는 자들아, 다 **내게서 떠나**가라"고 말씀하셨는지를 우리는 확실하게 알아야만 하는 것입니다.

예수께서는 자신을 믿는다고 하는 사람들에게 이렇게 말씀하셨습니다. "나더러 주여, 주여 하는 자마다 다 천국에 들어갈 것이 아니요, 다만 하늘에 계신 내 아버지의 뜻을 행하는 자(공동번역; 실천하는 자)라야 들어가리라." 그렇습니다. **하나님 아버지의 뜻을 실천하는 자**가 천국에 들어가는 것입니다.

그렇다면 우리가 하나님의 뜻을 실천하고 있는 사람인지, 아닌지를 어떻게 알 수 있겠습니까? 그것은 우리가 마귀를 따라 악한 일을 일삼는 사람인지, 하나님을 따라 선한 일을 하는 사람인지를 보면 알 수 있습니다. 본 절에(주여, 주여 하는 자) 있는 사람들을 보십시오. 그들도 예수님을 믿는 사람들입니다. 그러므로 잘 보십시오. 예수님께서는 자신이 택하신 12명의 제자를 부르셨습니다. 주님은 주님의 제자,

곧 자신을 제사장들에게 팔아넘길 가룟 유다(마10:4; 가룟 유다 곧 예수를 판 자라)를 포함하여 함께 전도를 보내시면서 그 제자들에게 능력(마 10:8; 병자를 고치며 죽은 자를 살리며 문둥이를 깨끗하게 하며 귀신을 쫓아내는 능력)을 주셨듯이, 주여, 주여 하는 자들에게도 주님께서는 능력(마7:22; 주의 이름으로 선지자 노릇〈킹제임스; 예언, 예; 말씀 선포〉하는 능력, 주의 이름으로 귀신을 쫓아내는 능력, 주의 이름으로 많은 권능을 행하는 능력)을 주셨습니다. 그것으로 주여, 주여 하는 자들이 말씀 선포도 하고, 여러분이 좋아하는 예언 기도도 하고, 귀신도 쫓아내는 등 많은 기적을 행한 것입니다. 그런데 왜 주님은 주여, 주여 하는 자들에게 "악한 일을 일삼는 자(시5:5; 공동번역; 오만한 자가 주의 목전에 서지 못하리라; 시6:8; 행악하는 너희는 다 나를 떠나라)들아, 나에게서 물러가라. 나는 너희를 도무지 알지 못한다."(마7:23; 공동번역)고 말씀하셨을까요? 저들도 예수님을 믿고서 주님의 이름으로 능력을 행사했는데 말입니다. 우리는 바로 아래 구절에서 그 답을 찾을 수가 있습니다. "그러므로 지금 **내가 한 말을 듣고 그대로 실행하는 사람**은 반석 위에 집을 짓는 슬기로운 사람과 같다."(마7:24; 공동번역) 이렇게 말입니다. 무슨 말씀입니까?

주님은 주여, 주여 하는 자들을 비유로 말씀하시기 전에 "거짓 선지자들을 삼가라. 양의 탈을 쓰고 너희에게 나타나지마는 속에는 사나운 이리가 들어 있다." 말씀하셨습니다. 그리고 말씀하신 그 거짓 선지자들을 비유로 들어 이렇게 말씀하셨습니다. "너희는 행위를 보고 그들을 알게 될 것이다. 가시나무에서 어떻게 포도를 딸 수 있겠으며 엉겅퀴에서 어떻게 무화과를 딸 수 있겠느냐? 이와 같이 좋은 나무는 좋은 열매를 맺고, 나쁜 나무는 나쁜 열매를 맺기 마련이다. 좋은 나무가 나쁜 열매를 맺을 수 없고, 나쁜 나무가 좋은 열매를 맺을 수 없다. **좋은 열매를 맺지 못하는 나무는 모두 찍혀 불에 던져지는 것이다.** 그러므로 너희는 그 '행위를 보아 그들이 어떤 사람'인지 알게 된다."(마7:15-20; 공동번역)고 말입니다. 그러므로 예수님께서 위에서 말씀하신 것처럼 "내가 한 말을 듣고(예수님께서 하시는 말씀을 듣고 그대로 실행한 사람은. 예; 너희가 서로 사랑하라는 말씀을 듣고 실천하는 것입니다) 말씀을 따라 실행한 사람"이 바로 "양 떼들의 모범이 되어 하나님의 뜻을 따라 자신에게 맡겨진 양 떼를 고난의 환경에서 구원하며, 돌보고, 살피며, 서로 사랑하는 좋은 열매를 맺는 좋은 나무"임(벧전5:2-4; 마25:35-36)을 우리는 알 수 있는 것입니다.

그렇다면 "악한 일을 일삼는 자"들은 어떤 나무를 가리키는 말씀일까요? 그것은 당연히 말씀(예; 너희가 서로 사랑하라는)을 듣고도, 주님의 이름으로 서로 사랑하라 말씀 선포하고, 귀신을 쫓아내며, 많은 권능을 행하면서도 주님의 능력으로 "양 떼들의 모범이 되지 않고 지배하려 들며, 고난의 환경에 처한 형제를 구원하지 않고 자신에게 맡겨진 양 떼를 먹이거나 양 떼를 돌보거나 양 떼를 보살피는 일은 하지 않으며, 오히려 피를 흘리셔서 자기들을 구원해 주신 주님을 행위로 부인하며, 심지어는 주님의 능력을 이용하여, 많은 사람이 그들을 본받아 방종하게 하고, 그들 때문에 진리의 가르침이 오히려 비방을 받게 하며, 또 그들은 감언이설로 여러분을 속여 착취하는 것입니다."(벧전 5:1-3; 벧후2:1-3; 공동번역) 그와 같이 "여러분의 것을 쥐어 짜내어 착취하여 자신의 배만 채우는 나쁜 열매를 맺는 나쁜 나무"를(마25:42-43; 벧후 2:3; 새 번역 성경; 그들은 탐욕에 빠져 여러분의 호주머니를 털어 갈 것입니다) 가리키는 말씀임을 우리는 알 수 있습니다. 그래서 주님께서는 "그러므로 너희는 그 행위(양 떼를 잘 돌보라는 말씀과 같이 '돌보는 행위인지' 아니면 양 떼를 이용하여⟨벧전5:2⟩ '노략질하는 행위인지'⟨마7:15⟩)를 보아 그들이 어떤 사람인지 알게 된다."(마7:20; 공동번역)고 말씀하신 것입니다.

위와 같이 나쁜 열매를 맺는 사람들을 보고 주님께서는 "그러나 그때 나는 분명히 그들(오만한 자와 행악하는 자와 노략질하는 거짓 선지자들)에게 '악한 일을 일삼는 자들아, **나에게서 물러가라.** 나는 너희를 도무지 알지 못한다.'(마7:23)고 말할 것이다." 하신 것입니다. 이와 같이 예수님을 믿는다고 하면서도 받은 은사(벧전4:10; 현대인의 성경; 여러분이 각자 "받은 은혜의 선물"이 무엇이든지 간에 하나님의 여러 가지 은혜를 맡은 선한 관리인답게 "서로를 섬기는 데 그것을 사용하십시오." 하였음에도 불구하고)로 고난 가운데 있는 형제를 살리지 않고, 오만하며, 행악하며, 자신의 욕심과 목구멍을 위해 노략질하는 나쁜 열매를 맺는 사람들에게 "이 악한 자들아, 내게서 떠나가라." 분명하게 말씀하신다고 하시는 것(마7:23)입니다. 이러하니 우리 믿는 사람들은 어떻게 살아야 하겠습니까?

그런데요, 하나님을 섬긴다고 하면서 악한 짓을 하는, 위와 같은 사람들이 끝이겠습니까?

예수님께서는 가버나움의 한 백부장의 믿음에 감탄하시고, 하나님을 믿는다고 하면서도 예수님 자신의 아버지, 곧 하나님 아버지의 보내심을 받은 자신을 믿지 않는 사람들을 향하여 이렇게 말씀하셨습니다. "정말 어떤 이스라엘 사람에게서도 이런 믿음을 본 적이 없다. 잘 들어라. 많은 사람이 사방에서 모여들어 하늘나라에서 아브라함과 이삭과 야곱과 함께 잔치(개역성경; 천국)에 참석하겠으나 이 나라 백성들은 바깥 어두운 데 쫓겨나 거기서(지옥에서) 울며 이를 갈음이 있을 것이다."(마8:10-12; 공동번역; 개역성경) 또한 하나님을 믿는다는 바리새파 사람들과 서기관들이 예루살렘으로부터 예수께로 나와 말하기를 "당신의 제자들이 어찌하여 장로들의 유전을 범하나이까? 떡을 먹을 때에 손을 씻지 아니하나이다."라고 하자, 주님께서 이렇게 말씀하셨습니다.

"그러면 너희는 어찌하여 너희 전통 때문에 하나님의 계명을 어기느냐? 하나님께서 말씀하시기를 '아버지와 어머니를 공경하여라.' 하시고 또 '아버지나 어머니를 욕하는 자는 반드시 죽을 것이다.' 하셨다. 그러나 너희는 말하기를 누구든지 아버지나 어머니에게 해 드릴 것을 '하나님께 바쳤습니다.' 하고 말만 하면 그 사람은 부모를 공경하지 않아도 된다고 한다. 이렇게 너희는 너희 전통을 핑계 삼아 하나님의 말씀을 폐한다."(마15:3-6; 새 번역 성경, 공동번역) 예수님께서는 바로 이어서 율법학자들과 바리새인들에게 다음과 같이 말씀하셨습니다. "외식하는 자들아, 이사야가 너희에 대하여 잘 예언하였도다. 일렀으

되 '이 백성이 입술로는 나를 공경하여도 마음은 나에게서 멀리 떠나 있구나. 그들은 나를 헛되이 예배하며 사람의 계명을 **하나님의 것인 양** 가르친다.' 하였느니라."(마15:7-9; 공동번역) 무슨 말씀입니까?

그것은 이런 말씀입니다. 어느 한 자녀가 자기 부모에게 해 드릴 것을 "하나님께 드렸습니다."라고 하면 자기 부모를 공경하지 않아도 된다고 가르친 것입니다. 위와 같이 장로의 유전으로 하나님의 백성들을 가르침으로써 하나님의 말씀을 헛되게 할 뿐만 아니라 장로의 유전을 핑계 삼아 자기 부모를 공경할 것을 옳지 못한 방법으로 가로채는 사악한 일을 하는 것입니다.

그래서 주님께서 제자들에게 말씀하시기를 "입으로 들어가는 것은 무엇이든지 배 속으로 들어가서 뒤로 나가지 않느냐? 그러나 입에서 나오는 것은 마음에서 나오는 것인데 그것들이 사람을 더럽힌다. 마음에서 악한 생각들이 나온다. 곧 살인과 간음과 음행과 도둑질과 거짓 증언과 비방이다. **이런 것들이 사람을 더럽힌다.**"(마15:17-20) 하신 것입니다. 그와 같이 장로들의 유전을 하나님의 것인 양 가르쳐서 그것을 핑계 삼아 백성들의 것을 빼앗고 말씀을 따라 행하지 않음으로써 하나님을 헛되이 예배하는 것입니다. 이런 **악한 생각들이 마음에서 나온다는 것**입니다. 그러므로 이런 악한 생각들이 사람을 더럽히는 것이지, 손을 씻지 않고 먹는 것은 사람을 더럽히지 않는다는 것입니다.

오늘날에도 이사야의 예언과 같이 하나님에게서 나온 말씀인 양,

말씀을 빗대어 가르치는 사람들이 허다합니다. 그러므로 사도 베드로를 통해 저와 같은 사람들을 향하여 말씀하시기를 "많은 사람이 그들의 방탕한 길을 따를 것이며, 그들 때문에 진리가(공동번역; 진리의 가르침이 오히려 비방을) 훼방을 받을 것입니다."(벧후2:2) 하신 것입니다. 그렇습니다. 참된 진리를 가르치는 사람들이 오히려 비방을 받게 되는 것을 말씀하는 것입니다. 참된 진리가 비방을 받게 되는 것은 사도 바울을 통해 말씀하신 대로 많은 사람이 속이는 영과 귀신의 가르침을 따르기 때문(딤전4:1)입니다. 다시 말해, 미혹하는 자들에게 속아 복되신 하나님의 영광을 드러내는 그 복음에 근거한, 건전한 교훈은 받아들이지 않게 되는 것을 말씀하신 것(딤전1:11)입니다. 그래서 위와 같이 장로의 유전을 따르는 사람들을 두고 예수님께서 "하늘에 계신 내 아버지께서 심지 않으신 나무(예; 하나님의 말씀인 것처럼, 마15:2, 4-5; 장로의 유전을 지키는 나무, 누구든지 부모에게 드려야 할 것을 하나님께 드렸다고 하면 부모를 공경하지 않아도 된다는 장로의 유전으로 계명을 범하는 나무나, 하나님 입에서 나오지 않은, 인간을 위해 만든 그럴싸한 모든 교훈으로 하나님의 말씀인 양 가르치는 나무 등을 말씀하시는 것입니다)는 모두 뽑힐 것이다. 그대로 버려 두어라. 그들은 눈먼 길잡이들이다. 소경이 소경을 인도하면 둘 다 구덩이(멸망 곧 지옥 불구덩이)에 빠진다." 말씀하신 것입니다.

보십시오. 누구를 보고 소경이라고 했는지 말입니다. 조상 대대로 하나님을 믿는다는 바리새인들과 율법학자들이 아닙니까? 율법의 박식한 바리새인과 율법학자와 같이 하나님을 믿는다고 하면서도 마음에 육체가 갈망하는 욕심을(마15:19; "살인, 간음, 음란, 도둑질, 거짓 증언, 모독〈비방〉과 같은 여러 가지 악한 생각들이." 말씀과 같이) 갖추어 놓은 사람들로서 **하나님의 본성을 갖추지 못한 사람**입니다. 육체가 갈망하는 욕심을 갖춘 사람들이 앞 못 보는 소경인 것(벧후1:9; "이런 것들을〈하나님의 본성을〉갖추지 못한 사람은 앞 못 보는 소경이며" 말씀과 같이)입니다. 이와 같이 하나님의 본성을 갖추지 못한, 앞 못 보는 소경이 소경을 인도하면 둘 다(예; 바리새인과 율법사의 집단과 같이 한꺼번에) 구덩이 곧 지옥 불구덩이에 빠진다는 엄청난 경고의 말씀을 하신 것입니다.

그러므로 우리는 그와 같이 하나님의 말씀인 양 가르치는 거짓된 복음에서 벗어나서 진실로 형제를 사랑하거나, 하나님의 선한 일에 열심을 내야만 하는 것입니다. 왜냐하면 성경은 계속해서 우리에게 하나님을 믿는다, 예수님을 믿는다고 하면서도, 외식하는 서기관과 바리새인들과 같이 행(마23:1-36)하며 악한 종과 같이 행함(마24:48-49)으로써, "생각지도 않은 날, 알지 못하는 시간에(살전5:4-5; 하나님의 자녀들에게는, 그날과 그 시가 도적같이 임하지 않기 때문이지만 말입니다) 갑자기 그 종의 주인이 와서 그를 사정없이 때리고 **위선자들과 똑같이 심판할 것이다.** 거기서(불구덩이에서) 그는 통곡하며 이를 갈 것이다."(마24:50-51) 경고하셨기 때문입니다.

사랑하는 형제 여러분, 성경에서 하나님을 믿는다고 하면서, 악한 짓을 하는 악한 형제들을 심판하시겠다고 경고하고 있는 것은 이 말씀뿐만이 아닙니다. 성경은 계속해서 경고하시기를 "그러나 비겁한 사람과 **불신자**(공동번역; 믿지 않는 사람)와 흉악한 사람과 살인자와 음란한 사람과 마술사와 우상 숭배자와 모든 거짓말쟁이들은(거짓 선생들은) 유황이 타는 불 못에 던져질 것이다."(계21:8) 하셨습니다. 또한 "더러운 짓과 역겨운 짓을 하는 사람과 거짓말쟁이(거짓 선생은)는 **그 성에 들어가지 못하고**"(계21:27) 말씀하셨고, "개 같은 사람들과 마술사(사47:12-15; 현대인의 성경, 새 번역 성경; 하늘과 별을 보고, 월삭에 점을 치는 점성가〈무당 포함〉를 찾아가 점을 치는 사람들, 마법과 무수한 마술, 주술들 등)와 거짓말을 좋아하고 '지어내는 사람'(거짓 선생은)은 **성 안에 들어오지 못할 것이다.**"(계22:15; 현대인의 성경)라고 사도 요한을 통해 말씀하셨습니다. 그러므로 우리는 잘 깨달아야만 하는 것입니다.

성경, 살아 있는 하나님의 말씀을 이스라엘 백성들에게 선포하심은 '믿지 않는 이방 사람인 그들의 백성들에게 들으라고 선포하시는 것'이 아니라, '하나님을 믿는다고 하는 하나님의 백성'들에게 '너희는 여호와의 말씀을 들으라고' '선포하고 있다는 것'을 말입니다. 그리고 **"주님께서는 밭에 좋은 씨앗을 뿌리는 분이라는 것"**이며, **"마귀는 주님이 씨 뿌린 밭에**(예; "우리의 심령 주의 것이니 당신의 형상 만드소서" 찬송과 같이 주님께서 당신의 형상을 만드셔야 합니다. 그런 심령 밭에, 곧 마음 밭에 '씨 뿌리는 비유'와 같이) 사람들이 잠을 자는(마25:13; "그런즉 깨어 있으라." 하심은 곧 말씀을 듣고 믿음으로 행하는 사람을 가리키는 것으로서, 세상일에서 벗어나 주의 선한 일을 하는 상태를 말씀합니다. 그런 사람들은 영적으로 깨어 있는 사람임을 말씀하는 것이며, 그리고 잠을 자는 사람은 하나님을 믿지 않거나 전적으로 의지하지 않음으로써 하나님의 선한 일을 하지 못하는 상태 곧 세상일에〈예; 자신을 위해 일하는 것으로서 "죄송해요, 죄송해요", "정말 잔치에 갈 수 없소. 장가가야 하고 소도 사야 하고 논과 밭에 나가서 할 일은 많아 내 어이하리. 갈 수 없소"; 눅14:16-23; 큰 잔치 비유로 한 찬양과 같이〉빠져 있는 상태를 말씀하는 것입니다. 그러므로 주님의 일은 생각하지 않고 세상일로만 분주한 그런 사람들은 말씀을 듣고도 그 말씀을 믿음으로 행치 않는 사람으로서, 영적으로 잠을 자는 사람임을 말씀하는 것입니다. 위와 같이 영적으로 잠을 자는 사람들 속에 마귀가 온갖 탐욕과 노략질 하는 행위 등으로 욕심을 내도록 침투하게 된다는 것을 주님은 말씀하시는 것입니다) 동안에 '몰래' **독보리를 뿌리는 자**(벧후2:1; 그들은 파멸로 몰고 갈 '이단을 몰래' 끌어들여, 독보리를 뿌리는 자)라는 것"을 우리는 확실하게 알아야만 하는 것입니다. 그러므로 위의 말씀을 생각하면서 비유를 깨달으시기를 바랍니다.

"또 하늘나라는 바다에 던져 여러 종류의 물고기를 모으는 그물과 같다. 그물에 고기가 가득 차면 물가로 끌어내어 앉아서 '좋은 것'은 골라 그릇에 담고, '나쁜 것'은 버린다. 세상 끝 날에도 이렇게 할 것이다."라는 말씀에서 '하늘나라'는 하나님의 나라를 뜻합니다. 그리고 '바다'는 온 세상을 뜻하는 말씀이고, '여러 종류의 물고기'는 유대인을 포함하여 세계 각국의 이방인을 뜻하는 말씀이며, '물고기를 모으는 그물'은 하늘나라 기쁜 소식을 온 세상에 전파하여 하나님의 집으로 모으는 복음을 뜻하는 말씀입니다. '그물에 고기가 가득 차면'은 곧 주님께서 마태복음 24장 14절에서 '이 천국 복음이 **모든 민족에게**

증거 되기 위하여 온 세상에 전파되리니 그제야 끝이 오리라.'는 말씀과 같이 하늘나라의 복음이 온 세상 사람에게 증명되기 위하여 모든 백성에게 전파됨으로써 온 세상이 끝나는 날에 왕의 아들 혼인 잔치에 종들이 사거리로(사거리는 온 세상을 뜻함) 나가 초대하자 손님이 (마22:10; '악한 자'나 '선한 자'나 만나는 대로 모두 데려오니 혼인 잔치에 손이 가득한지라, 하는 말씀처럼) 가득한 것처럼, '하나님의 집에 천국 복음을 듣고 온 세상에서 모여든 사람들로 가득하다.'라는 말씀입니다.

'물가로 끌어내어 앉아서'라는 말씀은 의인들 가운데서(마22:10; "사거리로 나가 혼인 잔치에 초대한 모든 손님 중에 '선한 자'나" 말씀처럼 선한 사람들 속에 끼어 있는) 악한 사람들을(마22:10; "만나는 대로 모두 데려온 사람 중에 '악한 자'나" 말씀처럼 악한 자들을) 가려내는 그리스도 최후의 심판이 하나님의 집에서 시작되었다는(벧전4:17) 말씀입니다. 그리고 '좋은 것은 골라 그릇에 담고'라는 말씀은 의로운 사람으로 판결을 받은 사람은 마태복음 25장에서처럼(마25:34; 현대인의 성경; "내 아버지의 복을 받은 사람들아, 와서 세상이 창조된 때부터 너희를 위해 준비된 나라를 물려받아라." 말씀처럼) 하늘나라로 보낸다는 말씀이며, '나쁜 것은 버린다.'라는 말씀은 악한 사람으로 판결받은 사람은 마찬가지로 마태복음 25장에서처럼(마25:41; "저주를 받은 사람들아, 너희는 내게서 떠나 마귀와 그 부하들을 위해 준비된 영원한 불에 들어가라." 말씀처럼) 불구덩이에 던져 버린다는 말씀입니다. (마13:47-48) 그래서 주님께서는 이어서 말씀하시기를 "세상 끝 날에도 이렇게 할 것이다." 말씀하시며 "천사들이 와서 **의로운 사람**들

가운데서 **악한 사람**을(공동번역; 선한 사람들 사이에 끼어 있는 악한 자들을) 가려내어 **불구덩이**에 던져 넣을 것이다. 그러면 그들이 통곡하며 이를 갈 것이다.”(마13:49-50; 현대인의 성경) 하신 것입니다.

그렇습니다. 그리스도께서는 마지막 날에 “선한 사람들 사이에 끼어 있는 악한 자들을 가려내는 심판”을 하시는 것입니다. 그래서 양 사이에 끼어 있는 “염소”를 가려내는 것이며, 곡식 사이에 끼어 있는 “독보리”를(가라지를) 가려내는 것이며, 알곡 사이에 끼어 있는 “쭉정이”를 가려내는 것이며, “나에게(예수님에게) 붙어 있으면서(예; 주님 안에 지체로 끼어 살면서) ‘열매를 맺지 못하는 가지’는(마15:8; 공동번역; “이 백성이 입술로는 나를 공경하여도 마음은 나에게서 멀리 떠나 있구나!” 말씀처럼, 예; 마음이 그리스도에게서 떠난 가지) 하나님께서 모두 잘라내는 것”(요15:2)입니다. 그리스도께서는 앞에 말씀과 같이 선한 사람들 사이에 끼어 있는 악한 사람들을 가려내는 심판을 하시는 것입니다. 그렇다면 “선한 사람들 사이에 끼어 있는 악한 자”들은 어떤 사람을 가리키는 것일까요?

주님께서는 위와 같은 사람에 대하여 이렇게 말씀하셨습니다. ‘개역성경’은 “실족케 하는 일이 있음을 인하여 세상에 화가 있도다. 실족케 하는 일이 없을 수는 없으나 ‘실족케 하는 그 사람’에게는 화가 있도다.” 이렇게 말입니다. ‘공동번역’에서는 “사람을 불행하게 하는 이 세상은 참으로 불행하다. 이 세상에 죄악의 유혹은 있게 마련이지만 **‘남을 죄짓게 하는 사람’**은 참으로 불행하다.” 해석하고 있습니다.

그렇습니다. 남을 죄짓게 하는 사람에게는 재앙이 갑자기 들이치기 때문에 불행한 것이요, 불구덩이에 들어가는 심판을 받게 되기 때문에 불행한 것이요, 그 불구덩이는 상상도 못 할 끔찍한 재앙이기 때문에 불행한 것입니다. 그래서 주님은 사도 바울을 통해 "다른 사람을 죄짓게 한다면 그것은 나쁜 것입니다."(롬14:20) 말씀하시고 바로 이어서 "여러분의 형제를 넘어지게 하거나 꺼림칙하게 하는 것이라면"(롬14:21; 현대인의 성경) 하여 "남을 죄짓게 하는 사람"은 바로 "형제를 죄짓게 하는 사람이며, 형제 앞에 장애물을 놓아(롬14:13) 형제를 넘어지게 하는 사람"이라는 것을 우리는 알 수 있습니다.

위 말씀은 우상의 집에서 생기는 일에 대하여 말씀하는 것으로서 "믿음으로 먹는 사람은 우상의 집에서 음식을 먹을 때에 하나님이 주시는 것으로 알고 감사하면서 그 음식을 받아먹는 것이지만, 그러나 믿음이 연약한 형제가 여러분이, 우상의 집에 앉아서 먹는 것을 본다면, 그도 양심에 담력을 얻어, 습관과 같이 아무 힘도 없는 **'우상의 제물을 우상에게 바친 제물로 알고 꺼림칙하게 여기며 그 음식'**을 먹음으로써(고전8:7) 그리스도에게 죄를 짓는 것"(고전8:12; 그것은 '그리스도께서 그 형제를 위해서도 죽으셨기 때문입니다.')입니다. 그것은 왜냐하면 우상의 제물을 우상에게 바친 제물로 알고 꺼림칙하게 여기며 먹는 그와 같은 연약한 형제에 대하여 성경은 "의심하면서 우상의 음식을 먹는다면 그것은 믿음으로 먹는 일이 아니기에 죄가 됩니다."(롬14:23) 말씀하고 있기 때문입니다.

이처럼 연약한 형제가 '우상의 제물로 알고 먹는 죄'를 짓게 하는 것은 연약한 형제의 믿음을 무너뜨리는 행위로서 결코 해서는 안 되는 나쁜 일인 것입니다. 그러므로 여러분은 이어서 사도 바울을 통해 전하신 아래의 말씀을 꼭, 꼭 기억해 두십시오. "그러므로 **믿음으로 하지 않는 것은** '모두가 죄'입니다."라고 하신 말씀을 말입니다. 그것은 왜냐하면 위와 같이 우상의 음식뿐만 아니라 그 밖에 무슨 일이라도 '형제를 죄짓게 하는 사람'에 대하여 예수님께서는 "누구든지 '나를 믿는 이런 어린아이 하나를 죄짓게 하는 사람은' 차라리 목에 큰 맷돌짝을 달고 깊은 바다에 빠져 죽는 것이 더 낫다."(마18:6)라고 최고로 강력하게 경고하셨기 때문입니다. 그러니 형제를 대할 때에는 서로 조심하고 또 조심해야 하는 것입니다.

그러므로 형제를 죄짓게 하는 자들과 악행을 일삼는 자들을 심판하실 그날이 오면, 그리스도께서 심판하시기를 "그날이 오면 사람의 아들이 자기 천사를 보낼 터인데, 그들은 **남을 죄짓게 하는 자**들과 **악행을 일삼는 자**들을 모조리 자기 나라에서 추려내어 불구덩이에 처넣을 것이다." 말씀하신 것이며 "세상 끝 날에도 이와 같을 것이다. 천사들이 나타나 **선한 사람들 사이에 끼어 있는 악한 자**들을 가려내어 불구덩이에 처넣을 것이다." 말씀하신 것입니다.

위 말씀과 같이 "선한 사람들 사이에 끼어 있는 사람"들은 주여, 주여 하는 자들과 같이 하나님의 집에 우리와 함께 다니며 주님을 믿는다고 하는 사람들로서 "남을 죄짓게 하는 자"들이며 "악행을 일삼는 자"들이며 "참포도나무 열매를 맺지 못하는 가지"들인 것을 우리는 알 수 있습니다. 그와 같은 자들은 모든 것을 주시고, 거두시는 하나님께 감사치 아니하고 그저 "형제의 믿음이 약하다고 생각"하여 그의 의견을 무시하거나 업신여기는 것이며, 먹고 마시는 것 등 여러 가지 문제로 그리스도의 형제를 비판하는 것(롬14:1-10)입니다. 위의 말씀과 같이 행동하면 어떻게 되겠습니까? "우리가 다 하나님의 심판대 앞에 서리라." 말씀하시지 않았습니까?

그렇습니다. 우리가 다 마태복음 25장에서 예수님께서 말씀하심과 같이 그리스도 최후의 심판대 앞에 서게 되는 것입니다. 그곳에서 재판장이신 그리스도께서 "선한 사람들 사이에 끼어 있는 악한 자"들을 (예; 양들 사이에 끼어 있는 염소들, 곧 남을 죄짓게 하는 자들과 형제를 업신여기며, 비판하고, 사랑하지 않으며, 하나님의 선한 일을 하지 않는 악행을 일삼는 자들을) 가려내어 불구덩이에 처넣으시는 것입니다.

그러므로 여기서 여러분들이 잘 알아야 하는 것은 세상 모든 사람에게 복음이 전파되었다고 해서 온 세상 사람들이 다 그리스도를 믿는다고 생각하면 안 되는 것입니다. 왜 그런가 하면, 바다에 나가서 바다 구석구석까지 여러 번에 걸쳐서 그물을 던져 그물 안으로 물고기를 모은다고 해서 바다에 있는 여러 종류의 물고기들을 모두 다 그물 안으로 모아들이지 못하는 이치와 같기 때문입니다. 그리고 주님을 믿는 사람들이 세상에 나가 복음을 선포함으로써 사람들을 어디로 불러 모으고 있습니까? 주님의 몸 된 교회로 불러 모으고 있지 않습니까? 그와 같이하여 복음의 기쁜 소식을 전함으로써 교회 안으로 사람들을 불러 모았다 하더라도 교회 안으로 들어온 모든 사람이 다 의인이겠습니까? 모든 사람들에게 복음을 가르친다고 해서 그들이 다 의인이겠습니까?

예수님의 제자 중에도 마귀가 있고, 왕의 아들 혼인 잔치에 들어온 사람 중에도 예복을 입지 않는 사람도 있고, 말씀을 듣고도 열매 맺지 못하는 길가, 돌밭, 가시나무 숲에 떨어진 씨와 같은 사람도 있고, 주님께서 말씀하신 한 달란트 받은 악한 종과 같은 종도 있고, 양의 옷을 입고 여러분 앞에 나오는 거짓 예언자도 있는데 말입니다. 이 사람들은 하나같이 악한 일을 서슴없이 하는 악한 사람들을 상징하는 대표자들이 아닙니까?

그러므로 주님께서 말씀하신 바와 같이, 복음이 온 세상 민족들에게 증거 되기 위하여 모든 민족에게 전파되었다고 하더라도 여전히 타 종교는 그들의 종교대로 그들의 신을 섬기고 있으며, 주님을 믿지 않는 사람들은 여전히 믿지 않는 사람으로 살아가고 있는 것입니다. 그와 같이 주님을 믿지 않는 사람들에 대하여 말씀하시기를 "빛이 세상에 왔지만, 사람들은 자기들의 행실이 악하여 빛보다 어둠을 더 사랑했다. 이것이 '벌써 죄인으로 판결받았다는 것'을 말해 준다."(요 3:19; 공동번역) 그리고 또한 "그를(예수 그리스도의 이름을) 믿지 않는 사람들은 하나님의 외아들의 이름을 믿지 않기 때문에, '이미 심판(또는 정죄)을 받은 것'이다."라고 말씀하심으로써 **크고 흰 보좌에서 심판하는**

그날이 되면 주님 앞에서 자신이 태어나서 죽기까지 생활한 모든 것을, 고해 바쳐야 할 자신의 혀의 증거만 남아 있는 것(벧전4:5; 현대인의 성경; 그들은 산 사람과 죽은 사람을 심판하실 분에게 자기들이 행한 일을 낱낱이 고해 바쳐야 할 것입니다)입니다.

그러므로 그물 안에 모여든 여러 종류의 물고기는("하나님이 자기 백성을 심판하시려고"〈시50:4〉 말씀하심과 같이, 그리고 "그 종의 주인'이 와서 그를 사정없이 때리고 위선자들과 똑같이 심판할 것이다."〈마24:50-51〉 말씀하심과 같이) 주님을 믿는다는 사람들로서 그리스도인이라고 말하는 모든 사람을 지칭하는 말씀으로 보아야만 하는 것입니다. 그래야만이 예수님을 믿는다고 모여든 세상 모든 민족을(요15:2; 참포도나무 몸에 붙어 있으면서 열매를 맺지 못하는 가지를 포함하여 열매를 맺는 가지인 모든 민족) 심판하여(마25:32; 목자가 양과 염소를 갈라놓듯 사람들을 갈라놓는 심판을 하심으로써) 진실로 믿는 **"참그리스도인"**은 주님의 나라로 인도되는 것입니다. (계 21:24, 26-27; 현대인의 성경; 구원받은, "세상 모든 민족이 그 빛 가운데로 다닐 것이며," 구원받은, "모든 나라 사람들이 그들의 영광과 존귀를 가지고 그리로 들어올 것입니다." 그래서 사도 요한은, "오직, 어린 양에 생명책에 이름이 기록된 사람들만 들어갈 것입니다."라고 말씀을 전하고 있는 것입니다) 반면에 "광명의 천사로 가장하는 사탄과 같이, 사탄의 일꾼들로서 의의 일꾼으로 가장한 사단의 일꾼"들(고후11:13-15)과 같이 겉으로는 모양새만 그리스도인인, 거짓 그리스도인을 가려내어 나쁜 물고기는 신경 쓰지 않고 육지에 버려 버리듯이 **"거짓 그리스도인"**들은 불쌍히 여기지 않고 풀무 불같은 영원한 불바다에 던져 넣는다는(마13:49-50; 의로운 사람 가운데서 악한 사람들을 가려내어 불구덩이에 던져 넣을 것이라고 말씀하심과 같이) 그러한 뜻의 말씀을 하신 것입니다.

그렇다면 우리가 어떻게 살아야만 그리스도 최후의 심판을(참고; 요일4:12-17) 떳떳하게 맞이할 수가 있을까요?

사랑하는 형제 여러분, 그리스도인이라면 누구나 위와 같이 그리스도 예수께서 말씀하신 참교훈을 깨달아, 말세를 만난 우리가 죄를 멀리하고 그리스도인으로서 서로 사랑하며 "거룩해지지 않고서는 아무도 주님을 보지 못할 것입니다."(히12:14) 말씀과 같이 거룩한 삶을 살아야만 하는 것입니다. 그것은 왜냐하면 **하나님은 우리를 더럽게 살라고 부르심이 아니라 거룩하게 살라고 부르셨습니다.** 그러므로 '이 교훈을 저버리는 자'는 사람을 저버리는 것이 아니라 여러분에게 **'성령을 주신 하나님을 저버리는 것'**입니다."(살전4:7-8; 현대인의 성경) 라고 말씀하셨기 때문입니다. 거룩한 삶이 무엇입니까? 바로 "거룩한 삶은 신의 성품에 참여하여 사는 삶인 것"(벧전1:5-7)입니다.

그러므로 위 말씀과 같이 거룩한 삶을 사는 우리는 마태복음 25장에 기록된 말씀을 너무 가볍게 보아 넘겨서는 안 되겠습니다. 그것은 그리스도를 믿는다는 모든 사람이 양과 염소가 됨으로써 그 가운데서 "참그리스도인 양과 거짓 그리스도인 염소를 가려내는 심판"의 대상이, 온 세상에서(마8:11-12; 사방에서 모여든) 모여든 모든 그리스도인이 되기 때문입니다.

그러므로 누가 양이 되고 누가 염소가 될지는 알 수는 없지만 사도 바울로 주신 말씀을 보면 자신이 의인의 반열에 서 있는지, 아니면 악인의 자리에 서 있는지는 자신이 행하는 일을 보면 알 수 있다고 하셨습니다. 주님은 사도 바울을 통해 말씀하셨습니다. "육체의 행위는 명백하게 드러나게 마련입니다. 이것은 음행("그러므로 여러분은 음란한 짓을 버리고 깨끗하고 존경하는 마음으로 부부생활을 하십시오. 하나님을 모르는 이방인들처럼 색욕에 빠지지 말고 남의 아내를 가로채지 마십시오. 우리가 여러분에게 말하고 경고한 대로 주님께서는 이런 짓을 하는 사람에게 무서운 벌을 내리실 것입니다."〈살전4:3-6〉 말씀과, 그리고 욥이 말하기를 "내가 내 눈과 서약하였으니 어찌 처녀를 정욕의 눈으로 볼 수 있겠는가?"〈욥31:1, 9-12; 현대인의 성경, 새 번역 성경〉, "남의 아내를 탐내서 그 집 문 근처에 숨어 있으면서, 그 여인을 범할 기회를 노렸다면, 내 아내가 다른 남자 노예가 되거나, 다른 남자 품에 안긴다 해도, 나는 할 말이 없을 것입니다. 남의 아내를 범하는 것은, 반드시 형벌을 받아야 할 무서운 악이며, 내가 가진 모든 것을 송두리째 삼켜 버리는 파괴적인 지옥 불과도 같은 것입니다." 말씀과 같이 음행하는 것입니다)과 더러움과 방탕과 우상 숭배(욥은 말하기를 "해가 찬란한 빛을 낸다고 하여, 해를 섬기지도 않고 달이 밝고 아름답다고 하여 달을 섬기지도 않았습니다. 해와 달을 보고 그 장엄함과 아름다움에 반하여 그것에다가 절을 하는 사람들이 있습니다. 해와 달을 경배하는 표시로 제 입에 입을 맞추기도〈예; 해돋이에서 해를 보고 소원을 비는 것, 달과 별자리를 보고 소원을 비는 것 등입니다〉 합니다.〈욥31:26-28; 새 번역 성경〉 그러나 나는 그렇게 하지 않았습니다. 그런 일은 '높이 계신 하나님을 부인하는 것'이므로, 벌로 사형선고를 받아도 마땅합니다."라는 말씀과 같이 우상 숭배하는 것입니다)와 마술(사47:12-15; 현대인의 성경; "네가 어렸을 때부터 사용해 온 마술과 주문으로 버텨 보아라. 점성 가들과〈예; 무속인, 타로점 등〉달과 별을 보고 예언하는 자들이 네가 당할 재앙에서 너를 구하게 하라. 보라! 그들은 다 지푸라기 같아서 불에 타고 말 것이다." 말씀하신 것입니다)과 원수 맺는 것과 다툼과 시기와 화내는 것과 당파심과 분열과 이단과 질투와 술주정과 흥청대며 마시는 것과 그리고 이와 같은 것들입니다. 전에도 여러분에게 경고했지만, 다시 경고합니다. '이런 생활을 일삼는 사람'은 결코 **하나님의 나라를 상속받지 못할 것**입니다."(갈5:19-21 현대인의 성경)

이와 같이 "율법의 지배를 받으며 생활하는 사람은"(갈5:18) 육신의 지배(고전15:56; 죄의 권능은 율법이라. 곧 마귀의 지배)를 받는 생활을 하는 것이어서 절대로 하나님의 나라에 들어가지 못한다는 것입니다.

여기에 대해 사도 바울을 통해 **"율법이 제정된 것은** '올바른 사람을 위해서 제정된 것이 아니기 때문'입니다. 율법이 제정된 것은 하나님의 율법을 어기는 자와 순종하지 않는 자, 불경건한 자와 하나님을 떠난 죄인, 신성을 모독하는(현대인의 성경; 하나님을 모독하는 자) 자와 거룩한 것을 속되게 하는(현대인의 성경; 거룩하지 않은 사람) 자, 음행하는 자와 남색하는 자, 인신매매를 하는(새 번역 성경; 사람을 유괴하는 자) 자와 거짓말을 하는 자, 위증하는(거짓 맹세하는 자) 자와 그 밖에 건전한 교설(그리스도의 교훈)에 어긋나는 짓을 하는 자들을 다스리기 위해서 율법이 있는 것입니다."(딤전1:9-10; 공동번역) 말씀합니다.

그런데도 **율법 폐기론자**들은 예수 그리스도를 믿음으로써 구원받았기 때문에, 한번 구원받은 사람은 "종이 아니라 아들이기 때문에 무슨 짓을 해도 구원은 취소되지 않는다고"(아들은 호적에서 지울 수 없다고) 주장합니다. 죄의 힘은 율법이고(고전15:56; 죄의 힘은 율법이라는 말씀과 같이) 율법의 힘은 죄인에게는 위 말씀과 같이 막강한데도 말입니다. 이처럼 율법은 죄인들에게는 여전히 막강한 힘을 발휘하고 있으며 율법은 죄인을 구속할 철장 문은 여전히 열려 있다고 말씀하고 있습니다. 그러므로 여러분은 속지 마십시오. "육신을 따라 살지 않고 성령을 따라 사는 우리 속에서 율법의 요구가 모두 이루어졌습니다." 말씀하고 있지 않습니까?

그러므로 성령의 지배를 받지 않고 율법의 지배를 받는 사람(갈5:18)은 율법을 어기는 죄를 짓는 사람이 됨으로서, "죄를 짓는 사람은 악마에게 속해 있습니다. 악마는 처음부터 죄를 짓는 자이기 때문입니다."(요일3:8)라고 말씀합니다. 그러므로 형제를 사랑하지 않거나 의를 행하지 않는 사람은 악마의 자식으로서, 곧 영원한 불구덩이로 마귀와 그의 사자들을 위해 준비된 곳에 함께 들어갈 판결을 받게 된다는 말씀이 되는 것(마25:41)이므로, 정말 무서운 말씀이며 자신이 악인의 자리에 서 있다는 것을 알게 되는 말씀이 되는 것입니다.

그러므로 **우리는 정말 잘 알아야만 하는 것입니다.** 예수님을 믿으면 "율법의 지배를 받는 것"이 아니라 **"성령님의 지배를 받는다는 것"**을 말입니다. 그렇습니다. 우리가 성령님의 인도를 받으면 율법의 지배를 받지 않는 것(갈5:18; 공동번역; 성령을 따라 사는 사람은 율법의 지배를 받지 않는다는 말씀과 같이 말입니다)입니다. 말씀과 같이 성령님의 지배를 받는다는 것은 성령님이 여러분 안에 계신다는 것(롬8:9; 현대인의 성경; 성령님이 여러분 안에 계시면 여러분은 '육신의 지배를 받는 것'이 아니라 '성령님의 지배를 받습니다')입니다. 그렇다면 "성령님의 지배(지배하다; 위키낱말사전; 어떤 대상을 복종시키거나 복종하게 하여 다스림)를 받는 생활"을 하는 사람은 성경에서는 어떠한 사람이라고 말씀하고 있습니까?

'현대인의 성경'에서는 "그러나 '성령님이 지배하는 생활'에는 사랑과 기쁨과 평안과 인내와 친절과 선과 신실함과 온유와 절제의 열매가 맺힙니다."(갈5:22-23) 말씀하고 있습니다.

'공동번역'은 위 구절을 "성령께서 맺어 주시는 열매는 사랑, 기쁨, 평화, 인내, 친절, 선행, 진실, 온유, 그리고 절제입니다."라고 풀이합니다. '공동번역'의 해석과 같이 성령님께서 여러분 안에 계시면, 성령님이 여러분의 마음을 다스려서(빌2:13; 현대인의 성경; "하나님은 자기의 선한 목적에 따라 '자발적으로 행동하도록' 여러분 안에서 일하십니다." 하심과 같이 하여) 사랑의 열매, 기쁨의 열매, 평화의 열매, 인내의 열매, 친절의 열매, 선행의 열매, 진실의 열매, 온유의 열매, 그리고 절제의 열매를 맺어 주시는 것입니다. 그러하니 성령님께서 맺어 주시는 이와 같은 열매를 누가, 감히 어떤 법으로 금지하겠습니까?

"이 같은 것을 금지할 법이 없느니라."(갈5:23)

그렇습니다. 위와 같이 성령님의 지배를 받는 삶에는 금지할 율법은 없는 것입니다. 그것은 왜냐하면, 우리가 율법 아래에서 율법의 지배를 받는 삶을 살지 않고, 율법 위에서 성령님의 지배를 받는 삶을 살고 있기 때문입니다.

나비를 예를 들어 말씀을 드린다면, 나비가 굼벵이 몸으로 사는 시절에는 땅의 지배를 받으며 땅에서 이리저리 채이면서 범위가 한정되다시피 한, 제한된 삶을 살 것입니다. 그러나 그와 같은 굼벵이의 한정된 삶의 범위에서 완전히 벗어난 나비는 굼벵이가 일하던 땅에서 일을 멈추고, 이제는 새로운 나비의 인생으로서 하늘의 지배를 받으며 드넓은 하늘을 자유롭게 훨훨 날아다니면서 하늘에 있는 여러 가지 아름다운 것을 맛보고 몸에 채우며 그것으로 하늘의 일을 하며 새롭게 지평을 열어 가는 삶을 살아가는 것입니다.

예수 그리스도를 믿음으로 구원을 받은 사람들은 이와 같이, 성령님의 지배와 그분의 도우심과 보호하심을 받으며, 굼벵이이었던 자신은 그리스도와 함께 죽고, 완전 새로운 인생으로 태어난 나비처럼, 하늘로부터 내려오는 것을 맛보고 마음에 채우며 굼벵이 몸의 시절로 다시 돌아가지 않는 것입니다. 새로 태어난 새 사람은 성령님의 인도를 받아 하늘의 빛나는 인생으로 새로운 인생을 살아가는 사람인 것입니다. 그와 같은 삶을 사는 사람들은 율법 아래에서 율법의 지배를 받는 삶이 아니라 성령 안에서 성령님의 지배를 받아 생활하는 거듭난 새 사람으로서 율법 위에서의 삶을 사는 사람인 것입니다.

그와 같이 율법 위에서 사는 사람들을 막을 율법은 없는 것입니다. 그러하기에 남을 사랑하는 사람은 율법을 다 이룬 것이라고(롬13:8) 하지 않았습니까?

그러므로 주님의 말씀을 들으십시오. 주님께서는 "내가 아버지의 계명을 지키고 그분의 사랑 안에 거하는 것같이 너희도 내 계명을 지키면 내 사랑 안에서 살게 될 것이다."(요15:10) 말씀하지 않으셨습니까?

예수님의 말씀과 같이 우리가 주님의 계명을 지킨다면 우리는 주님의 사랑 안에 살게 되는 것입니다. 그렇다면, 우리가 예수님의 사랑 안에 살게 되는 주님의 계명은 무엇일까요?

주님께서는 이렇게 말씀하셨습니다. "내가 너희를 사랑한 것같이 너희도 서로 사랑하여라. 이것이 내 계명이다."(요15:12) 이렇게 말입니다. 그렇습니다. 형제끼리 서로 사랑하는 사람이 주님의 계명을 지키는 사람이요, 주님의 사랑 안에 거하는 사람인 것입니다.

그래서 사도 요한은 "**우리가 서로 사랑하면** 하나님이 우리 안에 계시고 그분의 사랑이 우리 안에서 완성될 것입니다."(요일4:12) 하였고 "참으로 하나님은 사랑이십니다. **그 사랑 안에 사는 사람은**(예수님의 말씀과 같이, 주님의 계명을 지키는 사람은) 하나님 안에 살고 하나님도 그 사람 안에 계십니다."(요일4:16) 하였으며, "이 세상에서 **우리가 그리스도처럼** 살게 되었으니(요일3:16; 예수님과 같이, 형제를 위해 목숨을 버리는 삶을 사는 것) 사랑이 우리 안에서 완성된 것이(요일3:19; 우리가 진리에 속해 있다는 것을 알게 됨으로써; 요삼1:4; 진리 안에서 삶으로써) 분명합니다. 이제 우리는 자신을 가지고 심판 날을 맞을 수 있게(요일3:19; 우리는 하나님 앞에서도 마음을 편하게 가질 수 있을 것입니다) 되었습니다."(요일4:17; 현대인의 성경, 공동번역)라고 주님의 말씀을 모든 그리스도의 형제들에게 전하는 것입니다.

앞의 말씀과 같이 하나님의 사랑으로 서로 사랑하는 사람이 바로 율법을 완성하는 사람이며, 하나님의 선한 일을 행하는 사람인 것입니다. 이처럼 하나님의 선한 일을 행하도록 성령님께서 여러분 안에서 일하시는 것입니다.

그러므로 성령님이 여러분 안에 계시면, 이처럼 성령님께서 여러분 안에서 힘 있게 일하심으로써 그분의 능력으로 여러분은 하나님의 일을 자발적으로 하게 되는 것입니다. 사도 바울처럼 말입니다. "나는 내 속에서 힘 있게 일하시는 분의 능력으로 최선을 다해 힘써 일하고 있습니다."(골1:29; 현대인의 성경) 이와 같은 사람이 의인의 반열에서 있는 사람인 것입니다. 그러니 **여러분은 속지 마시기를 바랍니다.** "예수님을 믿는다고 하면서도 형제를 사랑하지 않거나, 하나님의 일하지 않는 사람들은 하나님의 자녀가 아닙니다."(요일3:10) 기록되어 있지 않습니까?

그리고 "하나님의 허락으로 빛나고 깨끗한 모시옷을 받아 입게 되었다. 이 고운 모시옷은 '성도들의 올바른 행위'이다."(계19:8; 공동번역) 기록되어 있지 않습니까?

예수님을 믿는다고 하면서도 먹을 것이 없고 입을 것이 없는 형제에게 "평안히 가십시오. 따뜻하게 하십시오. 배불리 먹으십시오."(약 2:16) 하며 어려운 형제들을 보고서도 말로만 하고, 실제로 돌보아 주지 않는 행위는 형제로서 율법 가운데서 더 중요한바 '정의와 자비와 믿음'을 저버린 극히 불량한 행위인 것(마23:23)입니다. 그런 자들은 '양과 염소의 비유'와 같이 심판의 자리에 참석은 하지만 믿음으로 선을 행하라고 입혀 주신 예복(예; 육의 눈으로는 볼 수 없는, 사61:10; 공동번역; 구원의 빛나는 옷, 정의가 펼럭이는 옷)을 스스로 벗어 던진 사람인 것(이미 "믿음을 버리고 사탄을 따라간 과부"〈딤전5:15〉들도 있습니다. 데마는 이 "세상을 사랑하여 나를 버리고 데살로니가"〈딤후4:10〉로 갔다는 말씀과 같이 말입니다)입니다. 그러므로 "이 고운 모시옷은 성도들의 올바른 행위이다" 말씀하신 예복을 입지 못함으로 인하여서 왕의 아들(마태복음 25장에 그리스도 최후의 심판에서 예복을 입은 양과 예복을 입지 않은 염소의 비유를 참고하여 읽어 보십시오. 마22:1-14; 하늘나라는 자기 아들을 위해 결혼 잔치를 베푸는 어떤 왕과 같다. 그대는 어째서 예복도 입지 않고 여기에 들어왔는가?) 곧, 어린양의 혼인 잔치(계9:9; 공동번역; 어린 양의 혼인 잔치에 초대받은 사람은 행복하다)에 입고 들어갈, 하나님께서 허락하신 빛나고 깨끗한 모시옷을 입지 못하는 사람들이 있는 것입니다.

그것은 많은 사람이 오직 믿음으로 구원을 다 이룬 것처럼 믿고 있기 때문입니다. (예; "'이 세마포는 성도들의 옳은 행실이로다.' 하더라"〈계19:8〉에서 "옳은 행실"을 옥스퍼드원어성경대전에서 "여기서 주의할 것은, 한글 개역성경에서 '옳은 행실'로 번역된 '디카이오마타'가 도덕적인 '선한 행동'을 뜻하지 않는다는 점이다. 하여 이는 곧 '하나님의 종말론적 심판행위는 철저하게 하나님 자신의 공의라는 신적 속성에 부합한다.'라는 법정적 의미를 나타낸다. 하여 결과적으로 믿음에 의한 '성도들의 의' 곧 '성도들의 옳은 행실'에 대한 법적 선언과 관련지어 이해함이 타당하다. 그래서 이것은 계7:9, 14에서 큰 무리가 흰 옷을 입고 있었던 것을 연상시킨다고 하며 즉 거기서 '흰 옷'이 '어린양에 피로 씻어 의롭게 된 것'을 의미하듯 본문 역시 그와 동일한 의미를 나타낸 것이다."라고 번역하고 있습니다.)

그렇습니다. 믿음에 의한 "성도들의 의"는 로마서 4장 5절에서 말한 것과 같이 "그러나 아무 공로가 없어도 경건치 않는 사람을 의롭다 하시는 하나님을 믿는 사람에게는 그의 믿음이 의로운 것으로 인정을 받습니다." 말씀합니다. 그리고 에베소서 2장 8-9절에서는 "너희가 그 은혜로 인하여 (그리스도를) 믿음으로 말미암아 구원을 얻었나니 이것이 너희에게서 난 것이 아니요, 하나님의 선물이라. 행위에서 난 것이 아니니, 이는 누구든지 자랑치 못하게 함이니라." 말씀하고 있습니다. 맞습니다. 자신이 확실하게 우리 주 예수 그리스도를 믿었다면 말입니다.

그런데요, 우리 주님께서는 사도 바울을 통해 바로 이어서 이렇게 말씀하셨습니다. "우리는 하나님의 작품입니다. 곧 하나님이 미리 마련하신 대로 '선한 생활'(현대인의 성경; 선한 일)을 하도록 그리스도 예수를 통해서 창조하신 작품입니다."(엡2:10; 공동번역)라고 말입니다. 그것은 우리가 믿으면 성령님께서 우리의 마음(빌2:13; 하나님은 자기의 "선한 목적에 따라 여러분이 자발적으로 행동"하도록 "여러분 안에서 일"하십니다)에 들어오시고 그분에 의하여 우리가 주님을 따라 선한 생활을 하며 사는 것(예를 들어 반대로는 '그릇된 생활'을 하는 자들에게서 가까스로 빠져나온 자들을〈벤후2:18; 새 번역 성경〉 말씀하심과 같이)을 말씀하는 것입니다. 그러므로 결과적으로는 믿음에서 나오는 "선한 행동"이 결렬된 것으로서, 오직 믿음만을 가르치는 것입니다. 하여, 그와 같이 믿고 주여, 주여 하는 자들처럼, 주님의 이름으로 예언을 하고, 주님의 이름으로 귀신을 내어 쫓고, 주님의 이름으로 많은 권능을 행하는 그것으로 자신은 성령을 따라 살고 있다고 생각하겠지만 하나님의 선한 일이 밖으로 표출되어 나오지 않는다면 그 사람은 성령님을 따라 살지 않고 있는 것입니다.

그런 사람들은 대부분 믿음과 실천은 바늘과 실처럼 절대로 떼려야 뗄 수 없는 단짝인데도 불구하고 바늘(신랑 맞을 등을)을 가졌다고, 재봉틀이 있다고 옷을 다 만드는 줄로 알고 있는 것입니다. 실(기름이)이 없으면 옷은 절대로 만들지 못하는 것입니다. 누구든지 **주님을 정말로 믿었다면, 그 증거**로 하나님께서는 믿는 사람 마음속에 성령(고후1:22; 또한 저가 우리에게 인을 치시고 보증으로 성령을 우리 마음에 주셨느니라)을 보내 주시는 것입니다. 그래서 성령님께서는 실의 역할로 믿는 자 안에서 일을 하시는 것입니다. 그와 같이 성령님께서 믿는 자 안에서 실의 역할을 담당하심(빌2:13; 여러분이 자발적으로 행동하도록 여러분 안에서 일하십니다)으로써 주님을 믿는 그 사람은 하나님의 성령께서 지시하심을 따라 순종함으로써 바늘에 실을 꿰어 바늘로서 또는 재봉틀로서 열심히 옷을 만드는 일을 하는 것입니다. 그와 같이하여 작품이 나타나는 사람(요일3:24; 하나님의 계명을 지키는 사람〈실천하는 사람〉은 하나님 안에 살고)이 진실로 주님을 믿는 사람인 것(마7:24; 그러므로 내 말을 듣고 실천하는 사람은 반석 위에 집을 지은 지혜로운 사람과 같다는 말씀과 같이 말입니다)입니다.

예를 들어 예술가들은 작품 하나를 만들 때 오랜 시간에 걸쳐 그 작품을 구상합니다. 그렇게 구상한 작품을 조각가는 돌과 나무 등으로, 도예가는 점토나 기타 재료 등으로 그 작품을 만들어서 전시장에 작품을 전시하는 것입니다. 그런데요. 만일 예술가가 멋진 작품 하나를 구상하여 창작품으로 내어 놓겠다며 많은 사람에게 선전하여 그가 말한 자리에서 보고 듣던 사람들이 그 작품이 나오기를 기대하고 있다고 가정해 보겠습니다. 그런데 예술가의 말대로 멋진 작품이 세상 밖으로 나와야 하는데 차일피일 미루어 많은 사람이 기대하던 작품에 부응하지 못하고 끝내는 창작품이 나오지 않았다면 그 예술가가 구상하고 있다는 그 멋진 창작품의 생각을 더는 믿을 수가 있을까요?

믿음이란 바로 그런 것입니다. 비유로 말을 하자면 그와 같이 예술가들이 구상하는 생각이 우리의 마음속에 있는 믿음인 것(엡2:8; 여러분은 그리스도를 믿어 구원을 받았습니다. 그것은 여러분의 힘으로 된 것이 아니라 하나님의 선물입니다)이요, 예술가가 구상했던(롬14:23; 믿음으로 하지 않는 것은 모두가 죄입니다; 롬14:20-21; 형제를 넘어지게 하거나 죄를 짓게 하는 일이 아니라, 믿음으로 행하여 나오는) 창작품이(롬14:17; 성령님 안에서 누리는 의와 평화와 기쁨입니다; 엡2:10; 선한 일 또는 선한 생활에서 나오는 그것이) '순종에 의한 성령의 열매'인 것이요, '성도들의 옳은 행실'인 것입니다. 그런데도 지금까지도 자신은 믿는다고 사람들에게 말은 하면서도, 자신 안에서 일하시는 성령님께 불순종함으로써, '하나님의 선한 창작품이 나오지 않는 사람들이 있는 것'입니다. 자신 안에서 일하시는 그분께 순종함으로써, 하나님의 선한 창작품이("하나님께서 미리 마련하신 대로 '선한 생활을 하도록 그리스도 예수를 통해서 창조하신 작품'입니다."〈엡2:10〉 말씀과 같이) 나와야 **'진정한 예술가로서 인정을 받을 수 있는 것'**인데도 말입니다. 이처럼 세상에는 이렇게 믿든지 저렇게 믿든지 간에 예수님을 믿는다는 사람들이 수도 없이 많이 있습니다. 오직, 믿음만을 외치는 사람들은 알아야 합니다. "나는 각 사람에게 **'행위대로 갚아 주려고 상'**을 가지고 간다."(계22:12; 새 번역 성경)와 같이 그리고 "하나님께서는 사람을 겉모양으로 판단하지 않으시고 각 사람의 **'행위대로 심판'하시는 하나님이시라는 것**"(벧전1:17; 새 번역 성경)을 말입니다. 그러하듯이, 사람들이 모두 다 참으로 올바르게 예수님을 믿는 사람들이면 얼마나 좋겠습니까?

"자기의 육체를 위하여 심는 사람은 그 육체에서 썩을 것을 거두고, 성령님을 위하여 심는 사람은 성령님에게서 영원한 생명을 거둘 것입니다."(갈6:8) 말씀하지 않았습니까?

여러분은 이것만 알아 두십시오. **하나님은 자기의 선한 목적에 따라 여러분이 자발적으로 행동하도록 여러분 안에서 활동하십니다.**

그분께 여러분 모두가 순종하여 열심히 일함으로써 영생의 열매를 거두는 사람이 다 되시기를 바랍니다. 예수 그리스도의 은혜가 여러분 모두에게 있기를 예수님의 이름으로 기도합니다.

살아 계신 하나님

"여러분은 이런 헛된 일(헛된 일; 행14:12-13; 바나바는 '제우스' 신으로, 바울은 '헤르메스' 신으로 모시고 그들에게 황소 몇 마리와 화환을 가지고 제사하는 일)을 버리고 하늘과 땅과 바다와 그 가운데 있는 모든 것을 만드신 '살아 계신 하나님'을 믿으십시오. 그래서 우리가 여러분에게 기쁜 소식을 전하는 것입니다. 하나님께서는 과거에 모든 민족이 각자 자기 길을 가게 내버려 두셨습니다. 그러면서도 하나님께서는 은혜를 베푸셔서 하늘에서 비를 내려 주시고 철을 따라 열매 맺게 하시고 먹을 것을 주셔서 여러분의 마음을 흡족하게 채워 주셨습니다. 이렇게 하나님께서는 항상 당신 자신을 알려 주셨습니다."(행14:15-17; 현대인의 성경, 공동번역)

만일 영원하고도 영원하신 우리 주님 하나님께서 옛적부터, 지금과 영원히 영원무궁토록 살아 계시는 모습을 사람들의 눈에 보이시고, 저들이 육체의 두 눈으로 똑똑히 보았다면 감히 어느 누가 우리 하나님께서 살아 계시는 것을 부정하겠습니까? 그리고 누가 믿지 못하고 대적하겠습니까?

그러나 믿지 못하는 사람들은 놀라지나 마십시오. 우리 주 하나님은 밤하늘을 수놓고 있는 반짝이는 별들과 우주와 그 속의 만물을 창조하신 창조주이십니다.

지구를 제일 먼저 창조하시고(창1:1; 태초에 하나님이 천지를 창조하셨다)

우주의 모든 만물을 만드셨으며(창1:16; 하나님은 두 개의 큰 광채를 만들어 큰 광채〈태양으로〉로 낮을 지배하게 하시고, 작은 광채〈달로〉로 밤을 지배하게 하셨으며 또 별〈욥38:31-32; 북두칠성의 별 떼와 오리온성좌와 성좌들과 큰곰자리와 그 모든 별 등〉들도 만드셨다는 말씀과 같이 말입니다) 그렇게 그분이 만드신 우주의 모든 행성 중에서 지구가 가장 아름다우며 으뜸이 되게 하셨습니다. "지구 안에는 하늘을 만드시고, 육지와 바다, 낟알을 내는 채소와 풀과 씨 있는 온갖 과일나무와 날과 해와 계절을 만드셨으며, 바다에는 크고 작은 온갖 물고기와 공중에는 공중을 날아다니는 온갖 새를 만드시고, 땅에는 온갖 집짐승과 땅에 기어 다니는 길짐승과 들짐승을 만드셨으며, 그것들을 다스릴 사람(아담과 하와)을 만들었습니다."(창1:1-27) 정말 지구만큼 아름다운 행성은 없습니다.

그리고 수많은 행성 중에서 인간이 살기에 가장 적합하게, 모든 것을 두루두루 완전하고도 완벽하게 갖추고 있는 지구와 같은 행성은 지금까지도 발견되지 않고 있습니다. 그만큼 지구는 인간이 살기에 제일로 완벽한 곳입니다. 이렇게 거대하고 완벽한 지구를 우리 주님 조물주 말고 누가 만들었을까요?

그분은 모든 사람의 몸과 마음을 제일 잘 알고 계신 분이시며 사람들이 살 수 있도록 그런 환경을 조성하신 분으로 영원 무궁히 살아 계시는 창조주, 우리 하나님이십니다. 그분의 말씀은 살아 있어서, 그분의 입에서 나온 말씀으로 아래와 같이 이렇게 창조하셨습니다. '새번역 성경'입니다.

첫째 날에, 하나님이 말씀하시기를 "빛이 생겨라." 하시니 빛이 생겼습니다. 하나님이 빛과 어둠을 나누셔서, 빛을 '낮'이라 하시고 어둠을 '밤'이라고 하셨습니다.

둘째 날에, 하나님이 말씀하시기를 "물 한가운데 창공이 생겨, 물과 물 사이가 갈라져라." 말씀하심으로 그대로 되었습니다. 하나님이 창공을 '하늘'이라고 하셨습니다.

셋째 날에, 하나님이 말씀하시기를 "하늘 아래에 있는 물은 한곳으로 모이고, 뭍은 드러나거라." 하시니 그대로 되었습니다. 하나님이 '뭍을 땅'이라고 하시고, '모인 물을 바다'라고 하시고 하나님 보시기에 좋았다고 하셨습니다. 하나님이 말씀하시기를 "땅은 푸른 움을 돋게 하여라. '씨를 맺는 식물'과 '씨 있는 열매를 맺는 나무'가 그 종류대로 땅 위에서 돋아나게 하여라." 하시니, 그대로 되었습니다.

넷째 날에, 하나님이 말씀하시기를 "하늘 창공에 빛나는 것들이 생겨나서, '낮'과 '밤'을 가르고, '계절'과 '날'과 '해'를 나타내는 '표'가 되어라. 또 하늘 창공에 있는 빛나는 것들은 땅을 환히 비추어라." 하시니 그대로 되었습니다. '큰 빛으로는 낮'을 다스리게 하시고 '작은 빛으로는 밤'을 다스리게 하시고 또 '별들'도 만드셨습니다.

다섯째 날에, 하나님이 말씀하시기를 "물은 생물을 번성하게 하고 새들은 땅 위 하늘 창공으로 날아다니게 하라." 그리고 하나님이 커다란 '바다짐승'들과 '물에서 번성하는 움직이는 모든 생물'을 그 종류대로 창조하시고, '날개 달린 모든 새'를 그 종류대로 창조하셨습니다. 이것은 하나님 보시기에 좋았다고 하셨습니다.

여섯째 날에, 하나님이 말씀하시기를 "땅은 생물을 그 종류대로 내어라. 집짐승과 기어 다니는 것과 들짐승을 그 종류대로 내어라." 하시니, 그대로 되었습니다. 하나님이 '들짐승'을 그 종류대로, '집짐승'도 그 종류대로, '들에 사는 모든 길짐승'도 그 종류대로 만드셨습니다. 이것은 하나님 보시기에 좋았다고 하셨습니다. 하나님이 말씀하시기를 "우리가 우리의 형상을 따라서, 우리의 모양대로 사람을 만들자. 그리고 그가, 바다의 고기와 공중의 새와 땅 위에 사는 온갖 들짐승과 땅 위에 기어 다니는 모든 길짐승을 다스리게 하자." 하시고 '하나님이 당신의 형상대로 사람을 창조'하셨으니 곧 하나님의 형상대로 사람을 창조하셨습니다. 하나님이 그들을 '남자'와 '여자'로 '창조'하셨습니다. 하나님이 손수 만드신 모든 것을 보시니, 보시기에 참 좋았다고 하셨습니다.

하나님은 하시던 일을 엿샛날까지 다 마치시고, 이렛날에는 하시던 모든 일에서 손을 떼고 쉬셨다고 하셨으며 이렛날에 하나님이 창조하시던 모든 일에서 손을 떼고 쉬셨으므로, 하나님은 '그날'을 '복'되게 하시고 '거룩'하게 하셨습니다.

이처럼 하나님께서는 엿샛날까지 우주와 온 천지에 있는 모든 것들의 창조 역사를 다 마치시고 일곱째 날에 쉬셨습니다.

위와 같이 하나님의 대역사는 "태초에 하나님이 천지를 창조 하시니라."(창1:1) 말씀과 같이, 그 끝을 알 수 없는 우주, 태양과 달과 별들

등이 우리 주님 전지전능하신 하나님에 의하여 창조되었습니다.

그러므로 성경은, 창조주 하나님의 지어내심으로 시작하여 하나님의 성민 이스라엘 나라를 세우시고 이끌어 오신 발자취로서, 인간 역사서 중에서 가장 뛰어나며, 성경을 외면하는 역사는 역사가 아니다 해야 할 것입니다. 왜냐하면 "모든 성경은 하나님의 감동으로 된 것으로"(딤후3:16) 정확하게 집필되었기 때문이며, 하나님은 오늘날뿐만 아니라, 지나온 과거에도, 앞으로 걸어가야 하는 미래에도, 영원 무궁히 살아 계시는 분이시기 때문입니다. 그리고 하나님의 말씀은 살아 있어서 말씀 그대로, 우리 주변뿐 아니라 우리의 몸 안에까지 보이는 것들과 보이지 않는 것들로, 충만하게 차고 넘치게 계속하여 채우시며 여전히 일하고 있기 때문입니다.

그래서 우리가 알아야 할 것은, 하나님께서는 창조하신 수많은 것 중에 우리의 눈에는 보이지는 않지만, 보이지 않는 것들로 우리 주변뿐 아니라, 우리 몸속에까지 존재케 하고 있다는 사실을, 우리는 확실하게 알아야 합니다. 그것들은 그리스도 예수를 믿는 사람들뿐만 아니라, 믿지 않는 이방인인 만인들도 다 알고 있고 인정하고 있는 것들입니다.

그것들도 존재하고 있어서, 직간접적으로 우리의 피부에 와 닿는 것들도 있고, 없는 것처럼 보이지만 우리 몸속 깊숙이까지 침투하는 것들도 많이 존재하고 있습니다. 그것들은 아주아주 거대한 것들도 있고, 너무너무 작아 우리 눈에는 보이지 않는 것들도 있습니다. 그리고 우리의 몸에 좋은 것도 있고 나쁜 것도 있지만 세상에는 필요한 것들입니다. 각종 미생물부터 각종 바이러스이며, 그리고 전자기파와 분자와 원자들이 있으며, 바람과 공기 등이 있습니다.

그중에는 소리와 같은 것들은, 우리가 생활 중에서 '이것이 소리이구나!' 하고 의식하면서 사용하는 것이 아니라, 아무 생각 없이 사용되는 것도, 우리 눈에는 보이지는 않는 존재이지만, 우리 귀에 들림으로써, '아! 이것이 소리로구나' 하고 그 소리의 존재 자체를 믿고 있습니다. 그리고 우리가 매일매일 숨을 쉬고 있는 공기도 우리 눈에는 보이지 않지만, 숨을 쉬고 살고 있음으로써, '아! 이것이 공기로구나' 하고 그것의 존재를 믿고 있습니다.

그 밖에 바람이며, 전등 불빛을 들어오게 하는 전기며, 텔레비전이 켜지게 하는 리모컨 안에서 나오는 전파며, 물속에 들어 있는 미네랄 등등, 이 외에도 수많은 것들이 우리의 눈에 잘 보이지 않거나 보이지는 않는 것이지만, 우리의 생활 가운데 아주 가까이에서 우리와 함께 살아가며 존재하고 있는 것입니다.

이처럼 눈에 잘 보이지 않는 것들과 전혀 보이지 않는 것들이 온 천지에서 우리와 함께 생활하고 있습니다. 이 모든 것들은 우리에게 있어서 절대적으로 없어서는 안 되는 것들입니다. 이처럼 우리에게는 절대로 없어서는 안 되는 것들을 누가 만들었을까요?

인간의 필요요소를 오목조목 미세하면서도 초자연적이며 아주아주 거대하게 그리고 세밀하면서도 정교하게 만드신 분이 누구일까요? 한 번 더 말씀을 드린다면 그분은 바로 조물주요, 살아 계신 창조주, 우리 주 하나님이십니다.

"태초에 하나님이 천지를 창조하시니라."(창1:1)

그때 하나님이 "빛이 있으라." 하고 말씀하시자 빛이 나타났습니다. 하나님께서 이렇게 천지를 말씀으로 창조하셨습니다.

"그분에 의해 모든 것이 창조되었습니다. 하늘과 땅에서 '보이는 것들과' '보이지 않는 것들과' 혹은 보좌(공동번역; 왕권)들이나 주관(주권)들이나 정사(천사)들이나 권세들이나 만물은 그분을 통해서 그리고 그분을 위해서 창조되었습니다."(골1:16; 개역성경, 공동번역)

"여호와는 하늘을 창조하신 하나님이시며 땅도 조성하시고 견고케 하시되 헛되이 창조치 아니하시고 사람으로 거하게 지으신 자니라."(사45:18)

"하나님이 큰 물고기와 물에서 번성하여 움직이는 모든 생물을 그 종류대로, 날개 있는 모든 새를 그 종류대로 창조하시니."(창1:21)

"나는 빛도 짓고 어둠도 창조하며 나는 평안도 짓고 환난도 창조하나니 나는 여호와라. 이 모든 일을 행하는 자니라."(사 45:7)

"나는 땅을 만들고 그 위에 사람을 창조하였으며 내가 손으로 하늘을 펴고 하늘의 수많은 별들을 명령하여 생기게 하였다."(사45:12; 현대인의 성경)

사랑하는 형제 여러분, 이처럼 우리 하나님께서는 과거에나 지금의 세상이나 미래에나 영원히 살아 계셔서, 보이는 것들과 보이지 않는 것들을, 사람이 살 수 있도록 창조하신 분이십니다. 이처럼 **헛되이 창조치 아니하시고 사람으로 거하게 지으신 하나님**이신데도 믿지 못한다는 것입니까?

산소가 우리 눈에 보이지 않는다고 해서, 우리가 매일매일 숨을 쉬고 있는 산소가 존재하지 않고 있는 것일까요? 아니면, 전기는 미래의 산물인데, 그 미래의 산물인 흐르는 전선 속에는 우리 눈에 보이지 않는 그 어떤 에너지가 존재하기에 세상에 사는 그렇게나 많은 사람이 전자제품들을 사용하게 하는 것일까요? 100볼트, 200볼트, 300볼트, 아니 10,000볼트 그 이상의 전기를 유선으로 운반하는 전기 에너지가 우리 눈에 보이던가요? 모든 핸드폰을 사용 가능케 하는 전파가 눈에 보이던가요?

그리고 요즘엔 눈에 띄게 개발되고 있는 드론(자동비행장치에 비행체를 탑재한 무인 항공기)은 지상에서 사전 프로그래밍된 경로에 따라 자동 또는 반자동으로 비행하는 비행체입니다. (위키백과, 우리 모두의 백과사전) 세상은 지금 이 무궁무진해진 새로운 드론 시장을 놓고, 각국의 나라들이 앞다투어 가며 개발에 박차를 가하고 있습니다. 미래를 선점할 이 드론은, 무선 전파를 이용해 그 활용 범위가 넓어지고 있는데요, 이 드론을 지상 통제 장비(GCS; 위키백과 사전; 무인 항공기 센터; 지상 통제 시스템은 크게 비행체 및 임무 장비를 원격 통제할 수 있는 조종시스템), 통신 장비(데이터 링크), 지원 장비로 운용할 때 발사되는 그 전파가 우리 눈에 보이던가요? 이처럼 우리 눈에는 보이지는 않는 것이지만, 전파와 같은 것들이 존재함으로써, 드론을 만들어 상용화에 가능하게 하는 것이 아닌가요?

그리고 전선에 대하여 생활의 예를 들어 보려고 합니다. 한 어떤 전선이 끊어졌다고 가정을 한번 해 보겠습니다. 한 어떤 전선이 끊어지면, 전기가 흐르지 않기 때문에 사람들은 그 전선을 보고 "전기가 죽었다."고 말들을 합니다. 그런 전선이 끊어져 있지 않으면, 사람들은 그 전선을 보고 "전기가 살아 있다." 말들을 합니다.

왜 사람들은 전선에 대하여 그렇게 말들을 할까요? 그것은 흐르는 전기가 사람의 눈에는 보이지 않는 전자들로서 이루어져 있지만, 그 전기가 일으키는 각종 재난과 전기가 주는 여러 가지 혜택을 누리며 경험해 보았기 때문일 것입니다.

그렇다면 우리 눈에는 보이지 않으시는 무소 부재하신 하나님께서는 사람들이 어떠한 체험적 혜택을 누리도록 해 주고 계실까요?

전지전능하신 하나님께서는 자기가 창조하신 것들로 인간 생애 전반에 걸쳐서, 태어나면서부터 죽음에 이르기까지 직간접적으로, 그리고 우리의 상상을 초월하여 온 세상을 덮고 있는 바닷물과 같이 초자연적이며, 거대한 것부터 아주 세세한 것들로 이르기까지 체험하게 하신 것이며, 사람들이 그 체험으로 충분하게 하나님의 넘치는 은혜와 혜택을 입고 있음을 알게 하셨습니다. 그리고 그것들 가운데는, 인간 자신이 **하나님께서 지으시고 베풀어 주신 은혜로운 혜택**을 누리기를 싫어하면, 목숨에 치명적인 것들이 있다는 것도, 인간 자신들이 잘 알고 있습니다.

그런데도 인간들은 살아 계신 하나님께서 한순간도 빼놓지 않고 제공하시는 은혜로운 그 혜택(엘리후는 말합니다. "온 인류가 하나님이 하신 일을 보았습니다. 사람은 멀리서 하나님이 하신 일을 봅니다. 물을 증발시켜서 끓어올리시고 그것으로 빗방울을 만드시며, 구름 속에 싸 두셨다가 뭇 사람에게 비로 내려 주십니다. 하나님이 구름을 어떻게 펴시는지는 아무도 알지 못하며, 그 계신 곳 하늘에서 나는 천둥소리가 어떻게 해서 생기는지 아무도 모릅니다. 온 하늘에 번개를 보내십니다. 그러나 바다 밑 깊은 곳은 어두운 채로 두십니다. 이런 방법으로 사람을 기르고 먹거리를 넉넉하게 주십니다."〈욥36:25, 27-28; 새 번역 성경〉; 엘리후가 계속하여 말합니다. "하나님이 명하시면 놀라운 일들이 벌어집니다. '눈'에게 명령하시면 눈이 내리고 '소나기'에 명령하시면 소나기로 땅이 젖습니다. 눈이나

비가 내리면, 사람들은 하던 일을 멈추고 '하나님이 하시는 일'을 봅니다. 짐승들도 굴로 들어가서, 거기서 눈을 피합니다. 남풍은 폭풍을 몰고 오고, 북풍은 찬바람을 몰고 옵니다."⟨욥37:5-8⟩; "구름은 '하나님 명'을 따라서 뭉게뭉게 떠다니며, 하나님 명하신 모든 것을 이 땅 위의 어디서든지 이루려고 합니다. 하나님은 땅에 물을 주시려고 비를 내리십니다. 사람을 벌하실 때도 비를 내리시고, 사람에게 은총을 베푸실 때도 비를 내리십니다"⟨욥37:12-13⟩ 기타 등등)을 계속하여 인간 자신들이 입고 있으며 보고 있고, 확실하게 일상생활 가운데서 매일 접하고 경험하며 체험하고 그것들을 누리고 있으면서도 감사치 아니하고, 무의식적으로 지나쳐 버리고 맙니다.

'공동번역'의 말씀입니다.

> "사람들이 하나님께 관해서 알 만한 것은 하나님께서 밝히 보여 주셨기 때문에 너무나도 명백합니다. 하나님께서는 세상을 창조하신 때부터, **'창조물을 통하여 당신의 영원하신 능력과 신성'**과 같은 보이지 않는 특성을 나타내 보이셔서 인간이 보고 깨달을 수 있게 하셨습니다. 그러니 사람들이 무슨 핑계를 대겠습니까?"(롬1:19-20)

이처럼 여전히 우주 만물이 질서대로 함께 공존하고 있음과 지구 상에 사람을 포함한 모든 생물이 존재하고 있음도, 인간인 우리 자신과 자연과 그 모든 것들이 하나같이 저마다 하나님의 살아 계심을 입증하고(입증하다; wordrow 사전; 어떤 증거 따위를 내세워 증명하다) 있는 것입니다. 그렇다면 인간인 우리는 하나님의 살아 계심을 어떻게 입증하고 있을까요?

우리는 사람이 하는 일에서 하나님의 살아 계심을 입증할 수 있습니다. 사람이 하는 일이 여러 가지이지만 그중에서 농사일로 그 예를 들어 가정해 보겠습니다. 예를 들어서 우리가 논과 밭에 나가서 자신과 식구들이 먹을 먹거리를 심는다고 가정하겠습니다. 그러면 우리는 논과 밭에 나가 씨를 뿌릴 것이고, 그 농작물에 물을 주는 일을 할 것이고, 거름을 주는 일을 할 것이며, 농작물을 가꾸는 일을 할 것입니다. 그런 다음에 사람이 하는 일은 그 농작물을 돌보고, 병충해를 막기 위해서 약품을 뿌리는 일 외에는 거의 없습니다.

우리는 우리가 땅에 뿌린 씨가 싹이 트게도, 자라나게도, 꽃이 피게도, 땅속에서도, 나무 위에서도, 열매를 맺게도 못 합니다. 그런 일들은 오직, 하나님께서 하시는 일인 것입니다. 하나님께서는 여러분이 심어 놓은 것을 싹이 트게 하시고 자라나게 하십니다. 그리고 꽃이 피게 하십니다. 꽃이 핀 다음에는 모든 열매 맺는 것들로 열매를 맺게 하십니다.

여러분들이 할 수 있는 일입니까? 여러분들이 땅에 씨앗을 뿌리고 나서 그 씨앗 안에 들어가서 싹이 나도록 일합니까? 여러분들이 싹이 난 식물 안에서 자라나도록 일합니까? 여러분들이 자라난 식물 안에서 꽃이 피고, 땅속이든지, 땅 위에서든지 열매 맺도록 일합니까?

모든 식물이 절로 자라는 것처럼은 보이지만, 사실은 그런 일들은 다 하나님께서 자연법칙을 정해 놓으시고 그 안에서, 그분이 하시는 일인 것입니다. "하나님은 자기의 선한 목적에 따라 여러분이 자발적으로 행동하도록 여러분 안에서 일"을 하시듯이(빌2:13; 현대인의 성경) 씨에서 싹이 나게 하시는 것도, 그 싹이 자라나게 하시는 것도, 자라난 식물이 꽃이 피게 하시는 것도, 꽃이 핀 다음에 열매 맺게 하시는 것도 모두 다 하나님께서 하시는 일인 것입니다. 그와 같이 하나님이 하시는 모든 일을, 자연이 입증하여 보여 주고 있는 것을, 모든 사람이 보고 있는 것입니다. 그와 같이 **열매 맺는 계절**을 주셔서, 하나님께서 선한 일을 하시고, 여러 가지 음식과 기쁨으로 우리의 마음을 만족하게 하심을, 실질적으로 모든 인간이 한순간도 빼놓지 아니하고 계속하여 체험하고 있는 것입니다. 그리고 우리의 몸도 아기로 태어나고 자라나게 하셔서 어른이 되게 하심을 사람들이 몸소 체험함으로써, 하나님께서 천하 만물 안에서 일하고 계심을 입증하고 있는 것입니다. 그러므로 모든 동물도, 파충류도, 갑각류 등 모든 것 안에서도 그들을 자라나게 하심으로써 하나님께서 일하심을 입증하고 있는 것입니다.

길을 가다가 나무를 봅니다. 겨울이 되면 잎은 떨어지고, 앙상한 가지만 남아 있습니다. 멀리에서 보면 꼭 죽은 나무처럼 보입니다. 그런 나무들이 물도 꽁꽁 얼어붙게 하는 매서운 차가운 겨울바람을 이기며 겨울을 납니다. 나무들의 맨 끝에 있는 가지들을 보십시오. 바람이 불면 금방이라도 부러질 것만 같은 가느다란 가지들이 바람에 얼마나 하늘거리며 연약해 보입니까?

그런 가지들이 금방이라도 얼어 터져 죽어 있을 것만 같은데도, 봄이 되면 잎이 돋고 싹이 나서, 어느덧 무성한 이파리를 자랑합니다. 그때 생각합니다. '하나님께서 저들 나무 안에서 겨울에 가느다란 앙상한 가지 하나라도 땅에 떨어지지 않게 저들을 보호하시고, 봄이 오면 모두 싹이 나도록 일하고 계시는구나!' 하고 말입니다.

하나님께서는 사도 바울을 통해 말씀하셨습니다. "나는 심었고 아볼로는 물을 주었으되 오직 하나님은 자라나게 하셨나니, 그런즉 심는 이나 물 주는 이는 아무것도 아니로되 오직, **자라나게 하시는 하나님**뿐이니라."(고전3:6-7) 물론 반석이신 그리스도 위에 집을 지어 세우는 일로서 하나님의 일을 말씀하는 것입니다. 그러나 실제로도 하나님께서는 모든 만물 안에서 영원하신 능력과 신성과 같은 '보이지 않는 특성'(특성; Oxford languages 사전; 일정한 사물에만 있는 특징적인 성질과 같이, 하나님에게만 있는 영원한 능력과 신성과 같은, 보이지 않는 손길로 모든 만물을 기르시고 다스리심 등과 같은 특성)을 그분의 창조물인 자연에서 **'먹이심'**(욥38:39-41; 공동번역, 현대인의 성경; "허기진 새끼 사자들의 배를 채워 줄 수 있느냐? 까마귀 새끼가 배가 고파 버둥거리며 나를 향해 부르짖을 때 그것들을 위해서 먹을 것을 마련해 주는 자가 누구냐?" 말씀하신 것처럼)과 **'기르심'**(마6:26; "공중의 새를 보아라. 새들은 씨를 뿌리거나 거두지도 않고 곳간에 모아들이지도 않는다. 그러나 하늘에 계시는 너희 아버지께서 새를 기르신다" 말씀하신 것처럼)

과 **'입히심'**(마6:28-30; 현대인의 성경; "들의 백합화가 어떻게 자라는가 보아라. 그것들은 수고도 하지 않고 옷감을 짜지도 않는다. 꽃도 이렇게 입혀 주시는데" 말씀처럼)과 **'자라게 하심'**(고전3:5; "오직 하나님께서 자라게 하셨나니" 말씀처럼)과 **'열매 맺도록 하심'**(행14:17; "열매 맺는 결실기를 주셔서 선한 일을 하시고 음식과 기쁨으로 여러분의 마음을 만족하게 하셨다"는 말씀처럼 일하시고 있는 것입니다) 등으로 여전히 만물 안에서 일하심으로 사람들에게 모두 나타내어 보여 주고 계시는 것(하나님께서 보여 주신 위의 내용을 종합하여 말씀드린다면 욥38-41; 공동번역; 땅에 기초를 놓으심, 바닷물이 넘치지 못하게 한계를 정하심, 비를 내리심, 우주에 운행 법칙을 만드시고 지구의 자연법칙을 만드심, 허기진 새끼 사자들의 배를 채우심, 새끼 까마귀를 먹이심, 등등과 그리고 마6:26-30; 공중에 새를 기르심, 그리고 또한 들의 백합화가 어떻게 자라는가 생각하여 보라, 오늘 있다가 내일 아궁이에 던지는 들풀도 이렇게 입히심 등으로 보여 주시고 있는 것입니다)입니다.

이와 같이(오늘 있다가 내일 아궁이에 던지는 들풀도 이렇게 하나님 아버지께서 화려하게 차려 입히심과 같이 우리에게도 먹을 것, 마실 것, 입을 것들을 제공하여 주심으로써〈행14:17〉 하나님께서 살아 계심을) 보여 주고 계심에도 불구하고, 그리고 하나님이 없이는 우주 만물과 세상 존재 자체가 아예 없었을 것임에도 불구하고, 모든 인간에게 풍성하게 베푸신 하나님의 은혜를 배은망덕하게도 **'하나님이 만드신 자연법칙'**(욥38:33; 공동번역; 네가 '천상〈우주〉의 운행 법칙'을 정하고 '지상의 자연법칙'을 만들었느냐고 말씀을 하셨는데도 자연)에 돌려 버리는 데, 인간의 허점이 있습니다. "숲속에 있는 모든 동물이 다 내 것이고, 목장의 가축이 다 내 것이며, 산의 새들도 다 내 것이고, 들에 있는 모든 짐승이 다 내 것이다. 온 세계와 그 안에 있는 모든 것이 다 내 것이라."(시50:10-12; 현대인의 성경) 그리고 "온 천하에 있는 것이 다 내 것이니라."(욥41:11) 말씀하셨는데도 말입니다.

그리고 욥이 살던 시대는 오늘날과 같이 과학이 발달한 시대도 아니요, 자동차도 비행기도 우주선도 없었으며, 과학자도 천문학자도 지질학자도 아니고, 그러한 자료나 정보가 하나도 없던 그런 시대였음에도 지구가 우주 공간에 매달려 있는 것을 욥은(욥26:7; 지구를 공간에 달아 매달아 놓으시고; 공동번역; 땅덩어리를 허공에 달아 놓으신 이신 것을) 어떻게 알았을까요?

그것은 모든 성경이 하나님의 감동으로 된 것(딤후3:16)으로 사역자를 통하여 집필하신 것처럼, 주님께서 욥을 감동케 하심으로 말미암아, "여호와께서는 지혜로 땅을 세우셨으며 명철로 하늘을 굳게 펴셨고 그 지식으로 해양이 갈라지게 하셨으며 공중에서 이슬이 내리게 하셨느니라."(잠3:19-20) 하심같이 지혜와 지식을 욥에게 주심으로써 그가 알게 된 것입니다.

이처럼 하나님께서는 과거에서나 지금의 세상에서나 미래에서나 영원히 살아 계셔서, 자연과 모든 만물 가운데서 일하고 계신 하나님이심을, 그분의 능력과 신성과 같은 보이지 않는 속성을 통하여 나타내어 보이신 것을, 저마다 눈으로 똑똑히 보고 있음에도 불구하고, 많은 인간이 마귀의 지배(요일5:19; 온 세상은 마귀의 지배 아래 있습니다)를 받아 미혹되어 전혀 모르고 있는 것입니다.

그러나 형제들은 확실하게 알아야 합니다. 영원히 살아 계시는 우리 하나님께서는 과거와 현재 그리고 미래, 또한 미래의 미래가 다 하더라도, 영원무궁토록 살아 계셔서 주님께서 만드신 시간과 온 우주 만물을 주관하시며, 그분의 천사들을 사역자로 삼으시고(히1:7; 하나님이 그의 천사들을 바람으로 삼으시고 그의 종들을 불꽃으로 삼으신다는 말씀과 같이) 모든 인간의, 그 누구의, 그 어떤 생각이라도 그들의 동태와 깊은 속까지도 살피시며, 속속들이 잘 알고 계시는 분이라는 것을 말입니다.

그러므로 고라 자손이 "주의 장막이 어찌 그리 사랑스러운지요."(시84:1) "내 영혼이 여호와의 궁정을 사모하여 쇠약함(공동번역; 애타다가 지치옵니다)이여, 내 마음과 육체가 '생존하시는 하나님'께 부르짖나이다(공동번역; 기쁜 소리 지르옵니다)."(시84:2)

이처럼 하나님을 확실히 알고 너무 기뻐서 고라 자손이 여호와의 궁정을 애타게 그리워하며 "생존하시는 하나님"께 전쟁터에서 승리하여 기쁜 소리로 환호성을 치는 것처럼, '영원하신 우리 하나님 아버지께서 영존하심'에 우리도 기쁨으로 소리를 높여 지르며, 흥이 돋아 춤을 추듯이 가볍고 즐거운 마음으로 고향길을 가듯이 아버지가 계신 그리운 본향을 향하여 우리는 걸어가야만 하는 것입니다.

위와 같이 '하나님께서 살아 계심을, 온 천하 만물을 통하여, 믿음의 눈으로 보고 아는 것'입니다. 그런 믿음이 없다면 "하나님을 기쁘시게 못 하는 것"(히11:6)이며 할 수도 없는 것입니다.

왜 그런가 하면 그런 믿음은 "예수께서 하나님의 아들이심을 믿는 자가 아니면 세상을 이기는 자가 누구뇨?"(요일5:5) 말씀하신 것이며, "예수께서 가라사대 내가 곧 길이요, 진리요, 생명이니"(요14:6) 말씀하심과 같이, 우리 주님께서는 길이요, 진리요, 생명의 길로서, "모든 길은 로마로 통한다."라는 말이 있는 것처럼, 오직 그리스도 예수만이 (행4:12; "다른 이로서는 구원을 얻을 수 없나니 천하 인간에 구원을 얻을 만한 다른 이름을 우리에게 주신 일이 없음"이라는 말씀과 같이) 하나님께 나아가는 유일한 통로이신 것을 믿고 아는 것이기 때문입니다.

그러나 만일 그런 믿음이 없다면, 그는 더러운 하수도 물로 가득 차 버려 비우지 못하는 꽉 막힌, 노후된 하수종말처리장이나 다름없는 사람인 것입니다. 그만큼 믿음이 없어 하나님과 통하지 않는 사람은 우리 형제들과도 전혀 통하지 않는 것입니다. 믿음이 없이는, 하나님의 살아 계심을 전혀 체험할 수도 없기 때문이며, 그분에 대하여 아무것도 알 수 없기 때문입니다.

그래서 히브리서 기자는 "믿음이 없이는 기쁘시게 못하나니 하나님께 나아가는 자는 반드시 (확실하게) 그가 (하나님께서) (살아) 계신 것과"(히11:6) 말씀하고 있습니다. 믿음이 없는 사람은 하나님을 기쁘시게 해 드리지 못하며, 하나님께서 영원히 살아 계신 것을 전혀 알지 못하기 때문에, 히브리서 기자를 통한 말씀처럼, "그가 (하나님께서) (살

아) 계신 것"을 알지 못하는 것입니다.

그러므로 하나님의 살아 계심을 인식하지 못하는 사람들은, 택하심을 받아서 애굽에서 탈출하여 광야 40년 동안 전지전능하신 하나님께서 전무후무한 이적과 기사와 권능으로 일하심을 온몸으로 체험하며, 두 눈으로 똑똑히 보았으면서도, 하나님을 시험하고 시험하다가 광야에 엎드려진 저들의 조상들처럼, "그들의 마음은 언제나 미혹되어 내 길을 알지 못하였다."(히3:9-10; 현대인의 성경) 말씀하신 자들과 같이 주님의 길을 알지 못합니다. 그리하여 하나님을 경외하는 마음도, 두려워하는 마음도 없어서, 스스럼없이 죄를 지으면서, 무엇이든지 자기의 방식대로 자신만을 위하여 살아가며 자기만을 위해 죽는 것입니다.

이와 같은 일들이 벌어지는 것은 천국 복음을 잘 알지 못하는 사람들이 가지고 있는 가식적인 믿음과 하나님에 대하여도 알지 못하는 그런 영적 무지에서 나오는 것으로, 이들을 추종하는 자들 또한(딤전 4:1; 성령이 밝히 말씀하시기를 "후일에 어떤 사람들이 믿음에서 떠나 미혹케 하는 영과 귀신의 가르침을 좇으리라"는 말씀과 같이) 저들과 같은 선생의 가르침을 받아 배우게 되는 것이기 때문입니다. 그러므로 하나님을 확실히 알지 못함으로 말미암아 "저 순종치 아니하던 자들의 믿지 않는 믿음에서 나오는 것"(히3:18-19)과 같이 확실하게 주님을 믿지 못함으로써 미혹하는 자의 꾐에 빠져서, 욕심으로 향하는 세상일로서 분란을 일으키게 되는 것입니다. 그러므로 형제들은 하나님에 대하여 잘 알아야 합니다.

"집마다 지은 이가 있으니 만물을 지으신 이는 하나님이시라."(히 3:4)라고 성경은 말씀하고 있습니다. 지구라는 거대한 공간 안에 가득하게 차 있는 **공기가 우리 눈에 보이지는 않아도 공기가 있다는 그 사실을** 세상에서 사는 사람이라면 누구나 다 알고 있는 것처럼, 우주와 온 천지에 있는 만물의 질서가 유지되고 있는 것은 **창조주 하나님께서 우주와 온 천지 안에 살아 계시기 때문**(렘23:23-24; 개역성경, 현대인의 성경; "나 여호와가 말하노라. 나는 어느 한곳에만 있는 하나님이 아니라 어디든지 있는 하나님이다. 내가 볼 수 없도록 은밀한 곳에 숨을 자가 누구냐? 나는 하늘과 땅 어느 곳에나, 존재한다는 것을 모르느냐?"고 말씀하신 것입니다)이며, 만일 하나님이 어디에도 계시지 않으신다면, 그분이 만드신 우주도(욥38:31-33; 현대인의 성경; 여호와께서 폭풍 가운데서 욥에게 말씀하셨습니다. "네가 묘성〈묘성; 위키실록 사전; 묘성은 서방 백호에 속하는 일곱째 별자리 가운데 넷째 별자리이다. 묘성은 서양 별자리로는 황소자리에 속한 플레이아데스성단 'pleiades cluster'을 이루는 별이다. 이 별자리 수거성은 16 Tau '16 황소자리'라는 별이다〉을 한데 묶어 놓을 수 있으며, 오리온 별자리의 띠를 풀어 놓을 수 있겠느냐? 네가 계절마다 제때에 별을〈공동번역; 정한 시간에 성좌들을〉 이끌어 낼 수 있으며, 곰자리〈곰자리; 위키백과 사전; 작은곰자리 'Ursa Minor'는 북쪽 하늘의 별자리이다. 북극성이 있는 별자리로 널리 알려져 있다. 하늘의 북극은 '세차운동'에 의해 수백 년 후에는 다른 곳으로 이동한다〉를 인도할 수 있겠느냐? 네가 하늘의 법칙을 알고 그 법칙이 땅에 적용될 수 있도록 하겠느냐?" 이처럼 하나님만이 하실 수 있는 일을, 하나님이 계시지 않는다면 욥에게 말씀하지 않으셨을 것입니다), 천지 만물도, 심지어 우리도, 존재할 수 없는 것입니다.

그러한 분이시기에 사람 눈에는 보이지 않는 공기와 바람, 그리고 눈에 보이는 온 천지 만물을 만드신 전지전능하신 하나님께서도, 우리가 들이마시는 공기나 바람과 같이, **우리의 눈에는 보이시지는 않는 분**이지만, 우리 하나님께서는 자기의 아들이신 '우리 주 예수 그리스도'를 우리를 구원하시려고 **'가상 인물'**이 아닌, **'실제 사람'**으로 보내셨습니다. 그리고 신화가 아닌 성경을 이스라엘의 살아 있는 역사로 주셨으며, 이 세상에 "자연법칙"(욥38:33)을 만드시고, 지구촌 안에 존재하는 인간을 포함하여, 모든 자연을 "기르심"으로써 "하나님께서 살아 계심"을 자연을 통해 나타내어 보여 주고 계신 것입니다. 그리고 변함없이 모든 사람에게 자연을 통해 여러 가지 "먹을 것"과, "입을 것"을 주셔서 "인간의 마음을 만족하게 하신 것"(행14:17)도 하나님이십니다. 그와 같이 일하고 계신 우리 주님이 영원무궁토록 영원히 살아 계시는 하나님이심을 형제 여러분들은 확실히 믿고, 사람들에게 대자연을 주시고, 모든 사람을 기르시고, 하나님 자신이 창조한 사람들에게 먹거리를 넉넉하고 풍성하게 주시는, 우리 하나님 우리 주님께(욥36:31; 새 번역 성경; 이런 방법으로 사람을 기르시고 먹거리를 넉넉하게 주신다는 말씀과 같이 모든 인간에게 주시는 하나님) 감사와 영광을 돌리시기를 바랍니다.

그러므로 여러분이 예수 그리스도를 믿음으로써, 받은 것들로 영원 무궁히 영존하시는 우리 하나님의 영광을 나타내며, 형제 여러분들에게 주신 온갖 좋은 것들로, 각양 은혜를 맡은 선한 청지기같이 형제를 서로를 섬기는 데 그것들을 사용(벧전4:10-11)하여, 우리 안에서뿐 아니라, 모든 만물 안에서 우리 하나님께서 살아 계심을 보이심으로써, 보이지 않는 그분의 속성 곧 그분의 영원하신 **능력과 신성의 손길**로 만물 안에서 여전히 일하고 계심(하나님께서 만드신 만물을 통해 분명히 나타내 보이셔서〈행14:17; 하나님은 여러분에게 비를 내려 주시고 열매를 맺는 계절을 주셔서 계절마다 온 천하 만물이 싹이 나고 잎이 돋고 꽃이 피고 열매 맺게 하심으로써 그와 같이 은혜를 베푸시고 선한 일을 하사 각종 음식과 기쁨으로 항상 여러분의 마음을 만족하게 하신 것입니다〉 말씀과 같이 그와 같이 천지에 있는 자연을 통하여 지금, 말하고 있는 이 순간에도, 여전히 하나님께서는 자기가 살아 계심을 모든 사람에게 알려 주고 계신 것입니다)을 지구촌 모든 사람에게 알리시기를 바랍니다.

하나님께서는 구름을 불러 비를 내리셔서 이처럼 만물 안에서 자연에 있는 모든 것을 손수 기르시며, 그렇게나 헤아릴 수도 없이 많은 식물을 각각 입히시고, 각종 먹거리로 세상 모든 사람을 기쁘게 하심으로써, 하나님께서 살아 계시는 것을 그와 같이 온 천하 만물을 통해 분명하게 온 세상 사람들에게 나타내고 계십니다. 여러분은 그와 같은 사실을 알리시기를 바라며, 우주와 천지에 있는 모든 것들이 하나님의 능력과 신성을 통해 질서를 지키며 빛을 내며 움직이며 자라나고 있음을 저마다 입증하여 보여 주고 있듯이, 여러분도 하나님을 진

심으로 찾는 사람들에게 상을 주신다는 사실을 반드시 믿도록(히11:6;
하나님에게 나아가는 사람은 그분이 계시는 것과 또 그분을 진정으로 찾는 사람들
에게 상을 주신다는 것을 반드시 믿어야 한다고 말씀하신 말씀을) 그리스도의
형제들과 온 세상 사람들에게 확실하게 전파하시기를 바랍니다.

우리 주 예수 그리스도의 은총과 평화가 주님을 믿는 형제들과 여
러분의 가정 안에 함께하시기를 나사렛 예수 그리스도의 이름으로
기도합니다.

고도로 발달한
AI 시대를 대비하십시오

"그 짐승은 신분이 높건 낮건 부자이건 가난한 사람이건 자
유인이건 종이건 모조리 오른손이나 이마에 표를 받게 하고
그 표를 갖지 않은 사람은 아무것도 사거나 팔지 못하게 했
는데 이 표는 짐승의 이름이나 그 이름을 상징하는 숫자입니
다."(계13:16-17; 현대인의 성경)

하루는 꿈에 온 세상 사람들에게 아무도 예상치 못한 최악의 기근
과 기아가 닥쳐오는 꿈을 보여 주셨습니다. 그런 와중에도 많은 재물
을 가지고 있는 사람들은 자신들만 살겠다고 자신의 재산을 다 챙겨
서 자신이 살던 마을을 떠나 버렸고, 마을에 남은 사람들은 기근에 시
달릴 것에 대비하는 것을 보았습니다. 하나님의 사랑이 필요한 때를
보여 주신 것입니다. 누가 재난을 당한 이러한 우리 형제들을 위하
여, 목숨을 버려 사랑할 것(요일3:16; "우리도 '형제들을 위하여 목숨을 버리는
것'이 마땅하도다." 말씀과 같이 말입니다)입니까?

앞으로 다가오는 고도로 발달한 AI 시대에서는 성경 요한계시록의
말씀과 같이 성도들의 고난의 시대가 이루어질 가능성이 제일 두드
러지게 나타나고 있습니다. 그러므로 우리는 최악의 시대에 대비해
야만 합니다.

우리들의 주님이신 그리스도께서는 2,000년 전부터 우리에게 "너
희가 서로 사랑하라." 말씀하셨습니다. "내가 스스로 목숨을 버려 너
희를 사랑한 것처럼 너희도 서로 사랑하라." 하셨습니다. 노아가 오

랜 세월 동안 방주를 지었던 것처럼, **형제들이 서로 협력하여 고난의 시대를 대비할 사랑의 방주를 형제들의 마음에 세우라고 말씀하시는 것입니다.** 그 말씀은 한마음 한뜻으로 뭉쳐서 초대교회가 서로 한 몸이 되어 사랑한 것처럼, 우리 또한 그와 같이 온 세계 각처의 그리스도를 믿는 모든 사람이 서로 사랑함으로써 하나가 되어, 홍수로 멸하시기 전 하나님의 지시를 받아 그분의 지시대로 방주를 지어 들어간 이스라엘 민족을 뜻하는 노아의 가족과 그리고 노아의 가족을 통해 이방인들을 뜻하는 각각의 땅의 짐승들과 공중을 나는 새들이 방주에 들어가 믿음 안에서 한 가족이 된 것처럼, 그리스도인 모두가 그리스도 안에서 한 몸이 되라는 말씀입니다.

그것은 또한 하나님이 우리에게 주신 성령으로 우리 마음에 하나님의 사랑을 부어 주신(롬5:5) 그 사랑을 공급하여 모든 형제에게 서로 주의 사랑을 행하라는 말씀도 포함이 됩니다. 우리가 서로서로 하나님의 사랑을 공급함으로써 나타낸다면 그 사랑은, 앞으로 다가올 AI(인공지능; Amazon AWS; 학습, 문제 해결, 패턴 인식 등과 같이 주로 인간 지능과 연결된 인지 문제를 해결하는 데 주력하는 컴퓨터공학 분야입니다) 시대를 살아갈 우리의 다음 세대들에게 물려주는 하나님의 위대한 사랑의 힘은, 끊을 수 없는 강력한 힘의 유산이 되는 것입니다.

그 옛날 우리의 믿음의 선조들이 고난의 시대에 돌로 맞기도 하고 시험을 당하며 톱으로 몸이 잘리거나 칼날에 베어 죽기도 하였습니다. 그리고 양이나 염소 가죽을 옷으로 삼아 두르고 다녔으며 가난과 고통의 시달리고 온갖 학대를 받았습니다. 그리고 또한 믿음의 선조들은 광야와 산과 동굴과 땅굴을 찾아다니며 생활하였던 것(히11:32-38)입니다. 앞으로 다가오는 AI 시대에는 믿음의 선조들과 같이, 우리의 후세대들도 성경에 예언한 대로, 오른손이나 이마에 표를 받지 않은 사람은 아무것도 사거나 팔거나 하지 못하게 하는 고난의 시대가 와서, 최악의 법을 피하여 믿음의 선조들이 생활하였던 것처럼 생활할지도 모릅니다. 그러므로 점점 다가오는 그 시대에는 상거래가 아닌, 믿음의 식구들끼리 '자급자족'하여 서로 도와주는 습관을 길러, 그 습관을 습관화하여 살아가도록 가르쳐 주지 않으면, 우리의 후세대들은 정말 살기 힘든, 고난의 시대가 될 수도 있습니다. 지금부터라도 힘을 기르고, 서로 돕고, 서로 사랑함으로써 고난의 시대를 슬기롭게 대처해 나갈 만반의 준비를 우리는 갖추어야만 하는 것입니다.

지금, 우리의 시대는 급속하게 변하고 있습니다. 우리 나이 때 사람들로 보면, 우리의 어린 시절이 엊그제였던 것만 같았는데, 금방 나이가 들어차 버렸습니다. 우리 어린 시절에는 주로 소가 끄는 우마차로 모든 짐을 실어 나르며 사람들이 그 달구지에 올라타기도 하였습니다. 그리고 '검정 고무신'에 나오는 것처럼, 까만 고무 신발을 신고 논길과 밭길과 신작로 흙길을 누비고 다녔었습니다. 옛날 일을 말하다 보니, 정말 옛날 옛적 이야기를 하는 것 같네요. 그런데 지금은 수많은 자동차가 우마차와 신발을 대신하고 있고, 잘 정비된 길거리에 주차할 데가 없어 시비가 생길 정도로 즐비하게 늘어서 있습니다. 저자 어린 시절에서 지나온 시간이 불과 몇십 년밖에 되지 않았는데 말입니다. 그 시절엔 초가지붕이 대세였습니다. 그런데 지금은 으리으리한 빌딩과 아파트들이 금방이라도 하늘을 찌를 듯이 세워지고 있어서 그것들이 대세가 되었습니다. 우리 어린 시절에는 작은 바람에도 흔들거리는 호롱불 아래 살았었는데 말입니다. 그리고 얼마 후에 전기가 들어와서 툇마루에 달아 놓은 전구가 흔들거리며 그네를 타지만, 밤이 해방된 기분이었습니다. 그리고 얼마 안 되어서 라디오와 텔레비전이 들어왔는데, 동네 안에 한 집에 텔레비전이 있어서 그 집으로 몰려가 진공으로 되어 있는 브라운관으로 만들어진 흑백텔레비전에서 활동사진이 나오는 것이 하도 신기해서, 드라마나 여러 가지 방송을 시청하느라고 밤이 가는 줄도 모르고 본 것이 엊그제같이 느껴집니다.

그런데 지금은 컴퓨터가 보급되고 생활화되어 사람들의 생활을 윤택하게 만들고 있습니다. 우주선으로 달에도 가고, 하늘을 나는 수많은 비행기로 여러 나라에 여행도 하고, 전철 무인 운전 기술로 승무원이 없이 무인으로 운행하고, 드론 비행체로 촬영도 하고, 농약도 살포하고, 간혹 전쟁 무기로도 쓰이고는 있지만, 컴퓨터 자동화 시스템으로 여러 가지 산업제품들을 만들고, 로봇이 손님들의 식사를 스스로 나르고, 현금보다 신용카드로 식비나 생활용품이나 집세도 결제하고, 챗봇 AI가 시도 쓰고, 논문도 쓰고, 지금은 완전하지는 않지만, 챗봇 AI가 질문에 스스로 알아서 대답도 하는 걸 보니, 기술이 초고속으로 급변하고 있다는 것을 느끼게 됩니다.

천지창조 이후로 지금까지 이런 시대는 없었습니다. 시대가 이대로 간다면 향후 100년일까요? 200년일까요? 수많은 종류의 인공지능 로봇들이 온 세상을 뒤덮을 수도 있을 것입니다. 지금 세월이 이렇게 급변하는데 시대의 분별을 하지 못하고(눅12:56; 너희는 하늘과 땅의 징조는 분별할 줄을 알면서 이 시대는 분변치 못하느냐고 주님께서 말씀하셨지만) 우리는 아무런 대비책도 없이 현실에 안주하고 살고 있습니다. 주님께서는 사도 요한을 통해 이렇게 말씀하셨는데 말입니다. "그러므로 땅 위에 사는 사람 가운데서, 죽임을 당한 **어린양의 생명책**에 창세 때부터 이름이 기록되어 있지 않은 사람은, '모두 그에게 경배할 것'입니다. 귀가 있는 사람은 들으십시오."(계13:8-9) 그리고 이어서 말씀하시기를 "사로잡혀 가기로 되어 있는 사람이면 사로잡혀 갈 것이요. 칼에 맞아서 죽임을 당하기로 되어 있는 사람이면, 칼에 맞아서 죽임을 당할 것입니다. **여기에 성도들의 인내와 믿음이 필요합니다.**"(계13:10; 새 번역 성경) 하셨습니다. 사람이면 누구나 죽음을 두려워(히2:15; "또 죽기를 무서워하므로 일생에 매여 종노릇 하는 모든 사람을 해방하여 주시기 위한 것입니다." 말씀하셨지만 모든 인간은 죽기를 무서워하는 것입니다)합니다. 그래서 주님은 "성도들의 인내와 믿음"이 필요하다고 사도 요한을 통해 말씀하신 것입니다.

주님께서는 자기를 믿고 있는 사람들에게 "주님이 재림하실 때에, 그리스도를 믿다가 죽은 사람들이 다시 살아나게 되는 부활을 기억하라는 뜻"으로 형제 사도 바울을 통해 이렇게 말씀하셨습니다. "형제 여러분, 우리는 여러분이 이미 죽은 사람들에 대해서 모르는 것을 원치 않습니다. 그렇지 않으면 여러분도 **희망 없는 사람**들처럼 슬퍼하게 될 것입니다. 우리는 예수님이 죽었다가 다시 살아나신 것을(롬 10:7,9; 하나님께서 음부에 있는 그리스도를 죽은 자 가운데서 살리심) 믿습니다. 그래서 예수님을 믿다가 죽은 사람들도 하나님이 그와 함께 데리고 가실 것을 믿습니다. 우리는 주님의 말씀으로 여러분에게 말합니다. 주님이 재림하실 때까지 우리 살아남는 자들도 이미 죽은 사람들보다 앞서지 못할 것입니다. 그것은 주님이 호령(명령)과 천사장의 소리와 하나님의 나팔 소리(고전15:52; 마지막 나팔 소리가 울릴 때)와 함께 하늘에서 내려오실 때, **그리스도를 믿다가 죽은 사람들이 먼저 부활할 것**(고전15:52; 육체의 부활; 눈 깜짝할 사이에 죽은 사람들이 썩지 않을 사람으로 살아날 것이며)**이기 때문입니다.** 그 후에 '우리 살아남은 사람들도(고전15:52 눈 깜짝할 사이에 우리는 모두 변화될 것입니다) 그들과 함께 구름 속으로 끌려 올라가 공중에서 주님을 만나 영원히 주님과 함께 있게 될 것'입니다. 그러므로 **여러분은 이런 말로 서로 위로하십시오."**(살전4:13-18; 현대인의 성경)

그렇습니다. 위 말씀과 같이 예수님은 성경 역사가 그 사실이 증명하고 있듯이, 실제로 죄 많은 인간의 모습으로 오셔서 이 땅에 존재하여 계셨으며 그 육체를 십자가에 내어 주시고 이 세상의 죄를 없이 하셨습니다. 그리고 부활하셔서 하늘로 올라가(행7:55-56; 현대인의 성경;

스데반은 성령으로 충만하여 하늘을 우러러보고서 하나님의 영광과 예수님이 하나님의 오른편에 서신 것을 보고 이렇게 외쳤다. "보라! 하늘이 열리고 예수님이 하나님의 오른편에 서 계신다!") 하나님 우편에 서서 계시며, "다메섹으로 가는 길에서 주님의 제자들을 예루살렘으로 잡아 오기 위해 가는 살기가 등등한 사울에게 주님께서 현현하여 나타나 그의 일을 막으셨듯이"(행9:1-6) 여전히 살아 계셔서서 활동하고 계십니다. 이렇게 예수님께서는 사망 권세를 이기시고 살아나셔서 하나님의 오른편에 서서 계심을 믿음으로 알 뿐만 아니라 주님은 확실하게 부활하신 후에(현대인의 성경입니다. 1. 제일 처음으로 막달라 마리아에게 보이심. 요20:16-17; 예수께서 "마리아야" 하시거늘 마리아가 돌이켜 히브리말로 "랍오니여" 하니〈이는 선생님이라〉 예수께서 이르시되 "나를 만지지 말라. 내가 아직 아버지께로 올라가지 못하였느니라." 2. 제자들에게 나타나심. 요20:19-20; 안식일 다음 날인 일요일 저녁에 제자들은 유대인 지도자들이 무서워 문을 잠그고 모여 있었다. 그런데 갑자기 예수님께서 나타나셔서 그들 가운데 서서 "다들 잘 있었느냐?" 하셨다. 예수님이 이 말씀을 하시고 그들에게 양손과 옆구리를 보이시자 제자들은 주님을 보고 기뻐서 어쩔 줄을 몰랐다. 3. 도마와 제자들에게 나타나심. 요20:25-28; 다른 제자들이 도마에게 주님을 보았다고 했을 때, 그는 예수님의 손바닥에 있는 못 자국을 보고 또 그 못 자국에 손가락을 넣어 보며, 예수님에 옆구리에 손을 넣어 보지 않고는 믿지 않겠다고 말했다.〈도마의 말을 들으신 예수님이 신이심을 나타내심. 계2:23; 모든 교회가 나는 사람의 모든 깊은 생각까지 살핀다는 것을 알게 될 것이라고 말씀하심과 같이〉 8일 후에 제자들은 다시 집 안에 모여 있었고 거기에는 도마도 함께 있었다. 그때도

문이 잠겼는데 예수님이 나타나 그들 가운데 서서 "다들 잘 있었느냐?" 하셨다. 그리고서는 도마에게 "네 손가락을 내밀어 내 손바닥에 넣어 보고 네 손으로 내밀어 내 옆구리에 넣어 보아라. 그리고 믿음 없는 자가 되지 말고 믿는 자가 되어라." 하셨다. 그러자 도마는 "나의 주님이시며 나의 하나님이십니다." 하였다. 4. 부활하신 후에 3번째로 7명의 제자에게 나타나신 예수님. 요21:3-8; 그때 베드로가 "나는 물고기 잡으러 간다." 하고 나서자 나머지 사람들도 함께 가겠다고 따라나섰다. 그들은 배를 타고 바다로 나갔으나 그날 밤 아무것도 잡지 못하였다. 날이 밝아 올 무렵, 예수님이 바닷가에 서 계셨으나 제자들은 그분이 예수님인 줄 알아보지 못했다. 예수님이 제자들에게 "얘들아, 고기 좀 잡았느냐?" 하고 물으시자 그들은 "한 마리도 잡지 못했습니다." 하고 대답했다. 예수님은 제자들에게 "배 오른편에 그물을 던져라. 그러면 고기가 잡힐 것이다." 하고 말씀하셨다. 그래서 제자들이 말씀대로 했더니 고기가 너무 많이 잡혀 그물을 끌어올릴 수가 없었다. 그때 예수님이 사랑하시던 제자가 베드로에게 "주님이시다." 하고 말하자 옷을 벗고 있던 베드로는 '주님'이라는 말을 듣고 겉옷을 두르고 물에 뛰어들었다. 그러나 다른 제자들은 고기가 든 그물을 끌면서 배를 저어 육지로 나왔다. 그들이 나갔던 곳은, 육지에서 100미터도 안 되는 곳이었다. 그리고 5. 눅24:13-32; 엠마오라는 마을로 내려가는 두 제자와 동행하신 예수님. 6. 눅24:33-50; 11명의 제자와 다른 사람들과 엠마오로 갔던 2명의 제자와 다시 만나신 예수님. 7. 눅24:51; 예수님이 제자들을 축복하시면서 그들을 떠나 하늘로 올라가심 등등) 많은 사람에게 보이셨을 뿐 아니라 그 상황이 실제로 일어난 일이었음을(행1:1-11; 행7:54-60) 천사들과 예수님의 제자들과 성경 역사가 **그 역사적 사실을 증거로 제시**하고 있지 않습니까?

그와 같이 부활하신 주님은 다음에는 우리를 데리고 가시려고 하늘로부터 내려오실 것입니다. 그러므로 우리는 우리 주 예수 그리스도를 믿음으로써 살든지 죽든지, 부활의 소망을 간직하고, 이루어지기를 바라며, 머릿속으로 상상하는 공상이 아닌, 실제로 존재하고 있는 하나님의 나라를 그리워하는 사람이라면 용기를 가지고, 자신의 영혼을 주님께 맡기는 사람이 되어야만 합니다.

그런데요, 저자는 그와 같이 자신의 영혼을 하나님께 맡기는 용기 있는 성도들을 보았습니다. 그리스도를 믿는 성도로서, 자신의 영혼을 주님께 맡기는 인내와 믿음을 가진 바로 그와 같이 용기 있는 사람들을 영화에서 보았습니다. 그렇게 인내와 믿음을 가지고 죽음 앞에 선 용기 있는 사람들을 어느 영화에서 시청하여 보았는데, 여러분들도 이 세상 어디에서든지 "나는 사람의 깊은 생각까지 살핀다는 것을 알게 될 것이다."라고 말씀하신 주님께서(계2:23) 여러분들과 함께 계심을 알고, '인내와 믿음을 가진 형제들과 같은 용기 있는 믿음'을 소유하시기를 간절히 소망합니다. 그 장면은 예수 그리스도를 믿는 사람들을 처형하는 장면이었는데, 원형 경기장 안으로 어린이, 어른, 노인 할 것 없이 그리스도를 믿는 사람이면 다 들여보낸 것입니다. 그리고 굶주린 사자를 떼거리로 원형 경기장 안에 풀어 놓은 것입니다. 그동안 굶주렸던 사자 떼들이 원형 경기장 안에 갇힌 사람들에게 사정없이 달려들어 물어뜯어 죽였습니다. 그러한 사형 형장에서 엄마 품 안에 있던 한 어린아이가, 무섭게 사자들이 사람들을 마구잡이로 물어뜯어 죽이는 장면을 보고 너무 놀라 무서워서 이렇게 말합니다. "엄마, 너무 무서워!"라고 말입니다. 극도로 겁에 질려 아이가 무서움을 호소하는 소리를 들은 엄마는 자신의 아이에게 이렇게 대답합니다. "엄마도 무섭단다. 그런데 조금만 참으렴! 곧 무섭지 않게 될 테니까!" **이런 사람들은 정말, 세상이 감당치 못할 믿음의 사람들인 것**(히11:38; 이런 사람들은 세상이 감당치 못한다고 성경은 말씀하고 있습니다)입니다.

말세를 만난 우리는 이러한 믿음을 소유하고 있어야 합니다. 죽음이 끝이 아니기에 죽음으로써 하나님의 영광을 드러내는 것이라면, 죽음도 내게는 유익한 것입니다. 스데반 집사를 보십시오. 그가 사람들에게 돌에 맞아 죽으면서 "주 예수님, 내 영혼을 받아 주십시오." 기도하였고 그러고서 그는 무릎을 꿇고 큰 소리로 "주님, 이 죄를 저들에게 돌리지 마소서!"(행7:59) 하고 죽으면서까지 부르짖지 않았습니까? "그러므로 하나님의 뜻을 따라 고난을 받는 사람은, 선한 일을 하면서 '자기의 영혼'을 신실하신 조물주께 맡기십시오."(벧전4:19; 새 번역 성경)라고 사도 베드로를 통해 말씀하지 않았습니까?

우리는 그러한 믿음으로 이 말세의 세상을 살아가야만 하는 것입니다. 그래서 주님께서는 고난의 시대를 맞이한 성도들에게 사도 요한을 통해 '성도들의 인내와 믿음이 필요하다고 말씀하신 것'입니다. 그런데요, 그와 같이(계13:10; 사로잡혀 가기로 되어 있는 사람은 사로잡혀 갈 것이요, 칼에 맞아서 죽임을 당하기로 되어 있는 사람은 칼에 맞아서 죽임을 당하게 될 것이라는 말씀과 같이) 계속하여 살육이 자행되는 시기인데도요, 계속해서 환란은 더해져서 이어집니다. "또 (신분이 높건 낮건) 작은 자나 큰 자나, 부자나 가난한 자나, 자유인이나 종이나 할 것이 없이, 다 그들의 오른손이나 이마에 표를 받게 하였습니다. 누구든지 이 표를 가진 사람, 곧 짐승의 이름이나 그 이름을 나타내는 숫자로 표가 찍힌 사람이 아니면, 아무도 팔거나 사거나 할 수 없게 하였습니다."(계13:16-17; 새 번역 성경) 그렇습니다. **"오른손"**이나 **"이마에 표를 받은 사람"** 외에는 아무 거래도 할 수 없도록 하는 것입니다.

사람은 사회적 동물이라고 말할 정도로 누구나 서로 얽혀서 사는 사회적 존재인데 말입니다. 지금 시대는 현금과 카드로 상거래를 할 수 있습니다. 그런데 잘 듣고 보십시오. 우리가 신용카드 사용을 하기는 하지만, 신용카드를 발급한 은행이 어떠한 이유로 신용카드 사용을 하지 못하도록 막으면 어떻게 될까요? 신용카드를 발급한 은행은 그 신용카드를 언제든지 제어할 수 있습니다. 만약 신용카드와 같이 제어할 수 있는 체계가 사람의 몸으로 들어온다고 한번 생각해 보십시오. 지금도 이러한데, 고도로 발달한 AI 시대에는 오른손이나 이마에 물건을 사거나 팔거나 할 수 있는 인식표를 찍는 것이 전혀 불가능한 일도 아닐 것입니다. 오늘날에도 홍채 인식이나, 안면인식이나, 오른손 엄지손가락 지문 등을 비밀번호로 사용하는 것을 보면 말입니다.

성경은 바로 그런 시대가 반드시 온다고 예언하고 있습니다. 이미

'바코드'니 '베리칩'이니 하는 것들로 상거래를 시작하면서, 성경의 예언대로 그 시대가 도래할 것을 이미 우리에게 선포하듯 조금씩 보여주고 있는 것입니다. 그러므로 우리도 우리 세대나 우리의 후세대가 이 땅에서 고난의 삶을 영유하고 있으면서 그러한 환란을 겪어야만 한다면, 오는 환란을 막을 수는 없어도, 미리 환란과 맞서 싸울 준비를 하여 대비 태세를 철저하게 갖추어야만 합니다. 그래야만 환란 속에서 겪을 마음의 갈등을 최소화할 수 있습니다. 아무런 준비도 하지 않고 있다가, 짐승이 주는 상거래의 표를 오른손이나 이마에, 굶어 죽지 못해서, 목구멍의 포도청을 위하여, 그리고 믿음의 형제들을 위하여, 부모를 위하여, 남편과 아내와 자녀를 위하여, 저울질하며 '받을까, 말까?' 생각하게 되면, 어떤 가족이든지 간에 분란으로 인한 마음의 갈등을 최대로 심각하게 겪게 될 수도 있을 것이기 때문입니다.

그러므로 조금은 늦은 감은 있지만, 시작이 반이라고 지금부터라도 준비하지 않으면, 애굽의 총리대신이 되어 최악의 가뭄에 모든 책임을 맡은 요셉과 같이 형제를 위해 힘을 합하여 그리스도의 몸 된 교회 안에 여러분의 사랑을 비축하지 않으면, 우리의 후세대는 자신과 가족과 그리스도 형제들의 목숨을 위해 짐승이 주는 표를 '받을까, 말까?' 하고 아주 심각하게 생각하며 저울질하게 될지도 모릅니다.

그와 같이 우리의 후세대들이 마음의 갈등을 정말 정말 심각하게 겪게 한다면, 그것은 우리가 주님께서 "너희는 서로 사랑하라. 다시 말하노니 서로 사랑하라." 명령하신 주님의 말씀을 듣지 않고, 형제 사랑하기를 너무 게을리했다는 증거가 될 것입니다. 형제에게 죄를 짓는 것은 그리스도에게 죄짓는 행위라고 (고전8:12) 말씀드렸습니다. 그러므로 우리가 지금부터라도 그런 환란의 시대를 맞을 준비를 한다면, 그런 문제는 최소화할 수 있습니다. 그러므로 그와 같이 우리가 그 시대에서 겪을 갈등을 최소화할 수 있는 대책의 방안은 바로 사도 요한으로 말씀하신 것처럼, 우리 형제끼리 목숨을 다하여 서로 사랑하는 것입니다. 이렇게 우리 주 예수 그리스도께서 사도 요한으로 제시하신 방법 외에는 다른 방법으로 대처할 뚜렷한 방안은 아직 우리에게는 없습니다. 그것을 주님께서 2,000년 전에 오셔서 우리에게 가르쳐 주신 것입니다. "내가 너희를 (우리를 위하여 목숨을 버리실 것을 말씀하신 것과 같이 목숨을 버려) 사랑한 것처럼, 너희도 서로 사랑하라." 가르치신 것입니다. 그렇다면 왜 주님께서는 우리에게 "너희는 서로 사랑하라. 다시 말하노니 서로 사랑하라." 말씀하신 것일까요?

말씀과 같이 서로 사랑하는 것은 우리 자신이 **주님 몸의 지체**이면서 **하나님의 자녀인 것을 자신도 모르게 나타내는 일**이기 때문이며, 자신이 진리 안에서 생활함으로써 **진리에서 났음**을 알게 되기 때문 (요일3:18-19)입니다. 그리고 하나님의 한 권속이요, 참된 형제들로서, 서로 의지하며 사랑함으로 서로가 힘을 합하여 상부상조하게 됨으로써, '고난의 어려운 현실을 극복해 나가는 큰 힘이 되는 것'이기 때문입니다. 그리고 "하나님의 자녀들은 누구나 세상을 이길 수 있기 때문입니다. 예수님이 하나님의 아들이심을 믿는 사람이 아니면 누가 세상을 이기겠습니까?"(요일5:4-5) 말씀하시지 않았습니까?

　말씀과 같이 어떤 고난의 시대가 올지라도 그분의 도우심으로 그리스도를 믿는 하나님의 자녀는 세상을 이기게 되는 것입니다. 그래서 "몸을 죽이는 자를 두려워하지 말고 몸과 영혼을(산 채로) 지옥에다 멸시하는 자를 두려워하라." 말씀하신 것입니다. 하나님은 몸과 영혼을 살리기도 멸망시키기도 할 수 있는 분이십니다. 그러므로 주님께서 "너희는 서로 사랑하라. 내가 명령한 것이 바로 이것이다." 명령하셨듯이 우리는 믿음의 형제들끼리 서로 사랑해야만 합니다. '짐승의 이름이나 그리고 그 이름을 상징하는 숫자의 표'를 받아, 하나님의 심판을(계16:2; "짐승의 표를 받고 우상에게 경배한 사람들에게 몹시 독한 종기가 생겼습니다." 함과 같이) 받게 될 이 세상 사람들이 여러분들이 극심한 고난에 처해 있다고 여러분들을 불쌍히 여겨 도와주지 아니할 것이기 때문입니다. 만일 고난에 처한 여러분들을 불쌍히 여겨 자비를 베푼다면, 주님의 마음을 그 마음에 지닌 사람인 것입니다. 그런 사람은 말씀에 의하면(계13:8; 현대인의 성경; 세상이 창조된 이후, 죽음을 당하신 '어린 양의 생명책'에 이름이 기록되지 못하고 땅에 사는 사람들은 모두 그 짐승에게 경배할 것이라는 말씀과 같이) 짐승의 표를 받지 않았겠지요? 그러므로 주님께서 "너희는 서로 사랑하라." 말씀하셨듯이 형제끼리 사랑해야만 하는 것입니다.

　그렇다고 우리가 서로 사랑함으로써 고난을 지혜롭게 극복하며 이 땅에서 계속해서 살자고 하는, 그런 말을 하는 것은 아닙니다. 그것은 왜냐하면 우리가 이 땅에서 영속할 수 없는 것은 우리는 모두가 말씀과 같이(벧전4:9; 공동번역; 여러분은 모두 나그네들이니 귀찮게 생각을 하지 말고 서로 극진히 대접하라는 말씀과 같이) 이 세상에서 정착민이 아니라 나그네의 삶을 살고 있기 때문입니다. 그래서 주님께서는 사도 베드로를 통하여 말씀하시기를 **"무엇보다도 먼저**(공동번역; '모든 일'에 앞서 서로 진정으로; 형제들끼리) 서로 **뜨겁게** 사랑하십시오. 사랑은 허다한 죄를(눅7:47; 옥스퍼드원어성경대전; '많이 사랑하는 자가 많은 죄를 사함을 받는다는 내용과 '사랑의 행위의 여부'에 따라 판결이 달라진다는 내용〈마25:31-46〉이 있다는 점에서 설득력을 갖는다) 덮어(용서해) 줍니다."(벧전4:8; 새 번역 성경) "그러므로 불평 없이 서로(형제끼리) 따뜻하게 대접하십시오." 말씀하신 것입니다.

그렇습니다. 우리는 사도 베드로를 통해 전하신 말씀과 같이 고도로 발달한 AI 시대를 슬기롭게 극복해 나아가려면, 모든 일에 앞서 형제와 뜨겁게 사랑해야만 되는 것입니다. 형제와 뜨겁게 사랑하는 것은 우리가 하나님의 자녀가 됨을 세상에 널리 알리는 일인 것이며, 우리가 하나님의 자녀로서 서로 힘을 합하여 진실로 사랑하면서 살면 어떤 고난의 AI 시대가 와도 그 일을 슬기롭게 대처해 나갈 수 있기 때문입니다.

그리하여 마침내 주님께서 하늘로부터 강림하시면, 그리스도를 믿다가 죽은 사람들이 먼저 부활을 하고 우리 살아남은 사람도 그때 눈 깜짝할 여유도 없이 순식간에 변화되어 구름 속으로 끌려 올라가게 되는 것입니다. 사랑하는 형제자매 여러분, 여러분은 우리 믿음의 형제들의 죽은 사람들의 부활과 살아남은 사람들이 순식간에 강한 몸으로 변화가 되어 주님과 함께 영원토록 사는 놀라운 소망의 끈을 놓지 말고 이런 말로 서로 위로하시기를 바랍니다. 하나님의 은혜가 여러분 모두와 함께하기를 빕니다.

사랑은 허다한 죄를
용서해 줍니다

"세상에 종말이 가까웠으니 정신을 차려 마음을 가다듬고 기도하십시오. '모든 일에 앞서' 서로 진정으로 사랑하십시오. 사랑은 허다한 죄를 용서해 줍니다."(벧전4:7-8; 공동번역)

예수님의 수제자 사도 베드로는 위 말씀처럼, 왜 **'모든 일에 앞서'** 형제와 서로 뜨겁게 사랑해야만 한다고 말씀을 전하고 있을까요?

그것은 사도 베드로를 통해 말씀하심과 같이 **"사랑은 허다한 죄를 덮어 주기 때문입니다"**. 무슨 의미일까요?

그 말씀은 예수님께서 죄 많은 여자를, 예수님을 초대한 어떤 바리새파 사람의 앞에서 용서하신 말씀에 잘 나타나 있습니다. 그 말씀은 이렇습니다.

예수께서 어떤 바리새파 사람의 초대를 받으시고 그 집에 들어가서 음식을 잡수시게 되었습니다. 그런데 마침, 그 동네에는 '행실이 나쁜 여자' 하나가 살고 있었는데, 그 여자는 예수께서 바리새파 사람의 집에서 음식을 잡수신다는 것을 알고 향유가 든 옥합을 가지고 그 집으로 왔습니다. 그리고 그 여자는 예수님의 뒤에 와서 발치에 서서 울며 눈물로 주님의 발을 적시었습니다. 그리고 자기 머리카락으로 주님의 발을 닦고 나서, 그 발에 입을 맞추며 향유를 부어 드렸습니다. 그런 모습을 보고 있던, 예수님을 자기 집으로 초대한 바리새파 사람이 속으로 '저 사람이 정말 예언자라면 자기 발에 손을 대는 저 여자가 어떤 여자며 얼마나 행실이 나쁜 여자인지 알았을 텐데!' 하고 중얼거렸습니다.

그와 같이 바리새파 사람이 속으로 중얼거리고 있을 때, 예수께서는 아시고 "시몬아, 너에게 물어볼 말이 있다." 하고 말씀하셨습니다. 시몬 베드로가 "예, 선생님 말씀하십시오." 그러자 예수께서는 이렇게 말씀하셨습니다.

"어떤 돈놀이꾼에게 빚을 진 사람 둘이 있었다. 한 사람은 **오백 데나리온**을 빚졌고 또한 사람은 **오십 데나리온**을 빚졌다. 이 두 사람이 다 빚을 갚을 힘이 없었기 때문에 돈놀이꾼은 그들의 빚을 다 탕감해 주었다. 그러면 그 두 사람 중에 누가 그를(돈놀이꾼을) 더 사랑하겠느냐?"

시몬은 **"더 많은 빚을 탕감받은 사람이겠지요."** 대답하였습니다.

예수께서는 "옳은 생각이다." 하시고 그 여자를 돌아보시며 바리새파 사람을 향하여 시몬에게 말씀을 계속하셨습니다.

"이 여자를 보아라. 내가 네 집에 들어왔을 때, 너는 나에게 발을 씻을 물도 주지 않았지만, 이 여자는 눈물로 **내 발**을 적시고, 머리카락으로 **내 발**을 닦아 주었다. 너는 내 얼굴에도 입 맞추지 않았지만, 이 여자는 내가 들어왔을 때부터 줄곧 **내 발**에 입을 맞추고 있다. 너는 내 머리에 기름을 발라 주지 않았지만, 이 여자는 **내 발**에 향유를 발라 주었다. 잘 들어 두어라. 이 여자는 이토록 극진한(많이 사랑하였으니) 사랑을 보였으니 그만큼 많은 죄를 용서받았다. 적게 용서받은 사람은 적게 사랑한다." 그리고 예수께서는 그 여자에게 "네 죄는 용서받았다." 하고 말씀하셨습니다.

많은 죄를 용서받은 그 여자는 많은 죄를 지은 만큼 주님의 얼굴을 바라보지 못하고 죄인의 자리에서 자신이 받은 모든 것으로 눈물로 예수님의 발을 씻기며, 머리카락으로 발을 닦으며, 발에 입을 맞추며, 발에 향유를 부어 바르면서 자신의 죄로 인해 목숨을 버리시는 주님을 그토록 사랑하기를 자신의 힘닿는 데까지 있는 힘껏 사랑한 것입니다. 그와 같이 많은 죄를 지었지만 죄 많이 지은 여자는 그 모든 일을 **'믿음으로 행하였던 것'**입니다. 그래서 예수님께서 그 여자에게 말씀하시기를 "네 믿음이 너를 구원하였다. 평안히 가라."고 말씀하셨습니다.

여기, 예수님의 말씀 중에 나오는 돈놀이꾼은 하나님을 상징합니다. 그리고 돈놀이꾼에게 오백 데나리온과 오십 데나리온 빚을 진 사람들은 하나님께 죄를 많이 지은 사람과 적게 지은 사람들을 의미합니다. 그러므로 돈놀이꾼이 그들의 빚을 똑같이 탕감해 주었다는 말씀은 우리가 하나님께 지은 죄를 값으로 환산한다면 작은 죄를 지은 사람이든지, 많은 죄를 지은 사람이든지 그 죗값을 갚을 길이 없었기 때문에 하나님께서는 자기 아들을 통해 죄를 많이 지은 자에게나, 적게 지은 자에게나, 불쌍히 여겨 그들을 똑같이 용서해 주셨다는 말씀을 하신 것입니다. 그러므로 그와 같이 "하나님으로부터 많은 죄를 용서받은 사람은 하나님을 사랑하되 많이 사랑하고, 적은 죄를 용서받은 사람은 하나님을 사랑하되 적게 사랑한다." 하는 그런 말씀을 하신 것입니다. "죄가 늘어난 곳에는 은혜도 더욱 풍성하였습니다."(롬5:20; 현대인의 성경) 말씀처럼 말입니다.

바로 그런 뜻에서 사도 베드로를 통해 "사랑은 허다한 죄를 덮는 다."라고 하신 말씀이 "하나님을 많이 사랑하는 사람은 죄 많은 여자 와 같이 자신의 허다한 죄(많은 죄)를 용서받은 만큼 하나님을 많이 사 랑한다."라는 말씀으로 해석이 가능한 것입니다. 그 말씀은 우리가 그리스도를 믿음으로 말미암아 하나님의 은혜로 값없이 구원받은 사 람들로서(롬4:7-8; 엡2:8-9) 하나님의 은혜에 대한 의로운 행위(엡2:10; 우 리는 그의 만드신 바라. 그리스도 예수 안에서 "선한 일을 위하여 지으심을 받은 자" 니 이 일은 하나님이 전에 예비하사 우리로 "그 가운데서 행하게〈공동번역; 선한 생 활을 하도록〉하려 하심"이라는 말씀과 같이)를 말씀하고 있는 것입니다. 그 렇다면 우리가 예수 그리스도를 믿음으로 말미암아 우리 각 사람이 죄 용서를 받은 사람들로서 그 믿음으로 하나님을 사랑해야 하는데 요. 죄 많은 여자는 자신이 직접 예수님을 눈으로 보고, 주님의 발을 씻기며, 향유를 부어, 주님을 자신의 힘닿는 데까지 힘써서 많이 사랑 했지만, 우리는 예수님도 우리 눈에 보이지 않으시고, 하나님도 우리 눈에는 보이지 않으시는데 어떻게 그러하신 하나님을 사랑할 수 있 으실까요?

그 말씀을 맨 위에 도입부에서도 눈에 보이지 않는 하나님을 어떻 게 우리가 사랑할 수 있는지에 대하여 말씀을 드렸습니다. 여기서도 이해가 가도록 핵심의 말씀을 짚어 가며 말씀드리겠습니다. 주님께 서는 사도 요한을 통해 다음과 같이 말씀하셨습니다. "하나님을 사랑한다고 하면서 형제를 미워하는 사람은 거짓말쟁이입니다. 눈에 보이는 형제를 사랑하지 못하는 사람이 보이지 않는 하나님을 사랑할 수는 없습니다. 하나님을 사랑하는 사람은 자기의 형제도 사랑해야 합니다."(요일4:20-21)라고 말입니다. 그러니 말씀을 한번 잘 생각해 보십시오. 위 말씀 중에서 "눈에 보이지 않는 하나님을 사랑할 수 없습니다. 하나님을 사랑하는 사람은 자기의 형제도 사랑해야 합니다."라고 누가 말씀하셨는지를 말입니다. 형제 여러분, 여러분은 하나님을 사랑하는 사람은 자기 형제도 사랑해야 한다고 누가 말씀하셨다고 생각을 하고 있습니까?

그것을 사도 요한은 이렇게 기록한 것입니다. "우리는 '이 계명'을 예수님에게서 받았습니다."(요일4:21; 현대인의 성경)라고 말입니다. 맞습니다. 예수님께서 주님의 제자들에게 말씀하신 것입니다. 하나님을 사랑하는 자는 자기의 형제도 사랑해야 한다고 말입니다. 그래서 주님께서는 "**너희를 영접**하는 사람은 **나를 영접하는 것**이요, **나를 영접**하는 사람은 나를 보내신 **하나님을 영접하는 것**이다."라고 말씀하신 것입니다. 보십시오. "세상 어려운 이웃을 영접하는 사람은 나를 영접한 것이오."라고 예수님께서 말씀하셨습니까?

아닙니다. "너희"입니다. 곧 주님을 믿는 형제를 영접하는 사람은 주님이신 주님 자신인 나를 영접한 것이요, 주님을 영접하는 사람은 주님을 이 땅에 보내신, 하나님을 영접하는 것이라고 이처럼 확실하게, 믿음의 형제를 사랑하는 것이 곧 예수님 자신을 사랑하는 것이라고 가르치신 것입니다. 그래서 그리스도께서는 "내가 분명히 말해 둔다. 아주 보잘것없는 사람이지만, **'그가 내 제자라는 이유'**로 그에게 '냉수 한 그릇'이라도 대접하는 사람은 반드시 상을 받을 것이다."(마 10:42) 말씀을 하셨으며 "누구든지 **나를 믿는 이런 어린아이'** 하나를 '죄짓게 하는 사람'은 차라리 목에 큰 맷돌짝을 달고 깊은 바다에 빠져 죽는 것이 낫다."(마18:6; 현대인의 성경) 말씀하신 것입니다. 위 말씀의 뜻은 그리스도를 믿는 사람은 "하나님의 아들을 모신 사람"(요일5:12)이라는 그런 뜻의 말씀이 담기어 있습니다. 그러므로 **"예수님의 제자라는 이유"**로 주님의 제자에게 냉수 한 그릇이라도 대접한 사람이라는 말씀은 곧 그 제자와 함께 계신 주님에게 냉수 한 그릇을 대접한 것이라는 그런 뜻의 말씀이 되는 것입니다. 그런 사람은 "반드시 상을 받는다는 것"입니다.

그리고 또한 주님을 믿는 이런 어린아이 하나를 죄짓게 하는 사람이라는 말씀의 뜻은 주님을 믿는 어린아이와 함께 계시는 주님을(고전8:12; 새 번역 성경; 형제들에게 죄를 짓고 그들의 약한 양심을 상하게 하는 것은 "그리스도에게 죄를 짓는 것"입니다. 그러므로 음식이 내 형제를 죄짓게 한다면 "나는 내 형제를 죄에 빠뜨리지 않기 위해서" 다시는 제물을〈고기를〉먹지 않겠다고 하신 말씀처럼) 죄에 빠뜨리는 사람이라는 그런 뜻의 말씀을 하신 것입니다. 그런 사람은 차라리 연자 맷돌을 목에 달고 깊은 바다에 빠져 죽는 것이 더 낫다고 말씀하신 것이며 "내가 천사들을 보내겠다. 그들은(천사들은) '남을(주님을 믿는 이런 어린아이 하나를 죄짓게 하는 사람과 같이,

형제를) 죄짓게 하는 모든 사람'과 악행을 일삼는 자들을 '내 나라에서 (벧전4:17; 하나님의 집에서) 모두 추려내어 불구덩이에 던져 넣을 것'이 다."(마13:41)라고 말씀하시는 것입니다. 그래서 주님께서는 "너희를 배척하는 사람은 나를 배척하는 것이며 나를 배척하는 사람은 나를 보내신 분을 배척하는(배척하다; 한국어 기초사전; 싫어하여 끼워 주지 않거나 따돌려 밀어내다) 것이다."(눅10:16; 현대인의 성경) 말씀하신 것입니다. "배 척하다"를 사전에 따라 해석하면 그만큼 형제를 싫어하면, 주님을 싫 어하는 사람이 되는 것이며, 형제를 끼워 주지 않거나 따돌리면, 주님 을 끼워 주지 않거나 따돌리는 사람이 되는 것이고, 형제를 밀어내면 주님을 밀어내는 사람이 되는 것이라는 말씀이 되는 것입니다.

그것은 왜냐하면 **주님을 믿는 사람 안에는 하나님께서 계시기 때 문**(요일4:15; 누구든지 예수님을 하나님의 아들이라고 인정하면 "하나님이 그 사람 안에 계시고" 말씀처럼 말입니다)입니다. 그래서 주님께서는 사도 요한으 로 말씀하시기를 "눈에 보이는 형제를 사랑하지 못하는 사람이 보이 지 않는 하나님을 사랑할 수 없습니다." 하시고 "하나님을 사랑하는 사람은 자기의 형제도 사랑해야 합니다."라고 말씀하신 것입니다. 그 러므로 주님의 수석제자 베드로를 통해 말씀하시기를 **"모든 일에 앞 서** (성도 또는 형제끼리) **서로 진정으로 사랑하십시오.** 사랑은 허다한 죄 를 용서해 줍니다. (자신의 죄를 용서를 받습니다) 여러분은 모두 나그네들 이니 귀찮게 생각하지 말고 **서로**(형제에게 주께 하듯이) **극진히 대접**하 십시오."(벧전4:8-9; 공동번역) 하신 것입니다.

그러므로 형제 여러분, "하나님을 사랑하는 사람은 자기의 형제도 사랑해야 합니다."라고 말씀하신 주님의 말씀과 같이, 하나님을 사랑하는 방법은 곧 "누구든지 예수님을 하나님의 아들이라고 인정하면 **하나님이 그 사람 안에 계시고**" 말씀처럼, 예수님이 하나님의 아들이라고 인정한 사람이라면, "하나님이 그 사람 안에 계신 것"입니다. 그러므로 그와 같이 우리가 하나님을 자신 안에 모신 사람들로서 서로 같은 믿음의 형제끼리 서로 사랑하는 사람이, 곧 하나님을 사랑하는 사람인 것입니다. 그런 사람이 복되신 하나님의 영광을 세상에 나타내는 사람이며 자신이 하나님의 자녀가 됨을 은연중에 증거하는 사람입니다. 위 말씀과 같이 여러분이 형제 사랑하기를 하나님을 사랑하듯이 서로 힘써 사랑함으로써, 여러분이 진실로 형제를 사랑하는 그런 착한 행실을 보고, 사람들이 하나님께 영광을 돌리게 되는 것이며 여러분을 칭찬하게 되는 것입니다. 그러므로 "건전한 복음은 복되신 하나님의 영광을 드러내는 그 복음에 근거를 둔 것입니다."(딤전 1:11; 공동번역)라고 말씀하시지 않았습니까?

여러분이 들어야 할, 참복음은 **복되신 하나님의 영광을 나타내는 그 복음에 근거를 둔 말씀이어야 합니다.** 하나님의 성령이 여러분을 진리 가운데로 인도하시기를 빕니다.

어째서 너희가
제사장직마저 요구하는가?

"당신들은 지나치오. 야훼께서 온 회중 가운데 계시어 온 회중이 다 거룩한데, 어찌하여 당신들만이 야훼의 회중 위에 군림하오?"(민16:3; 공동번역)

"너희 레위인들아, 잘 들어라! 이스라엘의 하나님이 너희를 이 백성 가운데서 구별하여 자기에게 가까이하게 하시며 여호와의 성막에서 일하게 하시고 모든 사람을 대신하여 그를 섬기게 하신 것을 너희가 작은 일로 생각하느냐?
하나님이 너희 레위인들에게 이런 귀한 일을 맡기셨는데(공동번역; 하나님은 그대에게 그대의 일족인 레위인들을 모두 거느리고 하나님 앞에 나와 섬기는 특권을 주셨는데) **어째서 너희가 제사장 직분까지 맡으려고 하느냐?** 너희는 지금 한 패거리가 되어 **여호와를 거역**하고 있다."(민16:8-11; 현대인의 성경)

하나님은 여러분을 심히 사랑하십니다. 마찬가지로 여러분을 사랑하므로 사심이 없이 이 글을 씁니다. 이 글을 쓰는 이유는 하나님께서 말씀하심으로써, 그분의 능력에 힘입어 말씀을 받아 최선을 다해 그분의 뜻을 전하려고 이 글을 씁니다. 여러분들은 누구보다도 하나님의 은혜를 입어 구원의 반열에 서 있는 사람들입니다. 여러분들은 우리 주 예수 그리스도께서 하나님의 아들이심을 믿는 사람들이지요?

그렇다면, 여러분 안에 하나님이 계시며 여러분도 하나님 안에 살게 되는 것(요일4:15)입니다. 그와 같이 여러분은 하나님의 은혜로 그분의 자녀가 된 것입니다. 그러므로 여러분은 자신의 외아들 우리 주 예수 그리스도를 이 땅에 보내신 하나님, 그분의 은혜를 깊이 생각하기를 바랍니다. 이 글을 싣는 모든 곳에서 여자 목사를, 사제, 또는 제사장, 특정 목사라고 쓰겠습니다. 요즈음 한국교회는 사제직을 놓고 세워도 된다는 사람들과 세우면 안 된다는 사람들 간에 옥신각신 다투는 가운데서도 특정 사제들이(목사가) 봇물처럼 나오고 있습니다.

본문에서 고라와 다단과 아비람과 온과 250명의 이스라엘 백성의 지도자들이 나와 지금의 특정 목사들과 그들을 지지하는 자들처럼 모세와 아론을 향하여 "왜 너희만 제사장직을 도맡아서 하는가? 이스라엘 백성은 다 여호와께서 선택한 자들이며 그분은 우리 가운데도 계시는데 어찌하여 너희만 제사장직을 모두 도맡아서 하는가? 우리도 너희와 같은 레위 자손으로서 하나님의 제사장직을 맡을 수 있다." 하며 같은 레위인인 모세와 아론을 상대로 대적하여 일어난 일이 나옵니다. 그와 같이 한국교회 특정 목사들도 왜 너희만 목사가 될 수 있느냐고 하면서 같은 하나님을 믿는 우리도 목사가 될 수 있다고 말들을 합니다. 하나님의 은혜(출14:21-31; 이집트로부터 탈출하여 홍해 바다를 갈라, 이스라엘 백성들이 건너는 가운데 따라 들어온 이집트군대를 그 홍해 바다에 수장시키시고, 안전하게 이스라엘 백성들을 구원하심과; 민16:9-10; 이스라엘 모든 백성 가운데서 레위인을 뽑아 구별하시고, 하나님을 가까이하게 하시며, 성막에서 일하게 하시고, 회중 앞에 나서서 그들을 돌보게 하시며, 레위인 모두가 하나님 앞에 나와 섬기는 특권을 주신, 그와 같은 은혜)를 잊어버린 자들이 제사장직을 두고 일어난, 레위인 고라와 그를 따르는 추종자들과 250명의 이스라엘의 저명한 족장들과 같이 지금의 한국교회 특정 목사들도 딱 저들과 같은 마음인 것 같습니다.

하나님의 고유권한(왕의 고유권한; 법제처 지식창고; 전제군주국가에서 국왕은 절대권력자로 군림하기 때문에 왕이 곧 국가요 왕의 뜻이 곧 법률이었습니다)으로 세우시는 그분의 거룩한 제사장(목사) 직분이 어디 사람의 뜻을 따라 세우는 일이겠습니까?

위와 같은 하나님의 고유권한 곧 하나님의 지휘, 감독, 통솔권에 대하여 '공동번역'은 "**특히**, 육체의 더러운 욕망에 빠져 사는 자들과 '**하나님의 권위**'(권위; Google 사전; 남을 지휘 감독하거나 통솔하여 따르게 하는 힘)를 **멸시하는 자**들을 벌하실 것입니다."(벧후2:10) 해석하였고, '개역성경'은 "육체를 따라 더러운 정욕 가운데 행하며 '**주관하는 이**'를 멸시(멸시하다; Google 사전; 남을 업신여기거나 낮잡아 보다)하는 자들에게 '특별히' 형벌하실 줄을 아느니라."(벧후2:10) 이렇게 말씀하셨는데 말입니다. 여러분은 하나님의 고유권한은(민3:10; 공동번역; "너는 아론과 그의 아들들을 세워 사제〈제사장 일을〉 일을 맡아 보게 하여라. 다른 사람이 나섰다가는 죽으리라." 하셨는데도) 생각하지 아니하고, 그와 같이 여러분을 지휘, 감독, 통솔하시는 하나님의 권위를 멸시하며(벧후2:10), "여자들은 **교회 집회**에서 말할 권리가 없으니 말을 하지 마십시오."라고 사도 바울을

통해 주님께서 명령하신 말씀을, 분명하게 여러분에게 전달하였음에
도 불구하고, 주님의 명령을 따르지 않으면서까지(고전15:34-38) 특정
목사를 세우는데, 거기에 무슨 특별한 이유가 있는 것입니까?

그러므로 누구나 다 알아들을 수 있는 말로 질문을 하나 하겠습니
다. 여러분은 하나님을 믿는 사람입니다. 그렇지요?

그렇다면 우리가 다 하나님을 섬기는 사람으로서 하나님의 말씀들
듣는 것이 말씀에 순종하는 일입니까? 아니면 하나님의 말씀을 듣지
않고 사람의 말을 듣는 것이 말씀에 순종하는 일입니까?

그러므로 여러분은 생각을 한번 해 보십시오. "나는 한곳에만, 있는
하나님이 아니라 **어디든지 있는 하나님이다.**" 말씀하신 그 하나님 앞
에서 사람의 말을 듣는 것이, 하나님의 말씀을 듣는 것보다 옳은 일인
가를 말입니다. 우리는 사도 베드로와 요한과 같이 보고 듣고 깨달은
것들을 말하지 않을 수 없습니다.

참으로 우리나라 사람들은 이상도 합니다. 성경에 하나님께서 야
고보를 통해 말씀하시기를 "형제 여러분, 너도나도 선생이 되겠다고
하지 마십시오. 여러분도 다 아는 일이지만 선생 된 우리가 **더 큰 심
판**을 받을 것입니다."(약3:1; 현대인의 성경)라고 말씀하셨는데도, "주님
의 말씀을 가르치는 사람인 선생 된 우리가 하나님의 더 큰 심판"을
받는다는데도 아랑곳하지도 않으니 말입니다. 여러분이 그렇게 말에
실수가 없는 사람들이었습니까?

성경에서는 "우리는 다 실수가 많은 사람입니다." 말씀하고 있습니

다. 만일 사람이 말에 실수가 없으면 그는 자기 자신을 다스릴 수 있는 **"완전한 사람"**이라(약3:2)고 말입니다. 그런데도 살아 있는 하나님의 말씀은 아랑곳하지도 않고 그저 목사가 되고 싶어 합니다. 주의 종은 어떠한 사람들입니까?

성경에서 주의 종에 대해 "마땅히 주의 종은 다투지 아니하고 모든 사람을 대하여 온유하며 가르치기를 잘하며 거역하는 사람을 온유함으로 징계하는 사람"이라고(딤후2:24-26) 말씀하고 있습니다. 주의 종은 모든 성도의 모범이 되는 사람이어야 한다는 그 말씀입니다. 그리고 주의 종은 "자기들이 한 일을 **하나님께 보고해야 할 사람**(개역성경; 회계할 자인 것 같이; 회계; Google사전; 이해관계자의 재산 변동을 측정하고 분석하여 이를 이해관계자에게 보고하는 시스템을 말한다)들이므로 정신을 바짝 차리고(개역성경; 경성하기를; 경성하다; Google 사전; "정신을 차려 그릇된 행동을 하지 않도록 깨우치다."와 같이 그릇된 행동을 하지 않는 사람으로서) 여러분의 영혼(성도들의 영혼을)을 돌보아 주고 있는 사람"이라고(히13:17; 현대인의 성경) 성경은 말씀하고 있습니다. 같은 구절을 '공동번역'에서는 다음과 같이 해석하고 있습니다. "그들은(주의 종들은) 쉬지 않고 여러분의 영혼을(성도들의 영혼을) 돌보아 주고 있습니다. 그리고 그들은 장차 **'하나님께 자기가 한 일을 낱낱이 아뢰야 할 사람'**들입니다."라고 말입니다. 그러니 여러분들을 가르치는 진실한 하나님의 종들이 지고 있는 어깨의 무게가 얼마나 무겁겠습니까?

그러므로 확실히 알지 못하면서 가르치거나 행동한다면 어떻게 되겠습니까? 그렇게 되면, 하나님을 분노하시게 함으로써 말씀과 같이 "가르치는 우리가 더 큰 심판을 받게 되는 것"은 뻔한 일이 아니겠습니까?

이러한데도 주의 종이 되는 것을 두려워하지 않고 있는 사람들이 있습니다. 주의 종이 됨으로서, 자기가 한 일을 하나님 앞에서 다섯 달란트를 받은 종, 두 달란트를 받은 종, 한 달란트를 받은 종과 같이, 주의 종으로서 자신이 돌보아 주고 있는 양(성도)들에게 한 일을 하나님 앞에서 낱낱이 회계, 곧 보고(계산을)해야 하는데도 하나님을 두려워하지 않고 있는 것입니다. 그저 양들이 자기들에게 (히13:17; 너희를 인도하는 자들에게 순종하고 복종하라) 말씀을 들어(양들 위에 군림하려는 사람들처럼) 순종하고 복종하기만을 바라고 있습니다. 누가 한 달란트 받은 종과 같이(충성된 종의 반대로 해석한다면, 성도들의 영혼을 돌보아 주지 않음으로써,〈히13:17〉곧 동무들을 때리며〈마24:49; 예; 하나님의 종을 포함한 성도들을 지식으로, 돈으로, 권력으로, 힘으로, 명예로, 자신의 욕심과 욕망에 따라 '하나님의 종이라는 권세'로 자신 마음대로 떡 주무르듯 하여, 음란한 짓을 하고, 탐욕을 부리고, 우상을 숭배하며, 욕설을 일삼고, 착취하고, 억압하고, 도둑질하고, 사기 치는 행위 등을 하며〉술친구들로 더불어 먹고 마시게 되면〈옥스퍼드원어성경대전; "자기의 임무를 잊어버리고 감각적 쾌락 충족에 깊이 빠져 있는 것이다. 이렇게 외식적인 행위와 무절제한 태도는 악한 종의 주요한 특징이다." 하는 것〉; 요10:12-13; 삯꾼 목자와 같이 양들은 돌아다보지 않고 자기의 목구멍의 포도청을 위해 그리고 욕심의 배를 채우기 위해 일하게 되면 땅에 묻어 두는 종이 되는 것임에도 불구하고) 땅속에 묻어 두게 되는 종이 될지는 전혀 생각하지 않고 있는 것입니다.

하나님을 믿는다고 하면서 고라와 같이 하나님의 권위를 멸시하는 죄를 짓는 행위(예; 그것도 수천 년이 지난 오늘날에 와서, 하나님께서 세우시지도 않은 제사장 제도에 도전하는 그것이, 하나님의 권위에 대항하는 것이며, 하나님을 대적하는 것으로서, 하나님께 죄를 짓는 것이라고, 고라와 그를 추종하던 자들이 하나님을 멸시함으로 말미암아, 그들이 식구들과 함께 산 채로 지옥에 떨어진 다음에야 땅이 입을 다물었다고 계속 경고하고 있는데도 불구하고, 무시하며, 그리스도께 복종하지 않는 삶을 사는 것입니다.〈민16:33; 공동번역〉 그것이 하나님의 권위에 대항하는 것이 되는 일인데도 말입니다)인 줄을 알면서도 일부러 계속하여서 짓는 그런 사람들이 여러분은 아닐 것입니다.

그러므로 여러분은 잘 들으셔야 합니다. 그리고 잘 알아야 합니다. 그리고 깨달아서 주님에게로 돌아서야만 합니다. 예수님께서는 성령을 거역하는 것에 대하여 이렇게 말씀하셨습니다. '공동번역'입니다.

"또 사람의 아들을 거역해서 말하는 사람은 용서를 받을 수 있어도 성령을 거역해서 말하는 사람은 현세에서도 내세에서도 용서받지 못할 것입니다."(마12:32) 이렇게 말입니다. 무슨 말씀입니까?

하나님의 아들 곧 예수님을 거역하여(킹제임스성경; 거슬러; Google사전; 따르지 않고 그와 어긋난 방향을 취하다) 말하는 사람은 용서를 받을 수 있다는 말씀이 무슨 말씀일까요?

그 말씀은 이렇습니다. 예수님의 수제자 베드로가 예수님을 대제사장이 재판하는 곳에서 이렇게 부인을 한 것입니다. 첫 번째 **모든 사람** 앞에서(마26:69; 너도 갈릴리 사람 예수와 함께 있었도다 하거늘) 한 비자의 말에 베드로가 모든 사람 앞에서 부인하여 가로되 "나는 네가 말하는 것이 무엇인지 알지 못하겠노라." 하며 예수님을 부인(마26:70)하였습니다. 두 번째로 (마26:71; 이 사람은 나사렛 예수와 함께 있었도다) 다른 비자의 말에 **맹세**하고 예수님을 "알지 못하노라." 부인(마26:72)하였습니다. 세 번째로 (마26:73; 너도 진실로 그 당이라. 네 말소리가 너를 표명한다 하거늘) 곁에 섰던 여러 사람의 말에 **저주**하며 **맹세**하여 예수님을 "알지 못하노라." 부인(마26:74)하였습니다. 이렇게 주님의 말씀대로(막14:30) 예수님을 닭이 울기 전에 3번이나 부인을(마26:69-75) 했어도 부활하신 주님으로부터(요21:15; 내 어린양을 먹이라; 요21:16; 내 양을 치라; 요21:17; 내 양을 먹이라 하심으로써) 용서받은 것입니다. 그리고 사도 바울이 주님을 믿기 전에 주님을 알지 못하고 행한 일, 곧 **훼방자**요, **핍박자**요, **학대하던 자**이었으나 용서를 받은 것(딤전1:13; 현대인의 성경; 내가 전에는 하나님을 모독하고 성도들을 핍박하던 난폭한 사람이었으나 '믿지 않을 때, 모르고 한 짓'이므로 하나님께서는 나를 불쌍히 여기셨습니다)입니다.

그렇습니다. 두 사도가 주님을 확실하게 알지를 못했고 성령을 받기 전의 일이었습니다. 그래서 주님께서 성령을 받기 전, 인자를 말과 행동으로 거역한 사람은 용서받을 수 있어도 주님께서 보내신 성령이 오셨는데도 그분을 영접하지 않거나 성령님을 모셨음에도 불구하고(마7:21-23; 주여, 주여 하는 자들과 같이, 그리고 마12:43-45; 더러운 귀신이 떠나고 그 집이 비고, 소제 되고〈깨끗이 청소되고〉수리되어〈성령님이 계셨다가 떠난 집에〉악한 귀신 일곱이 더 들어간 사람과 같이, 그리고 히6:5-6; 하나님의 선한 말씀과 내세의 능력을 맛보고〈공동번역; 앞으로 올 세상의 권세의 맛을 본 사람들이 이제 배반하고 떨어져 나간다면〉타락한 자들과 같이) 자신 안에 계신 성령님께서 역사하시는 능력을 따라 일하지 않고, 그분의 뜻을〈자신 안에서 지시하시는 그분의 분부하심을〉거역함으로써, "성령은 없는 자니라." 말씀과 같이 그 자리에 마귀의 졸개들이 들어와 그들의 지시를 따라 일한다면(히6:8; 현대인의 성경; 만일 가시와 엉겅퀴를 내면 버림을 당하고 저주함에 가까워 그 마지막은 불사름이 되리라는 말씀하심과 같이) 그가 어떤 사람이든지 막론하고, 지금의 세상에서나 오는 세상에서도 용서받을 수 없다는 말씀을 하신 것입니다.

이 말씀은 오늘날에도 모든 믿는 사람들에게 적용되는 말씀입니다. 사도 바울을 예를 들어 이해가 되도록 말씀을 드리겠습니다. 예는 이렇습니다. 지금 여러분이 사도 바울의 '사적인 말'을 거역한다면 그런 사람은 염려할 것은 없습니다. 그것은 사도 바울을 통한 성령님의 지시가 아닌 것(옥스퍼드원어성경대전; 인간의 윤리적, 도덕적 범죄는 회개하면 용서를 받는다)으로서 개인적인 언행이나 지시들을 따르지 않아도 (마12:31-32; "사람의 모든 죄와 훼방은 사하심을 얻되, 그리고 누구든지 말로 인자를 거역하면 사하심을 얻되" 말씀처럼) 그것에 대하여서는 용서받을 수 있다는 그런 말씀입니다. 그런데 성령님께서 누구를 통하든지(예; 거룩한 사도들을 통해, 여러분에게 말씀하신 것을 거역하는 사람은) 현세에서나 내세에서도 용서받을 수 없다는 그런 말씀을 하신 것입니다. 그것은 **"하나님은 우리를 통해 여러분에게 말씀하고 계십니다."**(고후5:20; 현대인의 성경)라고 성령님께서 사도 바울을 통해 말씀하고 있기 때문입니다.

그와 같이 지금 하나님께서 사도 바울을 통해 말씀하고 계시는데도, 성령 하나님께서 사도 바울을 통해 말씀하시는 것을 들었음에도 (요일4:6; "우리는 하나님께 속하였으니 하나님을 아는 자는 우리의 말을 듣고 실천하지만, 하나님에게서 나지 아니하는 사람은 우리의 말을 듣지 아니합니다." 말씀하셨음에도) 불구하고 대수롭지 않게 생각하는 것입니다. 그럼으로써 씨 뿌리는 비유와 같이 말씀을 받아들였으나 거역하여 말씀을 따라 실천하지 않는 것입니다. 그런 사람들은 사도 바울이 스스로 생각해서 말하는 것으로 받아들이거나, 당시에 문화적 규례나 관습 등을 들먹여 핑계를 대거나, 그의 체험을 쓴 것으로 생각하여, 사도 바울로 전한 하나님의 말씀을 귓등으로 듣게 되는 것입니다. 또한 그런 사람들은, 성령 하나님께서 교회를 다니며 그리스도를 믿는다고 말하는 모든 사람에게 선포하시는 주님의 말씀을 별로 중요하게 받아들이지 않음으로서, 무시하고 거역하게 되는 것입니다. 그러므로 그런 사람들은 거룩한 사도들을 통해 전하신 말씀에 순종하기보다는, 그저 자신들의 가려운 부분들을 긁어 주는 말을 하나님의 말씀인 것처럼 가르치는 자의 말에 더 깊은 관심을 쏟아부으며, 귀담아듣게 되는 것(요일4:6; "하나님께 속하지 아니한 자"는 우리의 말을⟨하나님의 말씀을 하나님의 말씀으로⟩ 듣지 아니하고; 요일4:5; 저희는 세상에 속하였음으로 세상에 속한 말을 하매 세상이 저희 말을 듣느니라)입니다. 그와 같이 그들을 미혹한 자의 말을 들은 사람들이 유혹을 이기지 못하고, 끝내는 스스로 주님의 말씀을 저버리게 되는 것입니다.

그와 같이 사도 바울을 통해 성령님께서 하신 명령이나, 그분의 말씀을 스스로 저버리는 사람은 지금의 세상에서나 다가오는 세상에서도 용서받을 수 없다는 말씀(마12:32; 누구든지 말로 인자를 거역하면 사하심을 얻되 누구든지 말로 성령을 거역하면 사하심을 얻지 못하리라)을 '옥스퍼드 원어성경대전'에서도 "성령을 훼방(훼방; Google사전; 남의 일을 방해하는 것 곧 성령의 일을 방해하는 것을 의미합니다)하는 것은, 사하심을 얻지 못하겠고' 예수님께서 말씀하신 말씀 중에서 '성령을 훼방하는 것', 즉 모독하는 것(블라스페미아)은 일차적으로는 예수님께서 성령의 능력으로 행하신 기적을(마12:28; 그러나 하나님의 성령을 힘입어 귀신을 쫓아내는 것이면 하나님의 나라가 이미 너희에게 임하였느니라) 귀신들의 왕 바알세블의 능력을 힘입어 행한 것이라고 비방한 것을(마12:24; 바리새인은 듣고 가로되 이가 귀신의 왕 바알세불을 힘입지 않고는 귀신을 쫓아내지 못하느니라 하거늘) 가리킨다. 그들은 예수 그리스도를 통해 나타난 '성령의 역사'를 '눈으로 보면서도 받아들이지 않고,' 오히려 '사단의 역사'로 규정하며 완강히 배척했기 때문에, 하나님의 사하심을 받지 못할 것이다. 그러나 이는 당시 바리새인들에게만 국한된 문제는 아니다. **성령의 감화, 감동에 의해 명백하게 드러난 하나님의 뜻**을 고의적으로 완강히 거부하고 대항하는 모든 시대의 사람들 역시 하나님의 사하심을 받지 못하는 성령 훼방죄를 저지르는 사람이다."(히6:4-6)라고 해석하고 있습니다.

그렇습니다. 성령님의 감화, 감동에 의하여 확실하게 드러난 하나님의 말씀을 누구든지 고의(고의; 위키백과; 고의는 형사법에서 '타인의 권리〈예; 하나님의 권리〉를 침해'하는 줄 알면서 일부러 하는 생각이나 태도를 말한다)적으로 완강히 거부하거나 대항한다면 예수님의 말씀과 같이 현세에서도 내세에서도 용서받지 못한다는 것을 말씀하시는 것입니다.

위와 같은데도 불구하고, 하나님께서 세우시는 제사장 직분에 스스로 도전함으로써, 자기가 여호와께서 모세로 말씀한 바와 같이 '하나님의 권위를 멸시하는 것'이 된 것인데도, 그와 같은 행동을 하여 하나님을 거역하는(민16:10-11; 현대인의 성경; 제사장 직분까지 맡으려고 하느냐? 너희는 지금 한 패거리가 되어 여호와를 거역하고 있다) 사람들은 그와 같은 행동들이 하나님께 죄를 짓는 그런 행위인 줄도 모르고 있는 것입니다. 고라와 그를 따르던 추종자들이 하는 짓을 그대로 복사하면서 말입니다.

그 옛날, 레위 자손 고라와 르우벤 자손 다단과 아비람과 온은 왜 제사장이 되고 싶어 했을까요? 그들은 모세와 아론에게 이렇게 말하였습니다. "너희가 분수에 지나도다. 회중이 다 각각 거룩하고 여호와께서도 그들 중에 계시거늘 너희가 어찌하여 여호와의 총회 중에 높이느뇨?"(공동번역; 야훼의 회중 위에 군림하오.)

그 말에는 '우리도 여호와의 제사장이 되어 여호와의 총회 위에 군림해 보고 싶소.'라는 뜻이 숨겨져 있는 것입니다. 다시 말해서 그들의 지나친 정도와 욕심이 고라와 그를 따르는 추종자들의 말에 들어 있다는 말입니다. 그것은 종교(경건을)를 고작 자신의 '**이익의 수단**'으로 생각하는 사람들에게는 다툼이 끝없이 일어난다는 말씀처럼 그런 뜻의 말인 것입니다. 그러니 잘 생각하시기를 바랍니다.

그런 그들에게 이스라엘의 지도자 모세는 말합니다. "너희 레위 자손들아 들으라. 이스라엘의 하나님이 이스라엘 회중에서 너희를 구별하여 자기에게 가까이하게 하사 여호와의 성막에서 봉사하게 하시며 회중 앞에 서서 그들을 대신하여 섬기게 하심이 너희에게 '**작은 일**'이겠느냐? 하나님이 너와 네 모든 형제 레위 자손으로 너와 함께 가까이 오게 하신 것이, 작은 일이 아니거늘 **너희가 오히려 제사장의 직분을 구하느냐?** 이를 위하여 너와 너의 무리가 다 모여서 **여호와를 거스르는도다.** (현대인의 성경; 거역하고 있다)"(민16:8-11)

그렇습니다. "주여, 우리가 전한 것을 누가 믿었으며 '**주의 능력**'이 누구에게 나타났습니까?"(요12:38) 하신 말씀과 같이, 우리가 하나님의 은혜를 입어 주의 능력으로 예수 그리스도를 믿음으로써, 세상으로부터 건지심을 받고, 하나님 자신에게 가까이하게 하시며, 교회에서 봉사(히13:16; 현대인의 성경; 선을 행하는 일과 서로 나눠주는 것을 잊지 마십시오. 이런 제사는 하나님이 기뻐하십니다)하게 하시고, 성도들 가운데서 구별하여 대신 하나님 앞에 나와 찬양단원으로서 찬양하게 함(히13:15; 예수님을 통해서 언제나 하나님께 찬양의 제사를 드립시다. 이것은 그분의 이름에 감사하는〈개역성경; 그의 이름을 증거하는〉 우리의 입술의 열매입니다. 성도들이 부르는 찬양의 제사도 같은 것입니다)과 같이, 섬기는 특권(레위 자손들의 하는 일과 같이 예를 든다면; 고전12:28; 기적을 행하는 사람이요, 병 고치는 사람이요, 남을 돕는 사람이요, 다스리는 사람이요, 방언하는 사람들)을 주심을 작은 일로 생각해서는 안 되는 것입니다.

그와 같이 하나님께서 은혜를 베풀어 주셨음에도 불구하고, 겨우 한다는 말이 "당신들은 지나치오. 야웨께서 온 회중 가운데 계시어 온 회중이 다 거룩한데, 어찌하여 당신들만이 야훼의 회중 위에 군림하시오." 하고 말하는 것입니다. 오늘날 목사직(제사장직)을 요구하는 여러분들도 저들과 무엇이 다른지 생각해 보시기를 바랍니다. 그러므로 두려운 날이 이르기 전에 빨리 돌아서서 회개하여, 하나님으로부터 죄 용서함을 받으시는 것이 여러분에게는 절대적으로 필요한 것입니다. 그러니 은혜의 때를 절대로 놓치지 마시기를 바랍니다.

그러므로 하나님께서 여러분을 확실하게 주의 종으로(고전14:34) 세우시지 않으셨다면, 자신이 목사가 되고자 하는 생각으로부터 돌아서는 사람에게 **회개할 기회**를 주셔서, **진리를 깨닫게 하여 주실 것**(딤후2:25-26; 거역하는 자를 온유함으로 징계할지니 혹 하나님이 저희에게 '회개함을 주사 진리를 알게 하실까' 하며 저희로 깨어 '마귀의 올무'에서 벗어나 '하나님께 사로잡힌 바 되어 그 뜻을 좇게 하실까' 함이라는 말씀과 같이 말입니다)입니다. 그리하여 마침내 하나님께서 여러분에게 여전히 계속해서 은혜를 베풀어 주셨음을 알고(고전12:28; 직분 주심의) 여러분은 그 은혜에 감사하는 사람들이 될 것입니다.

하나님께서는 여러분의 영혼을 불쌍히 여기시고 기다리고 계십니다. 명심하시기를 바랍니다. 여러분의 마음이 하나님께로 돌아오기를 바라며 본문을 이어 가겠습니다. 위에서 말씀드린(민16:8-11) 바와 같이 레위 자손 고라와 그를 따르던 사람들은 하나님께서 자신들에게 하나님을 섬기는 특권을 그와 같이 주셨음에도 불구하고 자신들의 욕심을 따라 "우리도 너희와 같이 레위인이기 때문에 제사장직까지 다 할 수 있는 권한이 있다."라며 모세와 아론에게 요구하였습니다. 그러자 하나님께서 "어째서 너희가 제사장직마저 요구하는가?"라고 이스라엘 지도자 모세를 통해 말씀하신 것을 목사가 되려고 하는 사람들과 목사가 된 사람들은 진실로 깨달아야만 하는 것입니다. 그러므로 여러분에게 묻겠습니다.

전지전능하신 여호와 하나님의 능력의 힘으로 이스라엘을 애굽으로부터 탈출시킨 모세가, 스스로 이스라엘 백성의 지도자가 되고 싶어서 그들의 지도자가 되었을까요? 그리고 이스라엘 백성들과 함께 홍해 바다 앞에 당도한 모세가, 모세 자신의 능력으로 '모세가 바다 위로 손을 내밀자' 홍해 바다가 갈라졌을까요?

아론은 스스로 하나님의 대제사장이 되었을까요? 그것도 아니면, 아론의 아들들이 스스로 하나님의 제사장이 되고 싶어서 제사장이 되었을까요?

그들을 하나님께서 부르시고 세우심은 이렇습니다. 이스라엘 지도

자 모세는 하나님께서 부르셨고 하나님의 보내심을 받은 사람(출3장과 4:1-17)입니다. 모세가 여러 가지 기적을 행하도록(출3:20; "내가 여러 가지 기적으로 이집트를 벌할 것이니" 말씀과 같이) 하나님이 모세와 함께하셨습니다. 홍해 바다를 하나님께서 모세를 통해(출14:21-22; 현대인의 성경; 모세가 바다 위로 손을 내밀자, 여호와께서 밤새도록 강한 동풍을 불게 하셔서, 바닷물을 물러가게 하셨으므로, 바다가 갈라져 마른 땅이 되었다. 이스라엘 백성이 좌우, 물 벽 사이로 마른 땅을 밟고 바다를 건너갔다는 말씀과 같이) 가르셨습니다. 아론을, 여호와 하나님께서 모세의 대변자로(출4:16; 그가 너를 대신해서 백성들에게 말할 것이며, 그는 너의 대변자가 되고, 너는 마치 그에게 하나님처럼 될 것이라는 말씀과 같이) 세우셨습니다. 또한, 여호와 하나님께서는 아론과 그의 아들들을 대제사장과 제사장으로(민3:10; '아론과 그의 아들들만 제사장 직무'를 수행하게 하고 그 외에 성소에 접근하는 자는 처형시키라는 말씀과 같이) 세우셨습니다. 이와 같이 모세와 아론과 그의 아들들을 하나님께서 부르셔서 백성의 지도자로 제사장으로 세우셨습니다. 그래서 모세는 이렇게 말합니다. "여러분은 다음 일을 보고 지금까지 내가 한 모든 일이 **내 마음대로 한 것**이 아니라 **여호와께서 나를 보내셔서 하게 한 일**임을 알게 될 것입니다."(민16:28; 현대인의 성경)라고 말입니다.

그러므로 하나님께서 특별히 세우시지 않으셨음에도 불구하고, 거룩한 목사의 직분을 스스로 취하려고 하는 그러한 행동들은(현대인의 성경; 너희는 지금 한 패거리가 되어 여호와를 거역하고 있다는 말씀과 같이 그리스도에게 복종치 않는 자들로서) 고라와 그를 따르는 추종자들과 같이 자신들을 부르시고, 구원하시며, 가까이하게 하신 하나님을, 지금 한 무리가 되어 떼거리로 그분을 **'거역'**하고 있다는 것을, 특정 목사제도를 세워도 된다고 주장하는 사람들과, 특정 목사가 되고 싶어 하는 사람들과, 지금 특별히 사람이 세워 특정 목사가 된 여러분들은 확실하게 알아야만 합니다. 제사장직을 요구하던 고라와 그의 추종자들과 같이, 하나님께서 특별히 세우시는 제사장직(목사직)을 여러분들도 스스로 할 수 있다고 피켓을 들고 시위할 정도로 요구하는 것은, 땅이 갈라져 멸망의 사람들이 서 있는 자리에 저들과 함께 서게 되는 일을 하는 것이라는 것과 하나님을 거역하는 그러한 반역죄가 하나님의 분노하심을 최고로 불러일으키는 일인 것입니다. 그 결과로 고라와 같이, 여러분들이 하나님의 분노하심으로 내리시는 재앙들을 여러분들과 여러분들을 추종하는 자들의 처소로 불러들이게 된다는 것도, 꼭, 꼭, 꼭 알아 두어야만 합니다. 그것은 왜냐하면 여호와 하나님께서는 하나님을 멸시하던 고라와 다단과 아비람과 온과 그들의 추종자들을 "육체가 살아 있는 그 상태로(산 채로) 지옥 불"에 떨어뜨리는 최고로 무서운 벌을 그들에게 내리셨기 때문(민16:33; 공동번역; 그들이 식구들과 함께 '산 채로 지옥'에 떨어진 다음에야 땅은 입을 다물었다)입니다. 무슨 말씀입니까?

그것은 부활하여 심판 후에 있을 법한 일을 "악인들은 심판 날까지 계속 벌을 받게 하실 수 있으십니다."라는 말씀과 같이 "살아 있는 육체의 몸으로 불구덩이"에 들어가 죽지 않고 살아서 그 고통을 흰 보좌 심판 날까지 계속 벌을 받게 된다는 것을 말씀하고 있는 것입니다. 그러므로 "몸은 죽여도 영혼은 능히 죽이지 못하는 자들을 두려워하지 말고, 오직 몸과 영혼을(산 채로) 지옥에 던져 멸망시킬 수 있는 분을 두려워하라."(마10:28; 개역성경, 공동번역)고 주님께서는 말씀하셨습니다. **지옥은 사람이 죽는 장소가 아닙니다.** 잘못 생각하면 안 되는 것입니다. 지옥은 하나님의 은혜를 저버리고 악한 일을 하며 죽은 사람의 영혼이, 살아 있는 몸 상태에서도 벌을 받게 할 수 있는 장소입니다. 그러니 성경 하나님의 말씀을 사람의 말이나 신화처럼 받아들이지도 말고, 여기지도 마시기를 바랍니다. 그리고 하나님의 살아 있는 말씀을 허투루 듣지 마시기를 바랍니다. 하나님의 말씀을 잘못 듣고 행하면 고라와 그의 추종자들에게 일어나는 것과 같은, 무시무시한 두려운 일들이 자신에게 일어나게 되는 것이기 때문입니다.

하나님의 말씀은 생생하게 살아 있습니다. 창세 때에 여호와 하나님께서 하와에게 명하신 바와 같이 여전히 말입니다. "내가 너에게 임신하는 고통을 크게 더할 것이니, **너는 고통을 겪으며 자식을 낳을 것이다.**" 말씀하시지 않았습니까?

여호와 하나님께서 말씀하신 대로 여자라면 누구나 여전히 임신하는 고통을 겪고 있는 것처럼, 하나님의 입에서 나가는 그분의 말씀은, 그분의 뜻을 다 이루기까지는 그분에게 헛되이 돌아가지 않는 것(사55:11)입니다. 그러므로 하나님의 입에서 나간 말씀은 그분의 뜻을 다 이루기까지는 옛날이나 지금이나 조금도 변함이 없으신(약1:17; 각양 좋은 은사와 온전한 선물이 다 위로부터 빛들의 아버지께로서〈현대인의 성경; 빛을 창조하신 하나님 아버지에게서〉 내려오나니 그는 변함도 없으시고 회전하는 그림자도〈하나님은 움직이는 그림자처럼 변하는 일이 없으십니다〉 없으시니라; 히13:8; 예수 그리스도는 어제나 오늘이나 영원토록 동일하시다는 말씀과 같이 변함이 없으신 분입니다) 것입니다. 그래서 하나님의 말씀은 여전히 하나님의 명을 따라 충실하게 일하고 있기에, 여자라면 누구나 그 고통을 피해 가지 못하고, 그 고통을 고스란히 받으면서 아이를 낳게 되는 것입니다. 그것을 여러분 모두가 실제로, 창세 때에 여호와 하나님께서 하와에게 내리신 말씀 그대로 여전히 임신하는 고통을 체험하고 있는 것처럼, **하나님의 말씀은 살아 있어서 여러분 안에서 여전히 하나님의 명하신 일을, 행하고 있는 것입니다.**

그분의 말씀이 이러하신데도 하나님의 말씀을 두려워하지 않고, 사람의 말처럼 변질시키려는 자들이 여기저기에 있는 것(갈1:7; 현대인의 성경; 사실 다른 복음이란 있을 수가 없습니다. 다만 어떤 사람들이 여러분을 혼란 가운데 빠뜨리고 그리스도의 복음을 변질시키려는 것에 지나지 않습니다. 우리뿐만 아니라 하늘에서 온 천사라도 우리가 여러분에게 전한 기쁜 소식 외에 다른 것을, 전한다면 〈개역성경; 저주를 받을지어다〉 저주를 받을 것입니다)입니다.

그렇습니다. 그리스도의 복음을 변질시키며 여러분을 미혹하는 자, 마귀의 지시를 따라 행하는 자들은 하늘에서 온 천사라도 저주를 받아야 마땅한 것입니다.

이처럼 **'성경', '하나님 입에서 나오는 말씀'**이 사람의 말이 아닌데도 (고후5:20; 현대인의 성경; '하나님은 우리를 통해' 여러분에게 말씀하고 계시는 것입니다. 우리가 '그리스도를 대신'하여 여러분에게 간청합니다. 성령 하나님께서 형제 사도 바울을 통해 말씀하고 계시는데도) 불구하고 말씀을 분간하지 못하고 **'사람의 말'**로(살전2:13; 현대인의 성경; "여러분이 우리가 전한 말씀을 받을 때 '사람의 말'로 받아들이지 않고"라고 말씀하셨는데도) 받아들이는 사람들이 있습니다. 그러므로 말씀의 뜻을 알지 못하고, 왕 중의 왕이신 하나님의 말씀에 불순종하여 항거하는 것입니다. 그러므로 고라와 함께 작당한 한 패거리와 같이 회개하지도 않고 하나님을 계속하여 거역한다면, 저들과 같이 "땅이 입을 열어 산 채로 깊은 구렁(개역성경; 음부; 공동번역; 지옥에 떨어뜨릴 것이다)에 떨어뜨리게 되는 것"입니다. 그와 같은 일을(반역자들을 지옥에 떨어뜨리는 일을) 하나님께서는 이스라엘의 지도자 모세를 통하여 다음과 같이 "일을 시작하신 것"입니다.

"모세가 입을 열었다. '너희는 이제 일어나는 일을 보고 내가 여태껏 한 모든 일이 **내가 멋대로 한 일**이 아니라 야훼께 보내심을 받아 한 일임을 알게 될 것이다. 이 사람들이 보통 사람이 죽는 것처럼 죽는다면, 야훼께서 나를 보내신 것이 아니다. 이제 야훼께서는 여태껏 너희가 들어 본 적도 없는 일을 하실 것이다. 땅이 입을 벌려 이들과 딸린 식구들을 함께 삼켜 모두 **산 채로 지옥에 떨어뜨릴 것**이다. 그러면 너희는 과연 이들이 **야훼를 업신여겼다는 것**을 알게 되리라.' 이 말을 마치자마자 '그들이 딛고 서 있던 땅이 갈라졌다.' 땅은 입을 벌려 그들과 집안 식구들을 삼켜 버렸다. 그들이 식구들과 함께 '산 채로 지옥'에 떨어진 다음에야 땅은 입을 다물었다. 이렇게 그들은 이스라엘 회중 가운데서 사라져 버렸다. 그들의 아우성치는 소리를 듣고 주변에 서 있던 이스라엘 사람들은 '땅이 우리도 삼키겠구나' 하며 달아났다. 향을 피워 가지고 나왔던 이스라엘의 지도자 250명도 야훼에게서 나온 불이 살라 버렸다."(민16:28-35; 공동번역)

위 말씀과 같이 여호와 하나님께서 고라와 그를 따르던 사람들로 말미암아 **'제사장 요구 건'**에 대하여 본보기로 삼아 보여 주셨습니다. 이러한데도 불구하고, 그리고 "여자들은 교회 집회에서 말할 권리가 없으니 말을 하지 마십시오" 말씀하셨음에도 불구하고 듣지 않으며, 오히려 그분의 말씀까지 멸시하고, 자신들의 욕심에 의하여 제사장이 되고 싶어서 스스로 악을 행하는 사람들을, 예레미야 때에 예루살렘 예언자들과 같이, 그 죄에서 돌아서게 하지 않고, **'하나님께서 세우신 제도와 말씀과 그분의 권위를 무시'**하면서까지, 인간이 하나님을 섬기는 제사장직을 인간 멋대로 세워도 된다고 생각하여, '하나님의 일'은 생각하지 아니하고, 오히려 '사람의 일'을 생각하고 있는 것입니다. 그와 같은 생각으로 특정 목사를 세우고 있기에, 그런 일들이 하나님께 악을 행하는 그런 행위인 줄도 모르고 있는 것입니다. 부끄러움도 모르고, 예레미야 선지자 때의 거짓 예언자들처럼, 특정 목사가 되려고 하는 사람들과 특정 목사가 된 사람들에게 잘하고 있는 일이라고 힘내라고 "격려하고 그들을 칭찬하고 있는 것"(렘23:14; 현대인의 성경; "나는 또 예루살렘 예언자 가운데서도 끔찍한 일을 보았다. 그들은 간음하고〈공동번역; 헛소리를 따라가고 못된 것들 편이 되어 주며 잘못을 뉘우치는 사람 하나 없어〉 거짓말할 뿐만 아니라 악을 행하는 자를 그 죄에서 돌아서게 하지 않고 오히려 그들을 격려하고 칭찬하였다"는 말씀과 같이 행하고 있는 것입니다)입니다. 그와 같이 끔찍한 일을 하는 사람(예루살렘 예언자들 가운데에서도 끔찍한 일을 벌인 사람들은)들은 주님의 눈에는 어떻게 비추어졌을까요?

> **"그들은 다** 내 앞에서 소돔 사람과 다름이 없고 그 거민은(현대인의 성경; 예루살렘 주민은) 고모라 사람과 다름이 없느니라."(렘23:14)

여러분은 왜 하나님의 눈에 그와 같이 비추어지려 하십니까? 주의 종들은 쉬지도 않고 성도들의 영혼을 돌보아 주고 있었던 일, 곧 자기가 한 일을(현대인의 성경; 정신을 바짝 차리고 여러분의 영혼을 보살피는 일) 하나님 앞에서 낱낱이 보고해야(히13:17) 하는데도 하나님의 종으로서(말1:6; 좋은 주인을 공경하나니 내가 주인일진대 나를 두려워함이 어디 있느냐? 이렇게 "주인을 두려워하지 않는 그것이 그 주인을 멸시함"인데도 "너희는 나를 멸시하고서도 오히려 우리가 어떻게 주의 이름을 멸시하였습니까?" 하고 말하였다는 말씀과 같이) 자신의 주인을 두려워하지 않으면서까지 왜, 자기를 위한 목사(제사장)가 되려고 안간힘을 쓰는지 모르겠습니다.

여러분은 지금 고라와 그를 추종하는 자들처럼 은사로 각 사람을 자기 뜻에 맞게 세우신 하나님 여호와를 두려워하지 않고, 은사를 나누어 주신 직분에 불만을 품어 세상 직업과 같이 생각하고 있습니다. 여러분 스스로 특정 목사가 됨으로써 여러분의 하나님을 이미 거역하는 죄를 짓고 있는데도, 하나님께 죄를 짓고 있다는 생각은 조금도 하지 않고 있는 것입니다.

지금 여러분은 하나님께서 세우신 제도(민3:10; 공동번역; "너는 아론과 그의 아들들을 세워 사제 일을 맡아 보게 하여라. '아론의 딸'들이 아니라 '아론의 아들'들을 세워 사제 일을 맡아 보게 하여라." 말씀하셨는데도)에 반기를 들고(민16:3; 공동번역; "그들이 모세와 아론에게 모여 와서 항의하였다." 한 것처럼; 데일리굿뉴스; "안수권을 넘어 가부장적이고 남성 중심적인 교회의 관습이 달라져야 한다고 주장했다."와 같이) 주님의 거룩한 명령들을(요15:17; "내가 이것을 '명함'은 너희로 서로 사랑하게 함이라.〈현대인의 성경; 서로 사랑하여라. 내가 너희에게 '명령한 것'이 바로, 이것이다〉 하셨건만 지키지 않으며, 고전14:35; 공동번역; "여자들은 '교회의 집회에서 말할 권리'가 없으니, 말하지 마시오" 하시며, "내가 너희에게 편지한 것이 '주의 명령'인 줄 알라." 말씀하셨건만 듣지 아니하고) 거역하고 있는 것입니다.

성령님께서 사도 바울을 통해 전한 말씀에 복종하지 아니하고, 하나님의 권위를 멸시하며, 여러분 스스로 특정 목사가 됨으로써 복음에서 서둘러 빠르게 떠나, 거룩한 생활을 하지 않는 여러분들은 지금 하나님과 교제하고 있다고 자신 있게 말할 수 있을까요? 하나님께서는 히브리서 기자를 통하여 "거룩함을 추구하십시오. 거룩해지지 않고서는 아무도 주님을 보지 못할 것입니다." 말씀하셨는데 말입니다. 그리고 성경에서는 "만일 우리가 하나님과 교제한다고 하면서(개역성경; 하나님과 사귐이 있다고 하고) 죄를 짓는 어두운 생활을 계속한다면(예; 거역하는 가운데 회개치 아니하고 계속 어두운 가운데 행하면) 우리는 진리대로 살지 않는 거짓말쟁이에(거짓말을 하고 진리를 행치 아니함이거니와) 불과합니다."(요일1:6; 현대인의 성경) 말씀하고 있는데 말입니다.

그러나 하나님께서는 사도 요한을 통해 "여러분들이 그러한 불순종에서 벗어나서 회개하고 순종함으로 돌아서서, '빛 가운데서 생활'을 한다면, 여러분은 하나님과 교제하게 되는 것이며, 하나님의 아들 예수님의 피가 우리를 모든 죄에서 깨끗하게 하시는 것입니다. 그런데도 지금과 같이 전지전능하신 아버지와 그분의 아들, 그리스도의 명령에 복종하지 아니하면서도, 그런 자신이 죄인이 아니라고 한다면, 자기 자신이 자신을 스스로 속이고 있는 것이 되며, 그런 사람들 속에는 진리의 말씀이 거하지 않게 되는 것입니다. 그러나 여러분이 자신이 짓고 있는 그러한 죄를 자백한다면, 신실하시고 의로우신 하나님은, 그러한 여러분의 죄를 용서하시고, 모든 불의에서 우리를 깨끗하게 하실 것입니다."(요일1:7-9; 개역성경, 현대인의 성경)라고 말씀하셨습니다.

죄를 자백한다면, 말입니다. 여러분의 죄를 용서하시고 깨끗하게 하신다고 말씀하시는데도, 자신은 아무 죄도 죄를 짓지 않았다고 욥처럼 생각하고 있는 것입니까? 정말 그렇습니까? 그래서 여러분은 스스로 특정 목사가 되었으면서도 아직도 자신의 죄를 하나님께 고백하지 않고 있는 것입니까? 주님의 말씀에 지금과 같이 불순종(고전 14:35, 37; 주님의 명령을 거역하고 그리스도께 복종하지 않고 있으면서)하고 있으면서 말입니다. 그와 같은 행동들은 하와같이 주님을 어설프게 아는 지식 때문에 뱀에게 속아 나오는 행동들이라는 것을 정말 모른다는 말입니까?

지금은 여러분들이 모르기 때문에 그들을 미혹한 자에게 속아, 하나님께서 특별히 세우시는 하나님의 권위에 도전하는 죄를 짓고 있으면서도, 죄를 짓지 않고 있다고 생각하고 있는 것입니다. 고라와 그를 따르는 추종자들처럼 말입니다.

고라가 반기를 든 이후로 '수천 년이 지나오는 동안'에 여러분들처럼 특정들도 제사장이나 사도나 지금과 같은 목사직을 할 수 있다고 제사장들이나 사도들에게 반기를 들며 나온 사람들이 있었습니까?

오늘날 목사(예언자, 곧 하나님의 말씀을 받아 전하는 사람)가 되는 것을 하나님께서 허락하시지 않았는데도, 자신 스스로 특정 목사가 됨으로써 자기의 입으로는 하나님을 안다고 하고 있지만, 자신의 행위로는 자신이 하나님을 안다는 것을 하나님 앞에서 부인하고 있다는 것을

(딛1:16; 현대인의 성경; 그들은 하나님을 안다고 하면서도 〈스스로 특정 목사가 됨으로써〉 행동으로는 그것을 부정하고 있습니다. 그들은 밉살스럽고 불순종하는 〈개역성경; 가증한 자요 복종치 아니하는 자요〉 사람들입니다) 정말 모른다는 말입니까?

그 옛날, 예수님이 누구이신지를 알지 못하여 믿지 못함으로써 죄를 지었던 로마 병사와 백성들처럼, 여러분도 주님께 무슨 짓을 하고 있는지 정말 모르고 있단 말인가요?

지금 여러분들은 영광의 주를 재판하는 빌라도의 재판 중에서 "십자가에 못 박혀야 하겠나이다."(마27:22-23) 소리를 지르던 백성들과 같이, 그리고 영광의 주님을 십자가에 못을 박는 일을 서슴없이 하면서도 저들이 주님께 무슨 죄를 짓고 있는지 모르던 빌라도 총독과 그의 병사들과 같이, 여러분을 위하여 주님께서 십자가에서 죄를 용서하는 거룩한 피를 흘려 주셨으며, 말로 표현할 수 없는 넓고도 깊으신 그와 같은 하나님의 은혜를 받았음에도 불구하고, 배은망덕하게도 은혜를 갚을 줄도 모르고 있습니다.

오히려 고라와 그를 따르는 무리처럼, 모세와 아론이 하나님의 보내심을 받지 않고서 '자기들 마음'대로(민16:28; 여호와께서 나를 보내사 이 모든 일을 행케 하신 것이요, 나의 임의로 함이 아닌 줄을 이 일로 인하여 알리라) 여호와의 백성들을 지도하고 있는 것이 아닌데도 불구하고, 모세와 아론에게 **하나님께서 세우신 제사장 직분**을 내놓으라고 요구함으로써, 하나님의 권위에 대항한 것입니다. 그렇게 함으로써 애굽의 노예 생활에서 자신들을 구원해 주셨으며, 하나님의 백성 삼아 주신 그분의 그 크신 은혜도 모르고, 제사장을 세우는 권리가 "회중이 다 거룩하고 여호와께서 그들 중에 계시거늘" 말하며 모세와 아론과 비교할 때 자기들도 그런 점에(회중이 다 거룩하고 여호와께서 그들 중에 계시는 점) 대해서는 크게 다를 바가 없는데 왜, 너희들만이 특별한 것처럼 너희 스스로 여호와의 총회 위에 군림하고 있는가 하며 억지 주장을 하고 있는 것입니다. 그럼으로써 모세와 아론과 비교하였을 때 크게 다르지도 않은 자신들도, 모세와 아론처럼 제사장 직분을 수행할 수 있다고, 그리고 제사장을 세우는 권리가 자신들에게도 있다고(같은 그리스도를 믿는, 특정 목사가 되고자 하는 사람들도 목사가 될 수 있다고 주장하는 오늘날과 같이) 요구하는 것입니다. 그와 같이 하나님은 아랑곳하지 않고 '자기들 멋대로 제사장 직분을 세워' 자기들 스스로 모세와 아론처럼 제사장 직분을 수행할 수 있는 것으로 생각을 하게 된 것입니다.

그분이 세우신 **'하나님의 절대적인 권위에 대항함'**으로써 여호와 하나님을 멸시하게 된 것처럼, 수천 년 태고의 세월이 지난 오늘날에 와서 고라와 그의 추종자들이 당한 일을 그대로 복사하면서, 마귀의 노예 생활(히2:14-15; 사망의 세력을 잡은 자 곧 마귀를 없이 하시며, 또 죽기를 무서워하므로 일생에 매여 종노릇 하는 모든 자를 놓아주려 하셨다는 말씀과 같이 죽기를 무서워하므로 일생에 매여 종노릇 하는 마귀의 노예 생활에서 우리를 구원하신 주님입니다)에서 구원하신 주님의 은혜는 생각하지 않고 있습니다. 하와가 선악을 알게 하는 실과를 따서 먹으면서도 그것이 죄인 줄도 모르는 것과 같이, 제사장직을 요구하는 여러분도 하와와 같이 그것이 죄인 줄을 모르고 있는 것입니다. 그러므로 죄인 줄도 모르고 행동하는 사람들에 대하여, 십자가에서 그 고통과 아픔을 겪으시면서까지 말씀하신 주님의 말씀이 생각나게 하셨습니다. "아버지 저 사람들을 용서하여 주십시오. 저들은 자기들이 하는 일을 모르고 있습니다."(눅23:34)

정말 모르고 있는 것입니다. 그렇게 예수님께서는 십자가에서 우리를 위하여 자신의 생명을 희생하시면서까지 그리고 자기의 생명을 내어 주시면서까지 용서를 구하셨건만, 병사와 백성들처럼 많은 사람이 하나님께 죄를 짓고 있으면서도, 죄를 짓는 줄을 알지 못함(요일 1:10; "우리가 죄를 지은 일이 없다고 말하면 하나님을 거짓말쟁이로 만드는 것이며" 말씀처럼)으로써 **자신이 하나님을 거짓말쟁이**로 만드는 죄인인 줄도 모르고 있는 것입니다.

여호와 하나님께서 구약 시대에서 말씀하신 하나님의 말씀을, 신약 시대에 와서는 같은 말씀인데도 너무 가볍게 보는 경향이 있습니다. 그리고 신약 시대는 **성령 시대**라서 구약시대보다 더욱 강화된 것 (대표적인 것으로 "여자를 보고 음욕을 품은 자마다 마음에 이미 간음하였느니라." 〈마5:20-48〉 하여 육체의 행동에서 마음으로 들어온 것)을 교인들은 잘 알지 못하고 있는 것입니다. 신약 시대에서는 성령님을 따라 살지 않고서는(예; 육체를 따라 살지 않고 성령을 따라 사는 우리 속에서 율법의 요구가 모두 이루어진 사람으로 살지 않고서는) 경건하게 살 수 없음(딛1:1-4; 현대인의 성경; 나는 하나님께서 선택한 사람들을 믿게 하고, 그들에게 경건하게 사는 진리를 가르치기 위해 사도가 되었습니다)을 가르치고 있지만, 그렇게 받아들이지 못하고 있는 것입니다. 그렇기에 지난 과거(구약)에 하나님께서 모세를 통해 보여 주셨는데도 (민16:36-40; 〈제사장직을 놓고 고라와 함께 반역을 꾀하던 250명의 이스라엘 회중의 두령들이 여호와에게서 불이 나와 그들이 타 죽음으로써 그들이 드린 놋쇠로 만든 향로를 녹여〉 제단 표면을 싸는 놋쇠 판으로 번제단을 만들어 놓으시고, 이스라엘 백성들이 그 번제단을 쳐다봄으로써 경고가 되게 하셨는데도) 아득히 먼 옛날 옛적 일로만 생각하는 것입니다.

만일 여러분이 모세와 아론에게 생긴 일을 옛날 일로만 생각한다면, 그 옛날에 모세에게 말씀하시던 하나님은(출4:5; 마22:32; "나는 아브라함의 하나님이요, 이삭의 하나님이요, 야곱의 하나님이로라." 말씀하시던, "죽은 사람의 하나님이 아니요, 산 사람의 하나님이시라." 말씀하신 여호와 하나님은) 오늘날의 여호와 하나님, 그분이 아니라는 말입니까?

아니면 우리 하나님의 말씀이(이름 있는 어느 유명한 성경주석에서 고전 11:10의 "이러므로 여자들은 천사들을 인하여 권세 아래 있는 표를 그 머리에 둘지니라." 구절을 해석하면서 "끝을 맺기를 바울이 판단하건대 하나님의 창조원리에도 정확하게 부합하고 당시 사회적 관습에도 역행하지 않는 여자로서의 자연스런 태도이다. 그러므로 바울은 여자의 예배포를 쓰는 것을 권면하였지만 이는 오늘날 사회 관습과는 무관하기 때문에 그 제도 자체가 오늘날까지 적용될 필요는 없다." 풀이한 것처럼) 시대에 따라서 사회적 관습에 따라서 유행에 따라서 그때마다 변한다는 말입니까?

예배할 때 면사포를 여자가 머리에 쓰는 것은 강제성은 아닙니다. 그러나 그 속뜻은 강합니다. 그것은 여성 스스로가 자발적으로 하나님의 말씀(고전11:10; 공동번역; 천사들이 보고 있으니 여자는 자기가 〈남편의 힘이 아니라 가정의 평화와 안녕을 위한 하나님께서 세우신 남편의 권위〉 남편의 권위를〈창3:16; 너는 남편을 사모하고 남편은 너를 다스릴 것이니라는 말씀을〉 인정하는 표시로 머리를 가려야 한다고 하신 말씀에)에 **순종하는 일**이기 때문입니다. 여자는 자기가 남편의 권위를 인정하는 표시로 머리를 가려야 합니다. 누가 말씀하셨을까요?

사도 바울일까요? 아니면 사도 바울을 통해 하나님이 말씀하셨을까요? 그리고 '남편의 권위'를 누가 세우셨을까요? 사도 바울일까요? 아니면 하나님이실까요?

그러니 "순종하는 것이 제사보다 낫고 여호와의 말씀을 듣는 것이 숫양의 기름보다 더 나은 것입니다."(삼상15:22; 현대인의 성경) 그렇습니다. 하나님의 말씀을 듣고도 행치 않으면서 예배를 수십 번, 수백 번을 드리는 것보다 하나님 말씀에 순종하는 것이 훨씬 더 나은 것입니다. 그런데도 하나님의 말씀을 도무지 가당치 않게 풀이하여 '오늘날 사회 관습과는 무관하기 때문에 그 제도 자체가 오늘날까지 적용될 필요는 없다.' 이렇게 가르침으로써 오늘날 하나님께서 세우신 질서가 어떻게 되고 있습니까?

여러분들이 지금과 같이 하나님의 말씀을 듣기보다는 사람의 말을 들으며 교회 질서를 깨고 특정 목사가 되어, 성령님께서 사도 바울을 통해 주신 말씀에("여자는 교회 집회에서 '말할 권리'가 없으니 말을 하지 마시오." '설교 제한 명령'을 내리셨음에도) 반대로 행동하여 일어남으로써, 자신의 주인이신 주님의 말씀에 복종하지 않고, 오히려 **'하나님을 멸시'**하고 있음을 **'지금 자신이 목사가 되어 증명'**하고 있지 않나요? "여자는 **'교회 집회'**에서 **'말할 권리'**가 없으니 말하지 마시오." 이 한 구절만 가지고도 '주님의 말씀을 거역하고 있다는 것'을 누가 읽어 보아도 다 알 수 있는데 말입니다.

그것이 믿어지지 않는다면, 여러분은 이 말씀을 그대로 들고 거리로 나가 거리에 대자보를 붙여 놓고 사람들에게 읽혀서, 무엇이라고 쓰여 있는지를 보고, 저자와 여러분이 '여자는 교회 집회에서 말할 권리가 없다'와 '여자는 교회 집회에서 말할 권리가 있다', 각자가 주장하는 편에 서서 바르게 주장하지 않는 편에 계란 던지기를 한번 해 보세요. 누가 계란 세례를 더 많이 받게 되는지를 말입니다. 저자일까요? 여러분일까요?

그렇게라도 해서라도 여러분이 확실하게 깨닫게 된다면, 그것으로 기뻐 뛰며 큰 소리로 찬양하며 하나님께 영광을 돌리겠습니다.

사랑하는 형제자매 여러분, 지금 여러분은 성경, 하나님의 말씀을 하나님의 말씀으로 받아들이거나 한 것(살전2:13; 공동번역; 우리가 여러분에게 하나님의 말씀을 전했을 때에 여러분이 그것을 사람의 말로 받아들이지 않고 '사실 그대로' 하나님의 말씀으로 받아들였다는 것입니다)일까요?

그리고 여러분은 하나님을 어떤 분으로 섬기고 있나요? 진실로 하나님을 자신의 아버지로, 전지전능하신 만왕의 왕으로, 만주의 주님으로 섬기고는 있나요? 정말 섬기고 있나요?

만일, 정말로 그렇다면 자신을 시험해 보십시오! 그것이 맞는지, 틀리는지를 말입니다. 무엇으로 시험할 수 있습니까?

그것은 첫 번째로 만일 여러분이 죄를 지으려고 할 때, 하나님을 두려워하고 있는지, 아니면 두려워하지 않고 있는지를 보면 알 수 있습니다. 하나님께서 말씀하셨습니다. "여호와를 두려워하는 것이 악을 미워하는 것이다."(잠8:13; 현대인의 성경)라고 말입니다. 무슨 말씀입니까?

그 말씀은 하나님을 경외하는 사람은, 악을 미워함으로써 하나님 앞에서 죄를 짓지 않는다는 것을 말씀하는 것(요일3:9; 하나님의 자녀들은 계속해서 죄를 짓지 않습니다)입니다. 그러나 반대로 해석하면, "하나님을 경외하지 않는 사람은, 하나님 앞에서 스스럼없이 죄를 지으면서도 여호와를 두려워하지 않는다." 그런 뜻의 말씀이 되는 것입니다. 그러므로 여호와를 경외하는 사람인지, 아니면 여호와를 경외하지 않는 사람인지를 보면 자신이 어디에 순종하고 있는 사람인지를 알게 되는 것입니다.

두 번째로는 만일 자신이 하나님의 일꾼으로 섬기고 있다면, 주인의 밭을 관리하는 자로서 밭 가는 자들이(요15:1; 내 아버지는 그 농부라는 말씀과 같이) 쓰기에 합당한 채소를 내고 있는지, 가시와 엉겅퀴를 내고 있는지를(마7:20; 이러므로 그의 열매로 그들을 알리라는 말씀과 같이) 보면 알 수 있습니다.

세 번째로 만일 하나님을 자신의 아버지(말1:6; "아들은 자기 아버지를 공경하고, 내가 아비일진대" 하는 말씀과 같이)로 섬기고 있다면, 우주와 하늘과 땅을 창조하신 자신의 아버지께서 자신 속에서 말씀하시는 그 말씀을, 예수님과 같이 거역할 수가 없습니다. (요12:49; 나는 내 생각대로 말하지 않고, 나를 보내신 아버지께서 나에게 직접 명령하신 대로 말하였다; 요 14:10; 내가 너희에게 이르는 말이 '내가 스스로 하는 것이 아니라' 아버지께서 내 안에 계셔 그의 일을 하는 것이다)

네 번째로 만일 하나님을 자신의 주인(말1:6; 종은 그 주인을 공경하나니)으로 섬기고 있다면, 자신이 그분의 종으로서 종 된 역할을 충실하게 행하게 됩니다. (마25:23; 착하고 충성된 종아 네가 작은 일에 충성하였으매)

다섯 번째로 만일 만주의 주님이시오, 만왕의 왕이신 하나님을 자신의 왕으로 섬기고 있다면(마21:5; 시온의 딸에게 이르기를 네 왕이 네게 임하나니; 계17:14; 어린양이 만주의 주요, 만왕의 왕이기 때문으로 절대적인 자신의 왕으로 모심으로써, 그분의 이름에 확실하게 무릎을 꿇게 되기에) 그분의 거룩하신 명령에 고라와 그의 무리와 같이 항거하지(wordrow사전; 항거하다; 순종하지 아니하고 맞서서 반항하다) 않고, 만왕의 왕이신 주님에게 절대적으로 복종합니다.

이러한데도 창조주 하나님을 자신의 아버지로 섬기고(섬기다; Oxford languages사전; 우러러 떠받들다. 공경하다) 있다는 사람들이, 하나님의 일꾼으로서 하나님을 자신의 주인으로 섬기고 있다는 사람들이, 자신의 왕 중의 왕으로 섬기고 있다는 사람들이, 행동을 그렇게 하고 있던

가요?

저자는 하나님의 일꾼으로서 하나님을 아버지로, 주인으로, 왕으로 섬기며(말1:6; 현대인의 성경; 아들은 자기 아버지를 공경하고 좋은 자기 주인을 공경하는 법이라는 말씀처럼) 행동하지 않고 거역함으로써("내가 너희 아버지라면 어째서 너희는 나를 공경하지 않느냐? 내가 너희 주인이라면 어째서 너희는 나를 존경하지 않느냐?"는 말씀과 같이) 주님의 이름을 멸시하고서도,("너희는 나를 멸시하고서도 오히려 우리가 어떻게 주의 이름을 멸시하였습니까?" 하고) 말라기 기자를 통해 말씀하신 바와 같이, "우리가 어떻게 주의 이름을 멸시하였나이까?" 하는 모르쇠 태도로 일관하는 여러분에게 묻고 싶은 것입니다.

만일, 세계적인 부자이자 마이크로소프트 사의 창업주 빌 게이츠가 자신의 아버지라고 한다면(중앙sunday; 비즈니스; 미국의 경제전문잡지 포브스에 의하면 상속분 1%만 받는다고 해도 각각 6,000억 원 넘는 돈을 받게 된다. 그러나 "빌 게이츠는 1인당 1,000만 달러 우리 돈으로 약 108억 원을 물려줄 것으로 보인다"고 전했다 한다. 108억 원은 0,018%에 불과한 금액이다) 그러한 아버지를 존경하지 않을, 그의 자녀가 있을까요? 그리고 자신의 아버지로 인정하지 않을 자녀가 있을까요?

사람의 자녀도 위와 같이 자신의 아버지를 존경하고 인정하는데, 하나님을 경외하지 않는 자녀들이 있는 것입니다. 하나님을 자신의 아버지로 인정하지 않는 자녀들이 있는 것입니다. 사람보다 못한 것이 무엇이기에, 사람에 비할 수도 없는 분을 어떻게 사람보다 아예 없는 분, 곧 "신은 죽었다"고 말하는 프리드리히 니체와 같이 죽은 하나님 취급하듯 하는지 모르겠습니다.

하나님께서는 사도 베드로를 통해 말씀하셨습니다. "여러분은 먼저 이것을 아십시오. **마지막 때**에 자기들의 정욕대로 사는 사람들이 일어나 여러분을 비웃으며 '예수가 다시 온다는 약속은 도대체 어떻게 되었소? 우리 조상들이 죽은 이후로 세상은 창조된 그대로 있지 않소?' 하고 말할 것입니다. 그들은 하나님의 말씀대로 하늘이 창조되었고 땅은 물로 나와 물로 이루어졌으며 옛 세상이 홍수로 멸망되었다는 사실을(창7:11-24; 죄악이 세상에 가득 차서 그 죄악 세상을 홍수로 멸망시키신 하나님의 진노하심에 대한 역사적 사실을 잊어버림으로써 부정한다는 말씀입니다) 일부러 잊으려고 합니다."(벧후3:3-6; 현대인의 성경) 하는 말씀입니다.

그것은 자연이 하나님의 영원하신 능력과 신성(롬1:19-20; 공동번역; 사람들이 하나님의 관해서 알 만한 것은 하나님께서 밝히 보여 주셨기 때문에 너무나도 명백합니다. 하나님께서는 세상을 창조하신 때부터 창조물을 통하여 당신의 영원하신 능력과 신성과 같은, 보이지 않는 특성을 나타내 보이셔서〈행14:17; 현대인의 성경; 하늘에서 비를 내려 주시고 창세기 1장 14절과 같이 날과 해와 계절을 주셔서 해마다 새싹이 나고 꽃이 피고 자라나게 하셔서 열매 맺게 하시며 선한 일을 하시고 음식과 기쁨으로 인간의 마음을 만족하게 하신 것입니다〉 인간이 보고 깨달을 수 있게 하셨습니다. 그러니 사람들이 무슨 핑계를 대겠느냐는 말씀과 같이)과 같은 보이지 않는 특성을 나타내 보여서, 하나님께서 살아 계심을 생생하게 나타내어 보여 주고 있으며, 우리 자신의 몸까지도 처음부터 끝까지 하나님께서 기르시고 있다는 것(고전3:7; 오직 자라나게 하시는 이는 하나님뿐이니라)을 증거하고 있지만, 정작 인간인 자신만 모르고 있는 것입니다.

그러므로 그런 사람들은 '물 한 모금'이라도 하나님께 감사할 줄을 모르는 것입니다. 참으로 불쌍한 사람인 것입니다. 그리고 또한 그런 사람들은 한 부자와 같이 자신의 영혼이 불구덩이에 들어가서(눅 16:24; "아버지 아브라함이여, 나를 불쌍히 여겨 주십시오. 나사로를 보내 손가락 끝으로 물을 찍어다가 내 혀를 시원하게 해 주십시오. 내가 이 불꽃 가운데서 너무 괴로워 죽을 지경"이라는 말씀과 같이) 그 감사함을 뼈저리게 느껴 보고 나서야 비로소 깨달을지 모르겠습니다. 여러분들은 그러기 전에 깨어 나시기를 바랍니다. 그리고 죄를 멀리하시기를 바랍니다. 그리고 잘 알아 두시기를 바랍니다. 주님께서 사도 요한을 통해 계시하여 일곱 교회 사자와 그들의 일곱 교회에 보내신 편지에도 나와 있듯이, 교회 안에는 모두가 진정한 교인들만이 존재하고 있는 것이 아니라는 이 사실을 말입니다. (계2-3장) 그러하니 우리가 어떻게 살아야만 되겠습니까?

우리는 주님께서 이기는 자에게 주시는 상을 쫓아 주님을 믿는 믿음으로 세상을 이기며 살아야만 하는 것입니다. 그리스도께서 "너희가 서로 사랑하라." 하신 말씀을 따라 그리스도의 지체인 우리가 서로 힘써서 진실로 사랑하며 살아야만 하는 것입니다. 그러면 "하나님이 우리 안에 계시고 또 하나님의 사랑이 우리 안에서 이미 완성되어 있는 것"(요일4:12; 공동번역)입니다. 사도 요한을 통해 말씀하심과 같이 우리는 서로 진실로 있는 힘껏 형제를 사랑하며 살아야만 하는 것입니다. 그와 같이 형제를 서로 사랑을 하는 사람들이, 이제는 **자신을 가지고 심판 날을 맞을 수 있게 되었다**고 '공동번역'(요일4:17)은 해석하고 있습니다. 그러므로 우리는 우리에게 하나님의 사랑을 주신 주님께 항상 감사하고, 그분께 영광을 돌리며, 하나님의 뜻을 따라 하나님을 기쁘시게 하는 일을 하며, 살아야만 하는 것입니다. 그와 같이 '하나님을 기쁘시게 하는 일'을 하며 사는 것이, 우리 모두에게 '최대의 목표'가 되어야만 하는 것입니다. 그렇게 살면서 우리는 경각심을 가지고 주님께서 경고하시는 말씀에 귀 기울여야만 하는 것입니다.

그것은 왜냐하면 상상을 초월하는 고통의 세계, 유황이 세세토록 타오르는 끔찍한 그 불바다에 그 누구도 던져지지 않게 되기를 바라시는 주님께서 '한 부자와 거지 나사로'를 비유로 하여, 그리스도를 믿는다는 모든 사람에게 "그 부자와 같이 살지 말라"고 경고하시고 또 경고하셨기 때문입니다. 그런데 예수님의 말씀을 듣고도 말씀을 따라 실천하지도 않는다면 어떻게 되시겠습니까? 그것은 불 보듯 뻔한 일인 것입니다.

예수께서 말씀하셨습니다. "나를 저버리고(저버리다; 마음에 새겨 두어야 할 것을, 잊거나 어기다) 내 말을 받아들이지 않는 사람은 **내가 한 바로 그 말**에 의해서 마지막 날에 심판을 받을 것이다."(요12:48; 현대인의 성경)라고 말입니다.

그러므로 하나님을 기쁘시게 하기 위해서는 하나님의 말씀을 하나님의 말씀으로 받아들여야 하는데, 하나님께서 거룩한 선지자들과 사도들을 통해 전하신 말씀을(예수께서 가라사대 "미련하고 선지자들의 말한 모든 것을 더디 믿는 자들이여"〈눅24:25〉 하심과 같이 더디 믿기라도 하였으면 좋겠는데요. "거룩한 선지자의 예언한 말씀"과 "주 되신 구주께서 너희의 사도들로 말미암아 명하신 것"을〈벧후3:2〉) 하나님께서 하신 말씀으로 믿지도 받지도 않고 있는 것입니다. 그러면 되시겠습니까?

사도들이 기록한 말씀이 사도들 자신이 생각하여 스스로 쓴 글을 내어 놓은 말씀입니까? 주 되신 구주께서 사도들에게 명하신 것을 사도들이 받아 기록한 주님의 편지가 아니었습니까? 그와 같이 사도들을 통해 하나님께서 쓰신 것이 아니었나요?

성경 말씀은 사도들을 통해 하나님께서 여러분에게 쓰신 편지로서, 거룩한 선지자와 사도들의 주님이신 주님께서 지나온 과거 세대와 지금의 우리 세대와 "천국 복음이 모든 민족에게 증거되기 위하여 온 세상에 전파되리니" 그날의 세대에게까지 말씀하시기 위하여 기록한 것입니다. 성경을 하나님의 말씀으로 믿는다면, 성경에 기록된 말씀이 아주 옛날 옛적에 기록되었으면 어떻고, 근래에 와서 기록되었으면 어떻습니까? 정확하지도 않은 추론만으로, 하나님께서 사도들을 통해 우리에게 말씀하신 그분의 말씀에 더하거나 빼지 마시기(계22:18-19)를 바랍니다.

"태초에 하나님이 천지를 창조하시니라."(창1:1)라는 말씀처럼 하나님은 본래부터 창조주, 그분이신 여호와 하나님이십니다. 지금의 하나님 또한 그분으로서 미래의 미래가 다하더라도 영원토록 영존하시는 우리의 아버지요, 전지전능하신 우리 모두의 하나님이십니다.

이처럼 영존하신 하나님이시며 변하는 일이 없으신 분(약1:17; 하나님은 움직이는 그림자처럼 변하는 일이 없는 하나님이시며)이신데요, 주님께서 사도들을 통해 말씀하신 것 중에 어떤 말씀이 문제가 된다는 말입니까? 하나님 안에 있는, 살아 있는 영원한 진리의 말씀을, 성령님의 감화, 감동을 받지 않고서 사람의 잣대로 아무렇게나 재지 마시기를 바랍니다.

예수님께서는 말씀하셨습니다. "내가 만일 아버지의 일을 하지 않으면 나를 믿지 말아라. 그러나 내가 아버지의 일을 하거든 나는 믿지 않더라도 그 일만은 믿어라. 그러면 너희가 아버지께서 내 안에 계시고 내가 아버지 안에 있는 것을, 확실히 알게 될 것이다."(요10:37-38; 현대인의 성경)라고 말입니다. 그러므로 하나님의 일꾼인 우리가 전하는 말씀이 하나님의 말씀이면 믿고, 그렇지 않으면 믿지 마시기를 바랍니다. 그것은 행하는 일을 보면 그 사람이 하나님의 능력으로 하나님의 일을 하는 사람인지, 마귀에게 사로잡혀 마귀를 따라 마귀의 일을 하는 사람인지를, 누구든지 나타나는 열매를 보면 알 수가 있기 때문입니다.

그러므로 성경, 하나님께서 주의 사도들로 전하신 말씀이(현대인의 성경; 요12:38; 예언자 이사야가 "주여! 우리가 전한 것을 누가 믿었으며 주의 능력이 누구에게 나타났습니까?" 하신 말씀이 이루어진 것처럼) 하나님께서 하신 말씀으로 믿어지지 않는다면, 괄호 안의 말씀과 같이 **주의 능력**이 나타나지 않는다면, 그와 같이 사람이 믿지 못하게 하는 것이 마귀가 하는 일인(마13:19; "누구든지 하늘나라의 말씀을 듣고도 깨닫지 못하면 사탄이 와서 그 마음에 뿌려진 것을 빼앗아 가 버린다."는 말씀과 같이 말입니다) 것입니다. 마귀에게 말씀을 빼앗겨 버린 사람들은 아무리 좋은 말씀을 들려주어도 하늘나라에 관하여 기록한 글인 성경, 하나님의 말씀을 믿지 못하는 것입니다. 이처럼 영적인 사람이 아닌 사람들은(고전2:14) 항상 사람들에게서 기쁨을 찾으려고(갈1:10) 그들의 비위(사탕발림 말로 받아들이기 좋게)에 맞게 성경을 해석하는 것입니다.

그러나 성령님께 말씀을 들은 영적인 사람들은 영적인 것을 영적으로 표현하는 것입니다. 그래서 **"하나님의 말씀을 전할 때"**(고후2:17; 현대인의 성경; 우리는 다른 많은 사람과 같이 하나님의 말씀을 '장사꾼'처럼 팔지 않고 '하나님이 보낸 사람'들답게 하나님 앞과 그리스도 안에서 진실하게 증거하고 있습니다; 고후5:20; 현대인의 성경; 하나님은 우리를 통해 말씀하고 있습니다)에도 인간의 지혜에서 난 말(인간의 지혜; 믿지 않는 어려운 이웃을 돕는다는 핑계로 그리스도에게 하는 일처럼 꾸며 말하는 말)로 하지 아니하고 성령님께서 가르치는 지혜(성령님께서 가르치는 지혜; 어려운 그리스도인을 돕는 일이, 곧 그리스도에게 하는 것이라고 진실하게 가르치며)의 말씀으로 전하는 것입니다. 그러므로 신령한 일을 하는 사람(고전2:13; 신령한 일은 신령한 것으로 분별한다는 말씀과 같이)은 신령한 일을 분별할 수 있는 것입니다. 왜냐하면 "그런 것은 영적(영적인 사람들만)으로만 이해할 수 있는 것이기 때문입니다."(고전2:14; 현대인의 성경)라고 성경은 말씀을 전하고 있습니다.

그런 것에 비해, 거듭나지 못한 영적이지 못한 사람은, 하나님의 성령님께서 사도들로 주시는 말씀을 하나님의 말씀으로 받아들이지 않습니다. 그것은 영적(거듭난 사람들이)으로만 이해할 수 있는 말씀이기 때문에 그들에게는 진리의 말씀이 어리석게 보일 뿐 아니라, 그들은 그것을 듣거나 보고도 깨달을 수도 없는 그런 말씀이기 때문인 것(고전2:14)입니다. 그러나 우리가 깨달을 수 있는 것은, "하나님의 보내신 성령을 받았기 때문입니다. 그것은 하나님이 우리에게 은혜로 주신 선물(성경의 말씀과 은사들)을 우리가 알 수 있도록 하기 위한 것(요일2:27; 성령께서 여러분에게 모든 것을 가르쳐 주십니다. 그것도 충분히 성령님을 통해 깨달을 수 있도록 말입니다)입니다."(고전2:12) 그래서 하나님의 사람들은 우리 안에 계신 성령님을 통해 하나님의 음성을 들을 수가 있는 것(요10:27: 내 양은 내 음성을 알아듣고 나는 그들을 알며 그들은 나를 따른다는 말씀처럼)입니다.

그런데도 하나님의 음성을 들어도 듣지 못하는 사람들이 있는 것입니다. 그런 사람들이 꼭 문제를 일으키게 되는 것입니다. 그런 사람들은 '**신앙**'(개역성경; 경건을)**을 이익의 수단으로 생각**'하기 때문입니다. 그래서 사도 바울은 디모데에게 함께 있는 성도들에게 "그대는 이것들을 가르치고 권하시오."라고 말씀하고 있는 것입니다. "이것들"은 무엇을 가리키고 있는 말씀일까요?

이것들은 **첫 번째**로 다른 교훈(공동번역; 다른 교리 곧 〈고전2:14; 인간의 지혜〉에서 난 말)을 가르치는 사람, **두 번째**로 우리 주 예수 그리스도의 건전한 말씀을 받아들이지 않는 사람, **세 번째**로 경건한 생활 원칙을 (벧후1:3-7; 경건에 이르게 하는 모든 것들, 곧 덕에 덕을 더하고, 덕에 지식을 더하고, 지식에 절제를 더하고, 절제에 인내를 더하고, 인내에 경건을 더하고, 경건에 신도 간에 우애를 더하고, 신도 간에 우애에 사랑을 더하도록 하는 것들입니다. 그런데 이러한 것들을 갖추지 못한 사람들이 있는 것입니다) 따르지 않는 사람들에 대하여 말씀하신 것입니다. **1. 그들은 교만**하여 아무것도 알지 못하고 변론과 논쟁을 좋아하는 사람으로서 **2. 그런 사람**들이 시기와 다툼과 모독하는 말(눅10:16; "너희를 배척하는 사람은 나를 배척하는 것이며 나를 배척하는 사람은 나를 보내신 분을 배척하는 것이다."〈예; "아더메치유"라고 하여 아니꼽고, 더럽고, 메스껍고, 치사하고, 유치하다고 비방하는 것 등〉라는 말씀대로라면 예수님을 믿는 사람들에게 하는 말은 주님에게〈나를 배척하는 것〉 함부로 말을 내뱉는 말이 되는 것이건만; 마12:36; "사람이 무슨 무익한 말을 하든지 심판 날에 이에 대하여 심문을 받으리니" 주님께서 말씀하셨는데도 불구하고 함부로 말을 내뱉는 사람이 있는 것입니다)과 좋지 못한 의심(확실치 않은 추론만을 믿고, '남자들만 목사를 하라는 법이 있습니까?' 하는 의심)이 생겨나게 합니다. **3. 그리고 마음**이 부패하고 진리를 상실하고 신앙(경건을 또는 종교를)을 '이익의 수단으로 생각'하는 그런 사람들은 다툼이 그칠 날이 없습

니다. (딤전6:2-5; 현대인의 성경, 공동번역)

그와 같은 말씀 중 하나가 "좋지 못한 의심이 생겨나게 합니다." 하는 말씀과, "모든 성도의 교회에서 함과 같이 '여자는 교회에서 잠잠하라.' 저희의 말하는 것을 허락함이 없나니 율법에 이른 것같이 오직 복종할 것이요."(고전14:34)라는 말씀입니다. '개역성경'으로 보면 "여자는 교회에서 잠잠하라." 하시니 여자는 교회에서 아무 소리 하지 말고 가만히 있으라는 말로 들립니다. '현대인의 성경'도 그렇습니다. "여자들은 교회에서 말하는 것이 허락되지 않았으니 조용히 하십시오." '킹제임스 성경'도 마찬가지입니다. "너희의 여자들을 교회 안에서 조용하게 하라. 그들이 말하는 것이 허락되지 아니하였으니"라고 해석한 것입니다. 그런데 '공동번역'은 더욱 확실하게 해석을 한 것입니다. **"여자들은 교회의 집회에서 말할 권리가 없으니 말을 하지 마십시오.** 여자가 '교회의 집회'에서 말하는 것은, 자기에게 수치가 됩니다." 하고 풀이한 것입니다.

집회란, "다수의(여러) 사람들이 일정한 공동의 목적을 가지고 일정한 장소에 일시적으로 모이는 행위"(위키백과사전)라고 말합니다. 그러하다면 교회의 집회에서 말을 한다는 것은, 많은(여러) 성도들이 하나님께 드리기 위한 예배의 목적을 가지고 교회라는 장소에서 일시적으로 모여 예배드리는 일입니다. 거기서 **성경은** "여러 사람이 예배할 때에 찬송하든지, 가르치든지, 계시를 말하든지, 방언을 말하든지, 그것을 통역하든지, '교회에 덕'을 세우기 위해 하라는 것이며 누가 방언을 하면 차례대로 하되 방언 통역을 하는 사람이 없으면, 교회에서 조용히 하고, 자기 자신과 하나님께만 말하고, 예언도 차례대로 하되 다른 사람은 잘 새겨들으십시오. 그리고 곁에 앉은 다른 사람에게 하나님의 계시가 내렸을 때는 먼저 말하던 사람은 조용히 하고 하나님께 계시를 받은 사람이 말을 함으로써 모두 예언할 수 있게 되므로 모든 사람이 다 배우고 용기를 얻게 될 것입니다. 예언하는 사람은 자기 심령을 자제할 수 있어야 합니다. 하나님은 '**무질서**'의 하나님이 아니라 '**평화의 하나님**'이십니다. 성도들이 모이는 교회는 모두 그렇게 해야 합니다."(고전14:26-33; 공동번역, 현대인의 성경)라고 말씀하십니다.

성도들이 모이는 교회의 집회에서 방언하는 사람이 두셋이 있으면 방언을 통역하여 하나님의 말씀을 들려줄 수 있지만, 방언을 통역하는 사람이 없으면, 교회에서는 조용히 하고 자기 자신과 하나님께만 하라는 것이며, 예언하는 사람, 곧 "하나님의 말씀을 받아 전하는 사람"도 두셋이 있으면 차례대로 하되 다른 사람들은 들으라는 것입니다. 옆에 있는 사람에게 하나님의 계시가 내렸으면 먼저 말씀을 전하던 사람은 조용히 하고 들으라는 것이며, 하나님의 계시가 또 다른 사람에게 내렸으면 마찬가지로 먼저 말씀을 전하던 사람은 조용히 하고 들음으로써 모두가 하나님의 말씀을 전할 수 있다는 것입니다. "그리하면 모두 다 배울 수 있고 용기를 얻게 된다는 것"입니다. 그래서 하나님의 말씀을 전하는 사람은 자신의 "심령을 자제"할 수 있어야 한다고 말씀하는 것입니다.

그런데 당시의 고린도교회는 하나님께 말씀을 받아 전하는 사람이, 성도들에게 하나님의 말씀을 전할 때에, 또 다른 사람이 하나님의 말씀을 받았다고 해서 질서도, 심령의 자제함도 없이 너도나도 일어나서 무분별하게 말씀을 전하는 것이었습니다. 예배 도중에도 어떤 영향력을 끼칠 수 있는 여성들은 남편을 믿고 일어나 질문을 쏟아내거나 가르치려 듦으로써(고전14:36; 공동번역; 하나님의 말씀이 여러분에게서 나왔다는 말입니까? 또는 여러분만이 하나님의 말씀을 받았다는 말입니까?) 예배의 질서가 허물어지는 행위가 행해지고 있었던 것입니다. 그러므로 주님께서는 사도 바울을 통해 "성도들의 모든 교회가(딤전2:11-12; 여자는 조용히 듣고 배우는 것과) 그렇게 하는 것과 같이, 여자들은 **교회의 집회**에서 **말할 권리**가 없으니 말을 하지 마십시오. 율법에도 있듯이 여자들은 남자에게 복종해야(창3:16; "너는 남편을 사모하고 남편은 너를 다스릴 것이니라"는 말씀과 같이 말씀에 복종하는 것입니다) 합니다. 알고 싶은 것이 있으면 집에 돌아가서 남편들에게 물어보십시오. 여자가 교회 집회에서 말하는 것은 자기에게 수치가 됩니다." 하고 말씀하신 것입니다.

그러므로 성도들의 모든 교회가 하는 대로 여러 사람이 모여 예배할 때에 "하나님의 말씀을 받아 전하는 사람"들을 보면 그들의 예배 상황은 이렇습니다. "예언도 두세 사람만 하고 다른 사람은 그것을 새겨들으십시오. 그러나 자리에 앉은 다른 사람에게 '하나님의 계시'가 내렸을 때에는 먼저 말하던 사람은 조용히 하십시오. 그렇게 하면

'하나님의 말씀을 받은 사람'들이 차례대로 모두 '예언'할 수 있게 되므로 모든 사람이 다 배우고 용기를 얻게 될 것입니다." 위 말씀에서 보면 **"예언하는 사람", "하나님의 계시가 내린 사람", "하나님의 말씀을 받은 사람"** 모두가 한 가지 은사로서 "예언하는 사람"을 지칭하고 있다는 것을 우리는 알 수 있습니다. 그러므로 예언자들은 "하나님의 말씀을 받아 전하는 사람"들로서, 그들 중 예언하는 여자들에 대하여 사도 바울을 통해 말씀하시기를 "성도들의 모든 교회에서 그렇게 하는 것과 같이 여자들은 교회 집회에서 말할 권리가 없으니 말을 하지 마십시오." 하신 것입니다.

이처럼 모든 사람이 모여 예배할 때에, 여자는 교회 집회에 모인 모든 성도 앞에서 "하나님의 말씀을 받아 전하는 권리"가(여자가 가르치는 것, 가정 내에서나〈딤전2:12〉 그리고 브리스길라와 아굴라 부부가 요한의 세례밖에 알지 못한 아볼로를 '따로 데려다가 하나님의 도를 더 자세하게 가르친 것'처럼,〈행 18:26〉 성도 개개인을 따로 불러 가르치는 그런 권리를 말씀하는 것이 아니라 여러 사람이 모여 예배할 때 설교하는 권리를 말씀하는 것입니다) 없다는 것을 주님은 사도 바울을 통해 말씀하고 있음을 우리는 알 수 있습니다.

그러므로 예배할 때에, 앞서서 성도들에게 하나님의 말씀을 받아 전하는 사람의 예언하는 말씀을 듣고 의문이 생겨서 예배 중에 일어나서 질문하는 것과, 여자가 집회에서 자신이 하나님의 말씀을 받았다고 해서 예배 중에 일어나서 가르치려는 것은 자기에게 수치(현대인의 성경; 부끄러운 일입니다)가 됩니다. "하나님의 말씀이 원래 여러분에게서 나왔습니까? 여러분만이 하나님의 말씀을 받았습니까?"(고전 14:36) 하는 질문에도 나타나 있듯이, 여자들에게도 하나님의 말씀이 충만하게 임하였음을 우리는 알 수가 있습니다. 그럼에도 불구하고 주님께서는 여자들에게 여러 사람이 예배할 때에 일어나서 질문한다거나 하나님의 말씀을 받아 전하는 권리(설교하는 권리)에 대하여 **제한 명령**을 내리시면서까지 **"교회 집회에서 말할 권리"**를 여자들에게는 허락하지 않으신 것입니다.

  그것에 대하여 사도 바울을 통해 계속하여 말씀하시기를 "자기가 (개역성경; 누구든지) 하나님의 말씀을 받아 전한다(개역성경; 선지자라고) 고 생각하거나, 성령의 선물을 받았다(개역성경; 신령한 자라고)고 생각 하는 사람은, 내가 여러분에게 써 보내는 이 말(고전14:26-37; 예배할 때에 질서 지키기와 여자들은 교회의 집회에서 말할 권리가 없으니 말하지 말 것 등) 이 **'주님의 명령'**이라는 것을 깨달아야 합니다." 그리고 "누구든지 이 것(고전14:26-37; 사도 바울을 통해 전하신 말씀이 '주님의 명령이라는 것')을 인 정하지 않으면(공동번역; 깨닫지 못하는 사람의 말은) 그도(고전14:37; 그 사람 도〈공동번역; 하나님의 말씀을 받아 전한다고 생각하는 사람이나 성령의 선물을 받 았다고 생각하는 사람으로〉 선지자나 신령한 자로) 인정받지 못합니다."(고전 14:38; 현대인의 성경) 말씀하신 것입니다.

  "인정하다" 뜻을 '한국어기초사전'에서는 "어떤 것이 확실하다고 여 기거나 받아들이다."라는 것으로서 예문으로는 "능력을 인정하다, 사 실을 인정하다, 잘못을 인정하다." 등등으로 풀이합니다. "인정"의 반대말에 대해 '위키낱말사전'에서는 "부정하다."로, "무엇을 그렇지 않다고 내세우거나 또는 인정하지 않다."로 풀이합니다. 그러면 '현대인의 성경'의 말씀을 바탕으로 하여 다시 풀면 이렇습니다. "누구든지 이것(고전14:26-37; 예배의 질서를 포함하여 지금까지 내가 여러분에게 한 말이 주님의 명령이라는 것을) 인정하지 않으면(부정하면) 그도(자기를 예언자나, 영적인 선물을 받은 자로 생각하는 그 사람도) 인정받지 못합니다. (예언자나 영적인 선물을 받았다는 생각을 부정한다는 말씀으로 곧 '옥스퍼드원어성경대전'의 해석처럼 거짓이 됩니다)" 그렇습니다. 거짓이 되는 것입니다. 그것은 왜냐하면 "자기가 하나님의 말씀을 받아 전한다고 생각하거나 성령의 선물을 받았다고 생각하는 사람은 내가 여러분에게 써 보내는 이 말이 '주님의 명령'이라는 것을 깨달아야 합니다. 누구든지 이것을(내가 여러분에게 써 보낸 이 말이 '주님의 명령이라는 것'을) 인정하지 않으면 그도 인정받지 못합니다." 말씀하신 것입니다. 누구에게 인정받지 못한다는 말씀입니까?

사도 바울입니까? 아니면 하나님이십니까? 그렇습니다. 하나님께, 자기가 하나님의 말씀을 받아 전하는 자로, 성령의 선물을 받았다고 하는 자로, 인정받지 못한다는 것입니다. 하나님께 인정받지 못한다면 어떤 사람이 되는 것일까요? 바로 거짓 예언자요, 거짓 방언자요, 거짓말쟁이라는 것입니다. 주님께서는 사도 바울을 통해서 어떤 명령들을 내리셨나요?

예배 시에 질서를 지킬 것, 여자들은 교회 집회에서 말할 권리가(설교권) 없으니 말하지 말 것, 남자 성도에게 복종할 것, 물어보고 싶은 것이 있으면 집에 돌아가서 남편에게 물을 것, 여자가 교회 집회에서 말하는 것(설교, 질문 등)은, 자신에게 수치가 되는 것이므로 말하지 말라고 '주님께서 명령'을 내리셨습니다. 이처럼 주님께서 사도 바울을 통해서 명령을 내리셨는데도 오늘날에도 알아듣지 못하는 사람들이 있는 것입니다. 그러므로 반대로 하나님께 '인정받는 사람'에 대한 그 예를 하나 보여 드리겠습니다.

아브라함은 자기 나이가 백 세가 다 되어 몸은 죽은 것과 다름이 없었습니다. 그의 아내 사라도 나이가 많아 도저히 출산할 수 없는 것을 알고도 믿음이 약해지지 않았습니다. 그는 '불 신앙으로 하나님을 의심'하지 않고 믿음에 더욱 굳게 서서 하나님께 영광을 돌리며, 하나님께서 약속하신 것을, 이룰 수 있다고 확신(믿었다는 것입니다)했습니다. 그래서 **'하나님은 이 믿음 때문에 그를 의롭게 여기셨습니다.'** 하나님이 그를 의로 여기셨다는 말은 그에게만 하신 것이 아니라, 우리에게도 하신 말씀입니다. 우리 주 예수님을 죽은 사람들 가운데서 다시 살리신 하나님을 믿는(확신하는) 우리는 다 '의롭다는 인정을 받게 될 것'입니다. 예수님은 우리 죄 때문에, 죽음을 당하셨고 우리가 '의롭다는 인정을 받게 하시려고' 다시 살아나셨습니다. 그러므로 우리가 **믿음으로 의롭다는 인정을 받아** 우리 주 예수 그리스도를 통해 **하나님과 화목**하게 되었습니다. (롬4:19-5:1; 현대인의 성경)

그렇습니다. 우리가 예수 그리스도를 믿음으로 '하나님께 의롭다는 인정을 받아 하나님과 화목하게 된 것'입니다. '하나님께 인정받는 다는 것'이 이렇게나 중요한 것인데도, '주님의 명령'의 말씀을 깨닫지 못한 사람의 말은 인정받지 못한다고 말씀하시는데도, 대수롭지 않게 생각하는 것입니다. 누구에게 인정받지 못한다는 말씀이겠습니까?

그렇습니다. 앞에서 말씀드린 것처럼 주님께 인정받지 못한다는 것입니다. 성경에서 '주님의 명령'이라는 말씀은 아무 때나 쓰시는 말씀이 아닙니다. 그 옛날 선지자들과 우리의 사도들을 통해 기록한 성경 말씀이 중요하지 않은 것이 없겠지만, 그래도 주님의 백성들에게 중요사항의 말씀을 전달하실 때에, 옛날에 임금님이 전달할 문서에 왕의 도장을 찍어 전령을 보내어 각 지방에 방을 붙여 전달하였듯이, 우리의 왕이신 주님께서도 성령으로 주의 심부름꾼들을 지도하여 그분의 심부름꾼들인 선지자들을 통해 그리고 사도들을 통해 우리에게 전달하시는 것입니다.

그래서 주님께서는 사도 베드로를 통해서도 이렇게 말씀하시지 않으셨습니까? "옛날 거룩한 예언자들이 전한 말씀과 우리의 **주님이신 구주께서** 여러분의 사도들을 통해 **'명령하신 것'**을 다시 한번 상기시켜 주려고 합니다."(벧후3:2)라고 말입니다. 누가 옛날 거룩한 예언자들과 사도들에게 명령하셨습니까?

말씀과 같이 "주님이신 구주께서" 여러분의 사도들에게 "명령하신 것"입니다. 이처럼 우리가 사도들을 통해 주님께서 명령하신 말씀을 지금 전달받고 있는 것입니다. 이러한데도 사도 바울을 통하여 주님께서 "여러분이 함께 모여 예배할 때에는 교회에서 질서를 지키며 여자들은 **교회 집회에서 말할 권리**가 없으니 말하지 마십시오." 말씀하심으로써 교회 집회에서 말할 권리, 곧 예언과 방언 해석으로 하나님의 말씀을 받아 전하는 것으로서 설교 **제한 명령**을 하셨는데도, 주님께서 사도들을 통해 전하신 말씀을(요일4:6) 알아듣지 못하는 사람이 있는 것입니다. **"하나님의 말씀을 알아듣지 못한다는 것은"** 정말 큰일이 나는 일인데도 말입니다.

그 옛날 하나님께서 레위 자손들을 부르시고 이스라엘 회중에서 구별하여 고라와 레위 자손 온 식구들이 여호와 하나님의 거룩한 성막에서 봉사하게 하시며 자기를 가까이하게 하시고 이스라엘 자손들을 대신하여 섬기게 하심에 대해 그들은 감사할 줄 몰랐던 것입니다.

오늘날도 마찬가지입니다. 하나님께서 그 옛날, 고라와 레위 자손들을 부르신 것과는 비교할 수 없는 더욱 값진 부르심으로 하나님께서는 여러분을 부르셨습니다. 그분의 부르심의 초대는 예수님의 거룩한 피로써 죄를 씻기신 것이며, 그와 같이 깨끗해진 여러분을 하나님께서 용서하시고, 하나님의 공동체 교회에서 봉사활동을 하도록 하나님을 가까이하게 하시며, 여러 가지 은사들을 주신 것(고린도 전서 12장 말씀과 같이 "성령의 나타남"을 은사로 주신 것)입니다. 그런데도 여러분은 하나님의 그와 같은 한없는 은혜를 여전히 입고 있는 것을 작은 일로 생각하는 모양입니다. 그래서 고개를 빳빳하게 세우고 고라와 다단과 아비람과 온의 온 족속이 합세(합세; 흩어져 있는 〈불평불만〉 세력을 한곳에 모아)하여 모세와 아론을 향해 반기를 들고나와서 하는 말과 같이,(예를 들어; 데일리굿뉴스; "교계가 남성 위주의 사고를 신념화해서 바꾸지 않으려는 경향이 있다며 고착화되어 수십 년이 지난 지금까지 이어 오는 것"이라고 설명했다. "안수권을 넘어 가부장적이고 남성 중심적인 교회의 관습이 달라져야 한다."고 주장했다) "우리도 남자들처럼, 예수 그리스도를 믿었고, 우리 안에도 하나님이 계시며, 하나님께서 남녀 차별하지 않으시고, 우리도 남자들처럼 공동체 교회에서 예배를 주관할 수 있는데, 어찌하여 하나님께 드리는 예배가 남자들만의 전유물인 것처럼, 너희만이 하나님의 성도 위에 스스로 높이는가?" 하는 것입니다.

그러므로 하나님께서 고라와 그를 따르는 저들을 통해 여러분에게 '징계의 말씀'을 주시는 것은, "여자들은 **교회 집회**에서 **말할 권리**가 없으니 말을 하지 마십시오." 하고 예배할 때 교회 안에서의 질서에 대하여 하나님의 말씀을 받아 전하는 일(고전14:29-32) 곧 **'설교 제한 명령'**을 내리셨음에도 불구하고, 지금 여러분들이 목사가 되려고 신학을 하고 있고, 목사 안수를 받아서 특정 목사로서 목사 활동을 하고 있기 때문입니다.

그것이 얼마나 하나님 앞에서 위험한 행동인지를 모르기에 하나님께서 이 글을 기록하게 하신 것인데요. 하나님께서는 여러분의 영혼을 불쌍히 여기시므로, 누구든지 고라와 다단과 아비람과 온의 식솔들이 하나님을 멸시하다가 땅이 갈라져 멸망의 입속으로 들어간 것처럼, 그렇게 되도록 놓아두지 아니하시고, 그 길로 가는 것을 막기 위함이십니다. 하나님께서는 그 누구도 죽는 것을 원하시지 않기 때문입니다. 그러므로 **회개할 기회**를 주셔서 "너희는 범한 모든 죄악을 버리고 회개하고 살아라."(겔18:31-32) 말씀하신 것입니다. 하나님에 대하여 잘 알지 못하면서 잘 아는 것처럼 하여 살아 있는 하나님의 말씀을 전하는 것은, 주님께서 데만 사람 엘리바스와 그의 2명의 친구에게 분노하신 것만큼, 주님께 죄를 짓는 일인 것(욥42:7-8; 새 번역 성경, 현대인의 성경; 주님께서는 데만 사람 엘리바스에게 이렇게 말씀하셨습니다. "내가 너와 네 두 친구에게 '분노를 금할 수 없는 것'은, 너희가 나를 두고 말을 할 때, 내 종 욥처럼 '진실하게 말하지 못하였기 때문'이다. '너희가 나를 두고 말을 할 때, 내 종 욥처럼 옳게 말하지 않고 어리석게 말하였다.'"라고 하신 말씀과 같이 말입니다)입니다. 이러하기에 주님에 대하여 잘 알아서 올바르게 말하지 않고 잘 모르면서 어리석게 말한다는 것은, "큰 벌을 받을(욥42:7-8) 죄악에 속한 일인 것"입니다.

그러나 데만 사람 엘리바스와 수아 사람 빌닷과 나아마 사람 소발이 여호와 하나님께서 말씀하신 번제물을 준비하여 욥에게 가지고 가서, 주님께서 그들에게 말씀하신 대로 번제를 드리고, 욥이 3명의 친구를 용서하여 달라고 기도하자 욥의 기도를 들어주셨습니다. 위와 같이 3명의 친구를 용서해 달라고 청한 욥의 기도를 여호와 하나님께서 들어주신 것처럼, 여러분은 하나님의 아들 우리 주 예수 그리스도를 믿음으로써, 더 좋은 번제물로 하나님께 번제를 드리신 거룩하신 그리스도 예수님의 피로 말미암아 죄 용서함을 받았습니다. 그러니 여러분은 구주께서 죽음의 모진 고난을 겪어 베푸신, 거룩하신 우리 주 예수 그리스도의 은혜를 헛되이 받지 않기를 바랍니다. "그러므로 **생명을 사랑하고 좋은 날 보기를 원하는 자**는 혀를 금하여 악한 말을 그치며, 그 입술로 궤휼을 말하지 말고, 악에서 떠나 선을 행하고, 화평을 구하여 이를 좇으라. 주의 눈은 의인을 향하시고 그의 귀는 저의 간구에 기울이시되, 주의 낯은 악을 행하는 자들을 향하시느니라."(벧전3:10-12) 말씀하셨습니다. 우리 주 예수 그리스도께서 십자가에서 피 흘려 우리를 죄에서 구원하신 그분의 은혜가, 지금까지 범한 자신의 모든 죄를 인정하고 버리며 회개하고 선을 행하며 살아가는 용기 있는 여러분 모두에게 있기를 우리 주 나사렛 예수 그리스도의 이름으로 기도합니다. 아멘.

선악과를 따서 먹은 하와가
뱀의 말과 같이 죽지 않았는데

하나님은 어떤 사람보다도 크신 분이십니다. 그런데, "우리도 목사가 될 수 있습니까?"라는 여러분의 말에, 하나님께서 한마디 답변도 않으신다고 해서 여러분 스스로 목사가 되면 되겠습니까?

사실 하나님이 여러 가지 방법으로 계속 말씀하셔도 사람이 그분의 말씀에 귀를 기울이지 않습니다. 하나님은 사람이 꿈을 꿀 때, 밤에 환상을 볼 때, 또는 깊은 잠에 빠질 때, 침실에서 잠을 잘 때, 바로 그 가운데서 하나님은 사람들의 귀를 여시고, 말씀을 듣게 하시고, 사람들이 거기서 경고를 받고 두려워서 죄를 짓지 않도록 하십니다. (창 20:3, 6, 8; 현대인의 성경; "그날 밤 하나님이 아비멜렉의 꿈에 나타나셔서 '네가 데려온 이 여자 때문에, 너는 죽게 될 것이다. 그녀는 이미 결혼한 유부녀이다. 그래서 내가 너를 막아 죄를 범하지 않도록 그 여자에게 손을 대지 못하게 하였다.' 아비멜렉이 다음 날 아침 일찍 일어나 자기 신하들을 다 모으고 그 일을 말하자 그들이 몹시 두려워하였다." 말씀과 같이) 교만하지 않도록 하십니다. 하나님은 이렇게 하시어 사람들이 죄를 짓지 않도록 하십니다.

하나님은 사람이 멸망하도록 내버려 두지 않으시고 그 생명을 죽음에서 건져 주십니다. 하나님은 사람에게 질병을 보내셔서 잘못을 고쳐 주시기도 하시고(요5:14; 보라, 네가 나았으니 더 심한 것이 생기지 않게 다시는 죄를 범하지 말라) 사람들의 육체를 고통스럽게 해서라도 잘못을 고쳐 주기도 하십니다. 병든 사람은 입맛을 잃게 됩니다. 아무리 맛있는 음식이라도 쳐다보기가 싫어집니다. 그의 몸은 점점 쇠약해져서 뼈와 가죽만 남게 됩니다. 이제, 그의 목숨은 무덤에 다가서게 되고 그의 생명은 죽음 직전에 이르게 됩니다. 그때, 수많은 하늘의 천사 중 하나가 나타나 일깨워 준다면, 마음을 바로잡으라고 일러 준다면, 다 되는 일인 것입니다. 듣고(양심의 찔림을 받아) 깨달아 마음을 바로잡은 사람에게 하나님은 은혜를 베푸시고 천사에게(주님의 사자가 곧 〈헤롯을〉 치니 충이 먹어 죽으니라."〈행12:23〉와 같이 죽을 수도 있지만) "그가 무덤으로 내려가지 않도록 그를 살려 주어라. 내가 그의 몸값을 받았다."라고 말씀하실 것입니다. 그렇게 되면 그는 다시 젊음을 되찾게 되고 건강도 되찾을 것입니다. 그와 같이 회개한 그가 하나님께 기도드리면 하나님은 그의 기도를 듣고 그를 기쁘시게 받아들일 것이며, 그는 또 하나님을 기쁨으로 섬길 수 있고 하나님은 그를 다시 정상적으로 회복시켜 주실 것("우리가 우리 죄를 고백하면 신실하시고 의로우신 하나님은 우리 죄를 용서하시고 모든 죄악에서 깨끗하게 하실 것입니다."〈요일1:9〉와 같이)입니다. 그러면 그는 사람들 앞에서 고백할 것입니다. "나는 죄를 지어서 옳은 일을 그르쳤으나, 하나님이 나를 용서하여 주셨습니다. 하나님이 나를 무덤에 내려가지 않게 구원해 주셨기에 이렇게 살아서 빛을 보게 되었습니다." 하고 사람들에게 말할 것입니다. 이 모두가 하나님이 하시는 일인 것입니다. 하나님이 사람에게 두 번, 세 번 되풀이하여 돌보아 주시는 것은 그 영혼을 구원하여 그를 생명의 빛 가운데서 살게 하기 위한 것입니다. (욥33:12-30; 현대인의 성경, 새 번역 성경, 공동번역, 개역성경)

위와 같이 하나님이 말씀하시고 또 하신다고 하더라도 사람이 그 말씀에 기울이지 못할 뿐이라는 것입니다. 그러므로 그분의 선지자들이든지, 사도들이든지, 누구를 통해서든지 하나님께서 말씀하신 하나님의 말씀을, 하나님의 말씀으로 받아들이는 긍정적인 사람 외에는 하나님의 역사는 일어나지 않는 것입니다. 그 말씀은 이렇습니다.

"사람들은 억압이 심해지면 부르짖고, 세력이 있는 자들이 억누르면 누구에게나 구원을 청하면서 울부짖지만, **'그들을 창조하신 하나님께로 돌아가지 않습니다.'** 하나님이 우리에게, 짐승이나 새가 가진 지혜보다 더 나은 지혜를 주시는데도, **'하나님께로 돌아가지 않습니다.'** 그들이 거만하고 악하므로, 하나님께 '도와주십시오.' 하고 부르짖어도, 하나님은 들은 체도 않으십니다. 전능하신 하나님께서는 악한 자들을 보지도 않으시고, 그들의 호소를 들어주지도 않으시므로, 그 악한 자들의 울부짖음에는 아무런 힘이 없습니다." 그러므로 주님께서 들어주시는 것은 하나님과 관계가 회복된 사람의 기도입니다. 또한 하나님의 자녀 외에는 징계함도(히12:5-11; 현대인의 성경; 내 아들아, 주의 징계를 가볍게 여기지 말며 꾸지람을 듣더라도 낙심하지 말아라. 주께서는 '자기가 사랑하는 사람'을 꾸짖고 나무라시며, '그가 아들로 받아들이는 사람'을 다 채찍질하신다) 없습니다. 그러므로 여러분이 하나님의 자녀라면 주님의 말씀을 받아 전하는 말씀을 들으십시오. 우리 안에서 역사하시는 성령님, 곧 나사렛 예수 그리스도 능력의 이름이 알게 하셨습니다. 왜 하나님께서 "여러분은 교회 집회에서 말할 권리가(설교할 권리) 없으니 조용히 하시오."라고 말씀하셨는지를 말입니다. 그것은 사도 바울을 통해 말씀하신 그대로 여자가 마귀의 꾐에 속아 넘어가 죄를 지었기 때문입니다. 무슨 말씀입니까?

마귀는 처음부터 아담을 선택하지 아니하고 하와를 선택하였습니다. 아담은 하나님께서 주신 지혜가 충만했습니다. 그가 모든 가축과 공중의 새와 들짐승의 이름을 지어 주었는데 그것이 그 생물들의 이름이 되었기 때문(창2:19-20; 현대인의 성경; 여호와 하나님이 흙으로 온갖 들짐승과 새를 만드시고, 아담이 어떻게 이름을 짓나 보시려고 그것을 그에게 이끌고 가시니 아담이 각각 생물들을 부르는 것이 바로 그 생물들의 이름이 되었다. 이처럼 아담이 모든 가축과 공중의 새와 들짐승의 이름을 지어 주었다고 말씀하고 있습니다)입니다. 그만큼 아담은 지혜가 충만하다는 것을 마귀는 이미 잘 알고 있었던 것입니다. 물론 첫 사람 아담은 둘째 사람 예수 그리스도를 상징하는 것이기도 하지만 말입니다. 하와 곧 이브는 온 인류 곧 우리 모두를 상징하는 것(창3:20; 아담은 자기 아내의 이름을 '이브'라고 지었는데 그것은 그녀가 온 인류의 어머니가 되었기 때문이다)이기도 하고요. 그 말씀이 어떻든지 간에 마귀는(계20:2; 용을 잡으니 곧 옛 뱀이요, 마귀요, 사단이라) 그와 같이 각각 생물들의 이름을 지어 준 아담을 택하지 아니하고 어떤 생물들의 이름을 지어 주지도 않은 하와를 선택하였던 것입니다.

여호와 하나님께서 창조하신 동물 중에서 뱀이 가장 교활했습니다. 뱀은 동산에서 하와를 만나 말을 걸었습니다. "하나님이 정말 너희에게 동산에 있는 모든 과일을 먹지 말라고 하였느냐?" 하와에게 뱀이 물었습니다. 뱀은 쉽게 말해서 하와의 마음을 조심스럽게 떠본 (떠-보다; Google사전; 남의 속뜻이나 됨됨이를 넌지시 알아보다) 것입니다.

뱀의 그런 교활한 속뜻도 모르고 하와는 자신이 알고 있는 대로 뱀에게 대답하였습니다. "우리가 동산의 과일은 (마음대로) 먹을 수 있으나 동산 중앙(창2:9; 동산 가운데에는 생명나무와 선악을 알게 하는 나무가 있더라)에 있는 과일은 하나님이 '먹지도 말고 만지지 말아라. 그렇지 않으면 너희가 죽게 될 것이다.'라고 말씀하셨다." 대답한 것입니다. 하와의 말을 다 들은 뱀은 여호와 하나님의 말씀을 아담의 아내 하와가 잘 알지 못하고 있다는 것을 알아채고는, 그때부터 하와를 본격적으로 유혹하기 시작하였습니다.

그것도 그럴 것이 에덴동산 중앙에는 생명나무와 선악을 알게 하는 나무도 있었다(창2:9)고 기록되어 있듯이 동산 중앙에는 생명나무와 선악을 알게 하는 나무가 함께 있었습니다. 그리고 여호와 하나님께서 아담에게 이렇게 말씀하셨습니다. "네가 동산에 있는 과일은 마음대로 먹을 수 있으나 단 한 가지 선악을 알게 하는 과일만은 먹지 말아라. 그것을 먹으면 네가 반드시 죽을 것이다."(창2:16-17) 말씀하신 것입니다.

뱀은 위와 같이 아담에게 말씀하신 여호와 하나님의 말씀을 잘 알고 있었습니다. 그런데 하와는 하나님의 말씀을 알기는 아는데 완전히 아는 수준에는 다다르지 못했습니다. 그러한 하와의 마음을 알아챈 것입니다. 그래서 뱀은 하와가 생각할 여유도 없이 먹이를 낚아채듯이 재빠르게 함정을 파기 시작했습니다. 여자에게 "너희는 절대로 죽지 않을 것이다. 하나님이 너희에게 그렇게 말씀하신 것은, 너희가 그것을 먹으면 눈이 밝아져서 하나님과 같이 되어 선악을 분별하게 될 것을 하나님이 아셨기 때문이다." 하고 하나님의 말씀에 의문을 품도록 만들었습니다. 뱀의 말에 정신을 빼앗긴 하와는 뱀의 의도대로 하나님의 말씀에 의문을 품게 되었습니다. 그래서 하와 자신이 선악을 알게 하는 과일을 먹으면 눈이 밝아져서 하나님과 같이 되어 선악을 분별할 수 있다는 뱀의 그러한 달콤한 말의 속아 넘어가, 완전히 뱀이 파 놓은 깊은 함정에 빠져 버렸습니다. 오늘날에도 살살 녹는 비위에 맞는 달콤한 말을 듣고 마귀가 파 놓은 깊은 함정에 빠져 버린 하와와 같이, 그리고 제사장이 되어 백성들(오늘날은 성도들) 위에 군림하고 싶어 하는 고라와 같이, 특정 목사가 되고 싶어 하는 특정인들이 사탄의 사탕발림에 빠져 버리게 된 것을 봅니다. 뱀의 말을 듣고 난 하와는 분별력을 완전히 상실하여 그날따라 선악을 알게 하는 나무의 과일이 달라 보였습니다. 그래서 하와는 무언가에 홀린 것처럼, 자신도 모르게 손을 뻗어 선악을 알게 하는 나무의 과일을 따서 먹어 버렸습니다.

그런데 참 이상했습니다. 선악을 알게 하는 나무의 과일을 먹으면 하나님께서 말씀하신 것과 같이 "너희가 죽게 될 것이다." 말씀하신 것으로 하와는 알고 있었는데, 하와가 그 나무의 과일을 따서 먹었는데도 불구하고, 뱀의 말과 같이(너희는 절대로 죽지 않을 것이다) 죽지 않왔던 것입니다. 그래서 하와는 여호와 하나님의 말씀은 100퍼센트 틀리셨고, 뱀의 말은 100퍼센트 확실하다고 믿었습니다. 그래서 하와는 자신의 그와 같은 행동이 여호와 하나님의 말씀을 거역하게 된 것인 줄도 모르고 선악을 알게 하는 그 나무의 과일을 따서 자신이 먹고 과일을 따서 아담에게 그 과일을 건네주면서(창3:6; 공동번역; 여자가… 그 열매를 따 먹고 같이 사는 남편에게 따 주었다) 말을 했습니다.

"아담, 나를 봐 봐! 내가, 여호와 하나님께서 '동산 중앙에 있는 과일은 먹지도 말고 만지지도 말아라. 그렇지 않으면 너희가 죽게 될 것이다.' 말씀하신 선악을 알게 하는 나무의 과일을 따서 이렇게 먹었는데 내가 죽지 않았어. 아담, 당신이 지금 나를 보고 있듯이 내가 그 과일을 먹었는데도 이렇게 살아 있잖아. 하나님의 말씀이 틀리셨고 뱀의 말이 옳았어. 뱀은 나에게 '너희는 절대로 죽지 않을 것이다. 하나님이 너희에게 그렇게 말씀하신 것은 너희가 그것을 먹으면 눈이 밝아져서 하나님과 같이 되어 선악을 분별하게 될 것을 하나님이 아셨기 때문이야!'라고 말했거든! 뱀의 말대로 내가 지금, 선악을 알게 하는 과일을 먹었는데도 죽지 않고 이렇게 살아 있잖아!"

뱀의 말대로 자신이 살아 있음을 체험한 하와는 다른 생각할 겨를도 없이 선악을 알게 하는 나무의 과일을 먹고 "너희는 절대로 죽지 않을 것이다."라는 뱀의 말에 순종하여 그 선악을 알게 하는 과일을 따서 먹고 죽지 않은 자신과 같이, 아담도 뱀의 말에 순종하여 죽지 않는 체험하기를 원했습니다. 그래서 하와는 아담에게 자신이 건네

준 과일을 먹도록 적극적으로 "아담, 한 번 먹어봐" 하고 권하였던 것입니다.

하와가 선악을 알게 하는 나무의 과일을 따서 먹었는데도, 자신이 죽지 않았음을 보여 주며 그와 같이 하는 말을 듣고(창3:17; 네가 네 아내의 말을 듣고), 아담이 하와와 같이 뱀에게 속아서 먹는 것(딤전2:14; 아담이 속은 것이 아니라)이 아니라, 그 과일을 먹으면 반드시 죽는 줄 알면서도 자기 아내 하와를(창2:23; 이는 내 뼈 중의 뼈요, 살 중의 살이라) **자신의 몸처럼 너무나도 사랑**하였기에 하와가 준 그 선악을 알게 하는 과일을, 그만 받아먹고 말았습니다.

그러자 갑자기 그들의 눈이 밝아져서 자기들이 벌거벗은 것을 알게 되었습니다. 하와가 선악을 알게 하는 나무의 과일을 먹었을 때는 하와에게는 아무런 변화도 일어나지 않았었는데, 아담이 그 나무의 과일을 먹자마자(창3:11; "내가 먹지 말라고 한 과일을 네가 먹었구나!" 말씀과 같이 하나님의 명령을 어긴 죄로 인하여) 여호와 하나님의 말씀과 같이 즉각적으로 반응이 일어났습니다. 그것은 여호와 하나님께서 하와가 창조되기도 전에 아담에게 이미 여호와 하나님이 그 사람에게 명하여 가라사대 '동산 각종 나무의 실과는 네가('너희가'가 아니라 네가) 임의로 먹되 선악을 알게 하는 나무의 실과는 먹지 말라. 네('너희가'가 아니라 '아담, 네가' 선악을 알게 하는 실과를)가 먹는 날에는 정녕 죽으리라.' 명하셨기 때문입니다. 아담은 여호와 하나님께서 자신에게 위와 같이 명령하신 말씀을 잘 알고 있었던 것입니다. 그렇다면 '아담이 선악과를 먹으면 자신이 죽는다는 것을 어떻게 알 수 있습니까?' 하고 물어보는 사람이 있을 것입니다.

그것은 아담은 미래에 오실, 예수 그리스도의 표상(롬5:14)이라고 말씀하신 것과 아담이 뱀에게 속은 것이 아니라 하와가 속았다고 말씀하고 있는 것(딤전2:14)을 보면 알 수 있습니다. 그리고 예수님께서는 아담이 행동을 했던 그대로 재현하셨기 때문입니다. 그러므로 아담이 선악과를 하와로부터 받아먹은 것은, 순전히 "아담이 하와를 사랑하되, 자신의 몸처럼 사랑하였다는 것"을 우리는 알 수 있는 것입니다. '아담이 하와'를 자신의 몸으로써 '죽음을 불사하고 목숨을 다하여 사랑'하였듯이, **주님께서도 우리**를 사랑하시기를 "세상에 있는 자기 사람들을 사랑하시되 끝까지 사랑하시니라."(요13:1) 말씀처럼, **목숨을 버려 사랑하신 것**입니다. '인류의 어머니인 하와'가(창3:20) 자기 '죄를 자기 남편에게 죄를 전가'하듯이, "모든 예언자와 율법은 요한의 때까지 예언하였다. 너희가 받아들이기를 원한다면 요한이야말로 오기로 되어 있는 '엘리야'이다."(마11:13-14)라는 말씀과 같이, 하나님께서는 **'인류의 대표자 세례자 요한'**을 통해 세상과 우리의 **죄를**(요일 2:2; 저는 우리 죄를 위한 화목 제물이니 우리만 위할 뿐 아니요, 온 세상에 죄를 위함이라는 말씀과 같이) **예수님께 전가**하신 것입니다. 그래서 세례 후 이튿날, 세례자 요한은 예수님이 자기에게 나아오시는 것을 보고 "보라! 세상 죄를 짊어지신 하나님의 어린양이시다!"(요1:28-29; 현대인의 성경) 한 것이며, 아담이 자기 아내로부터 선악과를 받아먹음으로써 "죽는 줄을 알았다는 것"은, 우리의 죄의 짐을 짊어지신 주님께서도 우리와 인류의 죄의 짐을 지심으로써 **자신이 죽는 줄을 아셨다는 것**입니다. "고민하고 슬퍼하사 이에 말씀하시되 '내 마음이 심히 고민하여 죽게 되었으니 너희는 여기 머물러 나와 함께 깨어 있으라.' 하시고"(마26:37-38) 제자들에게 말씀하신 것입니다. 그와 같이 첫 사람 아담은 마지막 아담(고전15:45)으로 오실, **예수 그리스도의 표상이었던 것**입니다.

아무튼 하와는 그와 같이 엄청난 일이 벌어지고 나서야 깨달았습니다. 여호와 하나님께서 100퍼센트 옳으셨고, 뱀이 100퍼센트 틀렸다는 것을, 하와는 큰일이 벌어지고 나서야 깨달은 것입니다. 그렇게 하여 하와는 뱀의 말에 속아 '자신의 남편과 모든 인류를 도탄에 빠뜨린 장본인'이 되었으며, '자기 남편에게 자신의 죄를 전가한 그 여자가 바로 아담의 아내 하와였던 것'입니다.

이처럼 뱀의 꾐에 빠져 죄를 지은 아담의 아내 하와와 같이, 특정 목사가 되고 싶어 하는 사람들의 하는 행동도 하나님께서 "의문에 순종하지 말라"고 하셨음에도 불구하고, 사람의 명과 가르침을 좇아 하나님의 말씀에 의문을 품게(공동번역; "여자들은 '교회 집회'에서 '말할 권리'가〈예언자 곧 하나님의 말씀을 받아 전하는 권리〉 없으니 말을 하지 마시오." 말씀하셨건만) 만드는, 그들을 미혹한 자의 달콤한 말에 속아, 그의 말에 순종하고 있는 것입니다. 하와가 뱀이 꾀어서(창3:13; 여자가 가로되 "뱀이 꾀므로 내가 먹었나이다") 죄에 빠진 것처럼, 뱀의 꾐에 빠져서 죄를 짓는 일을, 오늘날에 와서도 우리를 미혹하는 자의 꾐에 빠져서(특정인도 목사가 될 수 있다는 선악과를 먹으라고 꾀므로) 반복하고 있는 것입니다. 하나님의 명령(공동번역; "자기가 하나님의 말씀을 전한다고 생각하거나 성령의 선물을 받았다고 생각하는 사람은 내가 여러분에게 써 보내는 이 말이〈고전14;33-34; "교회 안에서의 질서와 여자는 교회 집회에서 말할 권리가 없으니 말을 하지 마시오."라고 써 보내는 이 말이〉'주님의 명령'이라는 것을 깨달아야 합니다." 말씀하셨음에도 불구하고)에 진실로 하나님의 말씀을 받아 전하는 사람과(예언자) 성령의 선물을(성령의 나타남의 은사를, 여기서는 방언의 은사를) 받은 사람이라면, 그리고 하나님의 자녀들이라면 불순종하지 않아야 한다는 것(요일3:6; 현대인의 성경; 하나님의 자녀들은 계속해서 죄를 짓지 않습니다. 는 말씀과 같이 깨달아 거역하지 않는다는 것을)은 아무리 강조를 해도 지나치지 않는 것인데도 말입니다.

이처럼 하나님께서는 에덴동산에서 그와 같이 뱀에게 속아 죄에 빠진 하와를 표본으로 삼아 사도 바울을 통해 다음과 같이 말씀하신 것입니다. "아담이 속은 것이 아니라 여자가 속아서 죄에 빠졌기 때문입니다."(딤전2:14) 그래서 "여자는 일체 순종하며 조용히 배워야 합니다. 여자가 가르치거나(공동번역; 교회 집회에서 설교하거나) 남자를(남자 성도를 교회의 중역진이나 그 밖에 재물이나 무슨 정치적인 힘으로 남을 다스리고자 하는 지배욕이나 권세욕 그 밖에 욕심을 가지고 권력이나 실권을 잡아) 지배하는 것을 허락하지 않습니다. 다만 여자는 조용해야 합니다."(딤전2:11-12) 말씀하신 것입니다. 그것이(딤전2:13; 아담이 먼저 창조되었고 다음에 이브가 창조되었으며) 창조의 질서요, 임신하는 고통, 자식을 낳는 진통, 남편을 사모하고 남편의 다스림을 받는 벌을 하나님께서 모든 여성의 상징인, 하와에게 내리셨기 때문(창3:16; 현대인의 성경; 하나님이 여자에게 말씀하셨습니다. "내가 너에게 '임신하는 고통'을 크게 더할 것이니 네가 '진통을 겪으며 자식을 낳을 것'이요. 너는 '남편을 사모하고 남편은 너를 다스릴 것'이니라.")입니다. 그와 같이 하와에게 벌을 내리심으로 여전히 하나님의 말씀대로 세상 모든 여성이 여전히 **임신으로 인한 고통을 겪고 있지 않습니까?** 그리고 모든 여성이 자식을 낳을 때 하나님의 말씀대로 여전히 **진통을 겪으면서 자신의 자녀를 낳고 있지 않나요?**

그와 같은 일이 일어나고 있는 것은, '**하나님의 말씀**이 살아 있어서 여성인 여러분의 몸 안에서 하나님이 명하여 보내신 일을 그 말씀이 충실히 일하고 있다는 증거'입니다. 그와 같이 하나님께서 하와에게 내리신 벌을, 여전히 여러분들이 몸으로 확실하게, 직접 보고 체험을 하고 있습니다. 그와 같이 여호와 하나님께서 하와에게 내리신 그 말씀이 살아 있어서 아주 먼 옛날 옛적 창세 때에 하와가 체험하고 있는 것이나, 오늘날 여러분이 직접 체험하고 있는 것이나 아무것도 달라지지 않고 항상 한결같이 일정하게 여성이면, 모든 여성의 몸 안에서 그와 같이 일을 하고 있는데도, 아직도 여러분들은 여호와 하나님의 말씀을 깨닫지 못하고 있다는 말입니까?

그리고 여호와 하나님께서 '뱀, 자신이 파 놓은 꾐에 빠져 하와가 죄를 짓도록 유혹한 뱀'에게는 어떠한 벌을 내리셨습니까?

"여호와 하나님께서 뱀에게 말씀하셨다. '네가 이런 짓을 하였으니 모든 가축과 들짐승보다 더욱 저주를 받아 지금부터 **배로 기어 다니고 죽을 때까지 흙을 먹을 것이다.**' 말씀하셨습니다."(창3:14; 현대인의 성경) 여호와 하나님의 말씀대로, 그리고 여러분들이 뱀을 보아 알고 있듯이, 뱀은 '여전히 저주'를 받아 **배로 기어 다니고 육식을 먹고 있지 않습니까?**

그와 같이 뱀이 여전히 배로 기어 다니는 것은, 여호와 하나님께서 뱀에게 내리신 저주의 말씀이, 뱀에게 족쇄가 되어 태어나면서부터 평생을 배로 기어 다니도록 몸 안에서 일하고 있는 것입니다.

그리고 여호와 하나님께서 아담에게 내리신 벌은 어떻습니까? "땅은 너로 인하여 저주를 받고 너는 종신토록 수고하여야 그 소산을 먹으리라. 땅이 네게 가시덤불과 엉겅퀴를 낼 것이라. 너의 먹을 것은 밭의 채소인즉, 네가 얼굴에 땀을 흘려야 식물을 먹고 마침내 흙으로 돌아가리니 그 속에서 네가 취함을 입었음이라. 너는 흙이니 흙으로 돌아갈 것이니라." 말씀하셨습니다. 그래서 남자는 주로 밖으로 나가 얼굴에 땀을 흘리며 일을 하지 않습니까?

그리고 위에서도 말씀을 드렸지만 "너는 흙이니 흙으로 돌아갈 것이니라." 여호와 하나님께서 말씀하신 대로 **모든 사람이 죽으면 한 줌의 흙으로 돌아가지 않습니까?** 언제까지 사람이 죽으면 흙으로 돌아가겠습니까?

그것은 마지막 나팔 소리가 울릴 때까지(고전15:52-56)이며, 하나님의 뜻을 다 이루실 때까지 하나님께서 아담에게 내리신 벌이, 말씀이 살아 있어서 헛되이 돌아가지 않고, 변함없이 하나님의 명령을 따라 일을 수행하고 있는 것(사55:11)입니다. 그와 같이 하나님의 입에서 나온 그 말씀은 하나님의 뜻을 다 이루기까지는 여전히 살아서 일하고 있는 것입니다. 그래서 히브리서 기자는 "하나님의 말씀은 살았고 운동력이 있어, 좌우에 날 선 어떤 검보다도 예리하다."라고 말씀하고 있습니다.

이러한데요, 특정 목사가 되고 싶어 하는 여러분들이 "하나님을 두려워하지 않으며" "하나님의 통솔하심"에 따르지 않고(벤후2:10; 하나님의 권위를 멸시하는 자들과 같이) 수천 년이 지난 오늘에 와서 하나님의 명하신 말씀을 마음대로 뒤집으려고 하는 것(창3:16)입니다. 그 이유는 남자들이 가부장적이고 목사 직분을 남자들의 전유물처럼 남자들이 여긴다고 하는 것이며, 남성 중심적인 교회의 관습이 달라져야 한다고 하는 것입니다. "감 놔라, 배 놔라" 하는 속담과 같이, **주님이 주님의 거룩하신 피를 흘려 세우신 교회**를, 여러분이 주인이 되어 세운 교회나 되는 것처럼 말을 하는 것입니다. 그래서 반대하는 교단 앞이나 힘깨나 쓰는 교단 앞에서 사람의 힘을 빌려 특정 목사가 되고 싶어 하는 여러분들이 피켓을 들고 시위하는 것입니다. 고라와 그의 뒤를 쫓아서 따르던 추종자들이 모세와 아론을 향하여 시위하는 것처럼 말입니다. 그들도 여러분들과 똑같은 말을 하였습니다. "너희가 분수에 지나도다. 이스라엘 백성은 다 여호와께서 선택한 자들이며 그분은 우리 가운데도 계시는데, 당신들만 어찌하여 여호와의 총회 위에 높이느뇨?"(민16:3; 개역성경, 현대인의 성경) 하고 말입니다.

만일 한 가정의 아내로서 여러분이 자녀들 앞에서 자녀들의 아버지인 가장의 권위를 살려 주지 아니하고, 그 질서를 무너뜨려 버린다면, 여러분의 아이들은 어떻게 보고 생각하며 자라나겠습니까? 아내가 가정의 질서를 깨고 자기 남편 위에 군림하여 가정을 호령한다면, 그 가정을 다른 사람이 볼 때 정상적인 가정이라고 보겠습니까? 어떻게 보면 가정 내에서 아내가 자기 남편의 가장자리를 호시탐탐 넘본다는 것이 우스꽝스러워 보이지는 않으십니까?

이런 모습을 지금 여러분들이 연출하고 있는 것과 같은 것입니다. 성경에 말씀하신 모든 말씀은 곧 인류의 첫째 사람 아담에게 '동산에 모든 과일(선악과를 제외한 창3:22; 생명나무의 과일 포함하여 에덴동산에 있는 모든 과일; 그가 생명나무의 과일을 따서 먹고 영원히 살게 해서는 안 된다는 과일을)은 마음대로 먹고(영원히 살게 하는 생명과; 성령의 열매 비유; 갈5:22-23), 선악을 알게 하는 나무의 과일(선악과; 육체의 열매 비유; 갈5:17-21)만은 먹지 말라. 그것을 **네가 먹는 날에는 반드시 죽는다**'고 하신 그 말씀과 같은데도 말입니다. 특히, 하나님을 멸시하는 죄를 범한 인간의 죽음이 무엇을 뜻하는 것(지옥 불에 들어가는 것)인지를 모르는가 봅니다.

오늘날도 마찬가지로 그 누구라도 선악과를 먹으면 죽는다고 아담과 하와와, 육체의 죽음을 비유로 하여 강력하게 말씀하셨는데도, 말씀에 복종하지 않으며, 마땅히 하여야 할 일은 하지 않고 엇나가(엇나

가다; Google사전; 말과 행동이 이치에 어긋나게 삐뚜로 나가다. 또는 엇가다) 정말 하지 말아야 할 일을 하는 것을 좋아하는 것 같습니다. 주님께서 하지 말라고 명령하신 것(고전14:26-37)은, 어떻게 해서든지 하려 하고, 하라고 계명을 주시고 명령(요15:17; "내가 너희를 사랑한 것처럼, 너희도 서로 사랑하여라. 이것이 내 계명이다." 말씀하셨으며, "서로 사랑하여라. 내가 너희에게 명령한 것이 바로 이것이다." 성경, 사람에 대한 말씀 중에서 제일가는 핵심의 말씀을 주셨는데도 형제를 목숨을 버려 제대로 사랑하지 않고 있으니 말입니다)까지 하셨는데도 어떻게 해서든지, 제대로 된 그분의 뜻을 따르지 않고 있으니 말입니다. 왜 '주님의 명령'을 어겨 가면서까지 자신의 이익을 쟁취하려는지 모르겠습니다. 하나님의 사람이라면 마땅히 하나님의 일을 해야 할 것(갈5:22-23; 성령님이 지배하는 생활을 해야 할 것)인데도 불구하고, 하나님의 일은 하지도 않으면서 자기의 이익에만 몰두하여 자신의 배를 채우려고, 밥그릇 싸움을 하듯이 자신의 이기적인 야망을 드러내는 것(갈5:18-21; 율법의 지배를 받는 생활을 하는 것)입니다.

그러한 행동은 자신이 하나님의 자녀가 아니라는 것을 자신 스스로 나타내고 있는 것(요일3:9-10; 하나님께로서 난 자마다 죄를 짓지 아니하나니 이는 하나님의 씨가 그의 속에 거함이요, 저도 범죄치 못하는 것은 하나님께로서 났음이라. 이러므로 하나님의 자녀들과 마귀의 자녀들이 나타나나니, 무릇 의를 행치 아니하는 자나, 또는 그 형제를 사랑치 아니하는 자는 하나님께 속하지 아니하나라)입니다. 특정 목사를 지지하는 사람들은 주로 구약에서 하나님께서 이스라엘 백성들을 애굽에서 이끌어 탈출하여 홍해 바다를 건넜을 때 너무 기뻐서 찬양하는 모세의 자매, 여선지자 미리암과, 사사로 세워 백성을 구한 사사 드보라와, 아하수에로 왕의 왕후가 되어 이스라엘 민족을 구한 에스더와, 그리고 이방 여인으로서 보아스와 결혼하여 예수 그리스도의 세계에 이름이 기록된 룻 등을 내세워 말하기를, '하나님께서 여성들을 이렇게 들어 쓰셨는데 왜 우리는 목사가 될 수 없다는 말인가?' 하며 우리도 목사가 될 수 있다고 주장합니다. 그들을 여호와의 제사장으로 불러 세우셔서 쓰신 것도 아닌데 말입니다.

신약에서도 예수님의 모친 마리아, 세례자 요한을 낳은 엘리사벳, 아기 예수님에 대하여 말하는 비누엘의 딸 안나, 자주 장사 루디아, 예수님의 발에 향유를 부어 자기의 머리카락으로 주님의 발을 씻은 마리아, 브리스길라, 다비다, 유오디아, 순두게, 뵈뵈 등 여성 여럿을 가리키며, 하나님께서 그들을 거룩한 직분을 받은 사람들과 같이 사도로,(롬1:1; 그리스도 예수님의 종이 된 나 바울은 하나님의 기쁜 소식을 전하기 위해 사도로 부르심을 받고 거룩하게 구별되었습니다) 장로로,(벧전5:1; 나는 장로들에게 같은 장로로서) 주의 종으로,(딤후2:24; 마땅히 주의 종은 다투지 아니하고) 감독으로(딤전3:1-7; 감독은 책망할 것이 없어야 하며, 한 아내의 남편이며) 세우신 것도 아닌데도 불구하고, 그들도 특별히 동역자로 세우셔서 쓰셨기에 자신들도 목사가 될 수 있다고 주장합니다.

그렇다면 예를 들어서, 오늘날 목사가 하나님의 일을 수행하기 위해서 성도의 집을 심방을 해야 한다고 가정해 보겠습니다. 목사가 그런 목적을 가지고 성도의 집을 심방을 할 때, 같은 목적을 가지고 주의 일을 돕는 여성도가 있다면, 그들이 목사의 동역자로서 목사를 도와 하나님의 일을 열심히 수행하였다고 해서 여성도들이 목사 직분으로서 주의 일을 한 것입니까?

동역자의 뜻이 무엇입니까? "같은 목적을 가지고 함께 일하고 힘쓰는 것"입니다. 직분이 같지 않더라도 남성이든지 여성이든지 목적이 같은 사람끼리 마음과 힘을 합하여 일하는 모든 사람이 서로의 동역자인 것입니다. 그러므로 하나님의 부르심을 보십시오.

하나님께서는 야곱의 자녀들을 부르셨을 때 딸 디나도 있었는데요, 남자 자녀들만 12명의 각 지파 우두머리로 불러 세우셨습니다. 그리고 하나님 여호와께서는 모세에게 명하시기를 "너는 아론과 그의 아들들을 세워 제사장 직분을 행하게 하라. 다른 사람이 나섰다가는 죽으리라."(민3:10; 개역성경, 공동번역) 말씀과 같이 아론의 아들들만 세우도록 하셨다면, 그의 딸들은 없었겠습니까? 그러나 하나님께서는 아론과 그의 아들들에게만 제사장 직분을 주어 세우도록 하시고 다른 사람이 나섰다가는 죽으리라고 명령하셨습니다.

그리고 또한, 우리들의 주님이신 예수님께서도 여성의 몸으로 오시지 않고, 남성의 몸으로 오셨으며, 12명의 제자를(눅6:13-16) 불러 세우셨는데요. 그런 주님께는 사랑하는 나사로, 그의 누이들인 마리아와 마르다와(요11:17-44) 같은 여성들도 있었습니다. 그리고 이스라엘의 많은 여성도 있었습니다. 그러나 예수님께서는 남자들만 제자로 삼아 사도로 세우셨습니다.

　만일 하나님께서 여러분뿐 아니라 예수님을 믿는 자 모두를 오늘날과 같이 "여러분은 택하심을 받은 족속이요, 왕과 같은 제사장들이요, 거룩한 민족이요, 하나님의 소유가 된 백성으로" 부르셨다고 해서, "하나님은 무질서의 하나님이 아니라, 평화의 하나님이십니다."(고전14:33; 새 번역 성경) 말씀하셨는데도 불구하고, 여러분들과 같이 질서도 없이 누구나 다 목사가 된다면, 누가 장로가 될 것이며, 교사가 될 것이며, 전도자가 될 것이며, 병을 고치는 자가 될 것이며, 예언하는 자가 될 것이며, 돌보는 자와 봉사자, 성도가 되겠습니까?

　만일, 그렇게 된다면 하나님이 무질서의 하나님이시라는 말입니까?

　하나님의 집에서 일할 사람을 부르시고, 세우시는 주체자가 누구입니까?

　여러분입니까?

　하나님이십니까?

　사람마다 부르셔서 세우시는 주체자는 온전히 하나님이십니다.

　하나님께서는 우리가 잘 알고 있는 블레셋의 장군이며 거인 골리앗을 물리친 용감한 소년 다윗도 "내가 이새의 아들 다윗을 만나니 내 마음에 합한 자다." 하여 다윗의 씨에서 구주 예수님을 일으키심(행13:22-23)의 엄청난 하나님의 부르심을 받았지만, 이스라엘 나라의 왕의 직분으로 받은 것이지, 제사장 직분으로 부르심을 받지 않았습니다.

제사장 제도, 하나님께서
아주 특별하게 세우신 제도입니다

제사장 제도는 하나님께서 시내 산에서 율법을 내려 주시면서 시작되었습니다. 제사장 제도는 인간이 만든 제도가 아닙니다. 물론 율법의 모든 법도도 하나님께서 이스라엘 백성들에게 내려 주신 것입니다. 그중에서 제사장 제도는 하나님께서 특별히 **이스라엘 자손들 가운데서 뽑아**(민3:11-12; 공동번역; 야훼께서 모세에게 말씀하셨다. "나는 이제 이스라엘 백성 가운데서 레위인들을 뽑아, 이스라엘 백성 중에서 처음 태어나는 모든 맏아들 대신으로 삼았다. 그러므로 레위인들은 내 것이다.") **구별하시고 그 구별하신 레위인들 가운데서 또 구별**(민3:10; 공동번역; 너는〈모세에게〉아론과 그의 아들들을 세워 사제〈제사장의 일〉일을 맡아 보게 하여라. 다른 사람이 나섰다가는 죽으리라)하셔서 세우신 제도입니다.

이스라엘 자손 가운데서 뽑아 세운 레위인들의 할 일을 오늘날 예를 든다면, 지금의 교회 안에서 찬양하며 봉사하며 가르치는 등 여러 가지 일들로 하나님께서 세운 제사장격인 목사를 도와 성직을 보좌하는 역할을 맡은 사람들과 같이 일하는 사람인 것입니다. 그와 같이 만남의 장막(성소와 지성소로 지은 집 앞, 뜰에서) 앞에서 제사장들을 도와 봉사의 일을 하고 온 회중이 할 일을 여호와 하나님으로부터 특별히 세움을 받아 돕는 직무를 맡은 사람들이 레위인들인 것(민3:6-9; 공동번역; 레위인들의 직분; "너는 레위 지파를 불러내어 '아론의 사제 밑에 두고' '그의 시중을 들게 하여라.' 그들은 성막에서 봉사할 사람들로서, 만남의 장막 앞에서 '아론이 할 일'과 '회중이 할 일'을 돕는 직무를 맡는다. 만남의 장막의 모든 기구를 보살피고 이스라엘 백성이 할 일을 돕는다. 이것이 그들이 '성막에서 해야 할 일'이다. 너는 레위인들을 아론과 그의 후손들에게 붙여 주어라. 그들은 이스라엘 백성 가운데서 뽑혀 '그의 성직을 보좌할 것이다.'")입니다.

이처럼 하나님께서는 여러분을 레위인들과 같이 부르셨습니다. 그래서 교회에서 봉사의 일을 하게 하시고 성도의 일을 도와 레위인들이 이스라엘 백성 가운데에서 죄를 지은 자가 자기 죄로 인하여 짐승을 데리고 오면 레위인들은 죄를 지은 자와 그의 짐승을 데리고 제사장에게 인도하는 것입니다. 그러면 제사장은 죄인이 번제물의 머리에 안수하여 자기의 죄를 전가함으로써 자신의 죄를 전가받은 번제물이 죄인인 자기 대신 속죄하는 희생의 제물(요1:29; 어린양으로 오신 예수 그리스도를 상징함)이 되어 죽음으로써 죄인은 하나님으로부터 죄 용서함을 받고 살게 하는 것입니다. 그럼으로써 레위인과 제사장이 서로 협력함으로써 선을 이루는 일을 하는 것과 같이 여러분도 하나님의 부르심을 받은 레위인들로서, 예수 그리스도로부터 사도로 세움을 받은 사도 바울(행9:15, 17; 주께서 아나니아에게 이렇게 말씀하셨다. "가라. 이 사람은 내 이름을 이방인과 임금들과 이스라엘 자손들 앞에 전하기 위하여 택한 나의 그릇이라." 아나니아가 떠나 그 집에 들어가서 그에게 안수하여 가로되 "형제 사울아 주 곧 네가 오는 길에서 나타나시던 예수께서 나를 보내어 너로 다시 보게 하시고 성령으로 충만하게 하신다." 하니 즉시 사울의 눈에서 비늘 같은 것이 벗어져 다시 보게 된지라. 일어나 세례를 받고 음식을 먹으매 강건하여지니라; 딤후 1:11; 현대인의 성경; 나는 이 복음을 위해서 전도자와 사도와 교사로 임명을 받았습니다)과 같이 사도(빌2:17; 현대인의 성경; 사도 권리는 제사장 권리와 같음; 여러분의 믿음의 제물과 봉사 위에 내 생명의 피를 제사 술처럼 따라붙는다고 해도 나는 기뻐하고 여러분 모두와 함께 기뻐할 것입니다)요, 제사장(히3:1; "우리가 고백하는 신앙의 사도이시며 대제사장이신 예수님을 깊이 생각하십시오. 그리고 롬 15:16; 그 은혜로 나〈나 바울은〉는 이방인들을 위해 일하는 '그리스도 예수님의 일꾼'이 되어 '하나님의 복음을 전하는 제사장 일'을 하고 있습니다." 말씀과 같이)으로서의 목사와 서로 협력함으로써 선을 이루어 하나님께 영광을 돌려드리는 레위인들과 같은 역할을 하는 것입니다. 그것이 부르심을 받은 레위인들의 할 일인 것입니다. 그렇다고 누구나 목사라는 직분을 가졌다고 해서 다 그와 함께 일할 수는 없는 일인 것입니다. 그것이 왜 그러냐고 묻는다면, 이 세상에는 하나님에게서 나오지 않은 거짓 목사들뿐만 아니라 악마의 자식들이 세상에 많이 나왔다고 성경에서 말씀하고 있기 때문입니다.

"사랑하는 형제 여러분, 영(성령)을 받았다고 하는 사람들을 무턱대고 믿지 말고 그들이 주장하는 영(성령)이 하나님에게서 왔는지 시험해 보십시오. '거짓 예언자'들이 세상에 많이 나왔습니다."(요일4:1; 현대인의 성경)

사도들을 통해
누가 하신 말씀입니까?

"여자는 조용히 복종하는 가운데 배워야(고전14:26-31; 하나님께 예배할 때, 질서를 지켜야 한다는 것을 말씀합니다. 그렇게 하면〈예언하는 사람들이 질서 있게 차례대로 예언하면〉하나님의 말씀을 받은 사람들이 차례로 모두 예언할 수 있게 되므로 모든 사람이 다 '배우고 용기'를 얻게 될 것입니다) 합니다. 나(나 바울은)는 여자가 남을 가르치거나("여러분이 모여 함께 예배할 때, 하나님의 말씀을 받은 사람들은 차례로 모두 예언할 수 있게 되므로"와 같이〈고전14:29-31〉, 여러 사람이 모여 함께 예배할 때 '설교를 하는 것'을 말씀하신 것입니다. 가정 내에서나 개개인이나 말씀을 잘 모르는 성도를 따로 불러 그들을 제한하면서까지 가르치지 말라는 그런 뜻의 말씀은 아닙니다) 남자를 지배하는 것을 허락하지 않습니다. 여자는 침묵을 지켜야 합니다.(고린도교회와 같이 성도들의 모든 교회에서 함과 같이 여자들은 교회 집회에서 말할 권리가〈가르칠 권리 곧 설교할 권리〉없으니 조용히 하십시오〈고전14:34〉. 그리고 율법에도〈창3:16〉여자는 남자에게 복종하라고 하였습니다) 먼저 아담이 창조되었고(창2:7) 하와는 그다음에 창조된 것(창2:21-22)입니다. 아담이 속은 것이 아니라 하와가 속아서 죄에 빠진 것(창3:5-7; 현대인의 성경; 그때 뱀이 여자에게 "너희는 절대로 죽지 않을 것이다. 하나님이 너희에게 그렇게 말씀하신 것은, 너희가 그것을 먹으면 눈이 밝아져서 하나님과 같이 되어 선악을 분별하게 될 것을, 하나님이 아셨기 때문이다." 하고 말하였다. 여자가 그 나무의 과일을 보니 먹음직스럽고, 보기에 아름다우며 지혜롭게 할 만큼 탐스럽기도 하였다. 그래서 여자가 그 과일을 따서 먹고 자기 남편에게도 주니〈하와가 자기의 죄를 남편 아담에게 전가함〉그도 그것을 먹었다. 그러자 갑자기 그들의 눈이 밝아져서)입니다."(딤전2:11-14; 공동번역)

하나님께서 사도 바울로 말씀하신 이 말씀이, 어느 주석에서 풀이한 것처럼, 사도 바울이 당시 문화와 시대적 상황을 고려해서 가부장적 제도에 맞게 에베소교회 성도들에게 스스로 하는 말입니까? 하나님께서 사도 바울을 통해 말씀하심이 아니셨습니까?

만일, 사도 바울이 당시 문화와 시대적 상황을 고려해서 말을 해야 했다면, 창세기 문화 시대에 일어난 일은, 바울 시대에는 전혀 맞지 않는 제도일 것인데, 수천 년이 지난 바울의 시대에 와서 바울은 고린도교회와 에베소교회에 그들에게 맞지도 않는 창세기의 말씀을 적용하게 된 것일까요? 그리고 또 사도 바울 시대와 지금의 우리 시대는, 사도 바울이 상상도 못 할 만큼이나 엄청난 문화와 시대적 차이가 있는데 바울이 한 말을 그러면 어떻게 이 시대와 문화에 적용할 수 있을까요? 오늘날과 같이 "남녀 차별이 없고 평등하니 누구든지 원하면 제사장을 할 수 있다." 적용할 수 있는 것일까요?

사랑하는 형제자매 여러분, 하나님의 말씀은 하나님께서 원하시면 문화나 그 시대에 따라서 자기의 종, 예언자를 통해 주실지언정, 하나님의 입에서 한번 나간 말씀은 그 문화나 그 시대에 따라서 절대로 변하지는 않습니다. 변한다면 사람이 변하게 하는 것이지, 하나님의 말씀이 변하는 것이 절대로 아닙니다. 그러므로 여러분은 그러한 말에 흔들리지 마시기를 바랍니다. 하나님은 항상 자기의 종들로 말씀하십니다. 그러므로 사도 바울을 통해 전하는 하나님의 말씀을 여러분은 들으십시오.

사도 바울은 다음과 같이 말씀을 전하고 있습니다. **"하나님은 우리를 통해 여러분에게 말씀하고 있습니다."**(고후5:20; 현대인의 성경) 하나님께서는 지금 사도 바울을 통해 여러분에게 말씀하고 있습니다. 이렇게 말입니다. 우리는 지금 사도 바울을 안에서, 살아 계신 하나님께서 말씀하시는 말씀을 '여전히 듣고 있는 것'입니다. 이러한데도 사도 바울 안에서 말씀하시는 하나님의 말씀이 하나님의 말씀으로 믿어지지 않는다면, 그리고 사도들 안에서 하나님께서 하시는 말씀이 하나님의 말씀으로 들리지 않고, 오히려 자신의 가려운 부분을 긁어주는, 그런 그들을 미혹한 자의 달콤한 말이 하나님의 말씀으로 들린다면, 그런 사람은 자신이 자신을 시험해 보아야 합니다.

무엇을 시험해 보아야 합니까? 자신이 하나님에게서 오는 성령을 받았는지를 말입니다. 그렇습니다.("너희가 믿음에 있는가? 너희 자신을 시험하고 너희 자신을 확증하라. 예수 그리스도께서 너희 안에 '계신 줄'을 너희가 스스로 알지 못하느냐? 그렇지 않으면 너희가 버리운 자니라.〈고후13:5〉" 말씀과 같이 시험해 보라는 것입니다) 그렇게 자기가 자신을 테스트한 결과 자신이 하나님에게서 오는 성령을 받은 것이 아니라고 생각된다면 빨리 거기에서 멈추고 그 즉시로 거기로부터 돌아서야 합니다.

그것은 왜냐하면 거짓 예언자가 세상에 많이 나타났기 때문이라고 말씀하고 있기 때문입니다. 그러하기에 사도 요한을 통해 말씀하시기를 "사랑하는 여러분, 영(성령을)을 받았다고 하는 사람들을 무턱대고 믿지 말고 그들이 주장하는 영(성령이)이 하나님에게서 왔는지 시험해 보십시오." 하신 것입니다. 그러므로 자신이 하나님의 영을 받았는지 적그리스도의 영을 받았는지 시험해 보아야 합니다. 그것을 어떻게 시험할 수 있습니까?

그 시험을 주님께서는 사도 요한을 통해 "하나님의 영인 성령을 자신이 받았는지를 알아보는 방법"에 대하여 다음과 같이 말씀을 제시하고 있습니다. **첫 번째**로 "하나님의 영인 성령을 알아보는 방법은 이렇습니다. 예수 그리스도께서 인간으로 오신 것을(성육신 사건) 인정하는 사람은 모두 하나님의 영을 받은 것입니다." 말씀하고 있습니다. 이 말씀은 누구나 받아들일 수 있는 말씀입니다. 그런데도 간혹 가다가 받아들이지 못하는 사람도 있지만 말입니다. "주님은 죄 많은 인간의 모습으로 오셨습니다."(롬8:3; 공동번역) 그것을 인정하는 사람이 하나님의 영을 받은 것입니다. 그런 사람이 하나님의 말씀을 듣는 것입니다. 그것이 두 번째로 듣는 말씀입니다.

그러므로 **두 번째**로는 "우리는 하나님께 속하였으므로 하나님을 아는 사람은 우리의 말을 들으며"라고 말씀하고 있는 것입니다. 무슨 말씀입니까? **하나님께 속한 자**에 대해 '옥스퍼드원어성경대전'은 "예수의 성육신을 인정하고 고백하는 자는 하나님의 자녀요, 하나님에게 속한 자들이다."라고 해석합니다.

그렇습니다. 예수 그리스도께서 육신을 입고 오셨음을 시인하는 사람은 위에서 말씀을 드린 바와 같이 다 하나님의 성령을 받은 것입니다. 그러므로 하나님께 속한 하나님의 자녀는 자신이 하나님의 자녀이므로 예수 그리스도처럼(요8:54-55; 내게 영광을 돌리시는 이는 내 아버지이시니 곧 너희가 너희 하나님이라 칭하는 그이시라. 너희는 그를 알지 못하되 '나는 아노니' 만일 내가 알지 못한다 하면 나도 너희같이 거짓말쟁이가 되리라. '나는 그를 알고' 또 그의 말을 지키노라) 정말 성도 자신의 아버지로서 자신 아버지이신 **'하나님 아버지를 아는 것'**입니다. 그와 같이 하나님께 속한 사람은 하나님의 자녀로서 자기의 아버지이요, 자신의 하나님으로서 당연히 하나님을 아는 것입니다. 그러므로 그와 같이 하나님을 아는 사람들은 하나님의 속성을 지닌 하나님의 자녀로서 자기의 형제를 사랑한다고 말입니다. 그래서 사도 요한은 이렇게 그리스도의 형제들에게 당부의 말씀을 전하고 있습니다.

"사랑하는 여러분, 서로 사랑합시다. 사랑은 하나님에게서 왔습니다. **사랑하는 사람은** 모두 하나님에게서 나서(바리새인들에게 말씀하시기를, 너희는 아래에서 났고 '나는 위에서 났으며'〈요8:23〉 말씀처럼, 하나님의 자녀로서) **하나님을 알지만**"이라고 말입니다. 이처럼 하나님께 속한 사람들은 하나님을 아는 사람이어야 하는 것입니다. 하나님을 아는 사람은 하나님의 속성을 지닌 그분의 자녀로서 자신의 형제에게 하나님 아버지의 사랑을 표현한다고 말입니다. 예수님께서도 바리새파 사람들에게 이렇게 말씀하시지 않았습니까? "너희 아버지가 **'정말'** 하나님이시라면, 너희가 나를 **'사랑'**했을 것이다."라고 말입니다. 만일 위의 말씀을 예수님께서 여러분에게 말씀하셨다면 이런 말씀이 되는 것입니다. "여러분의 아버지가 '정말' 하나님이시라면, 여러분이 나를(하나님의 자녀들을) '사랑'했을 것이다." 이렇게 말입니다.

그렇습니다. 여러분의 아버지가 정말 하나님이시라면, 눈에 보이지 않는 주님은 물론이요, 주님의 지체인 형제를 사랑하게 되는 것입니다. 이와 같은 사람들이 하나님의 자녀요 형제로서 "우리의 말을 들으며"라는 말씀처럼(예수께서 말씀하시기를, 요8:47; 하나님께 속한 자는 하나님의 말씀을 듣나니) 하나님께서 사도들로 전하신 하나님의 말씀을(살전2:13; 공동번역; 우리가 하나님의 말씀을 전했을 때, 사람의 말로 받아들이지 않고 '사실 그대로' '하나님의 말씀으로 받아들였다는 것'입니다) 듣는다고 말입니다. 그와 같이 "사도들로 전한 말씀"을 "사람의 말"로 받아들이지 않고 **"사실 그대로 하나님의 말씀으로 받아들임"**으로써,(살전2:13; 진실로 그러하다. 이 말씀이 또한 믿는 자 속에서 역사하느니라) 하나님의 말씀이 긍정적으로 받아들이는 자 속에서 역사하시는 것입니다. 이러한데도 성경, 거룩한 선지자들과 사도들을 통해 전하신 하나님의 말씀을 하나님의 말씀으로 받아들이지 않는 위험천만한 사람들이 있는 것입니다. 그러므로 사도 요한은 "이것으로 우리는 (사도들을 통해 전하신 하나님의 말씀을 사실 그대로 받아들이는) '진리의 영'과 (사도들을 통해 전하신 하나님의 말씀을 사실 그대로 받아들이지 않는) '거짓의 영'을 분별할 수 있습니다." 말씀하고 있는 것입니다.

한편 "그리스도의 영을 받은 사람"과는 반대로 "적그리스도인 마귀의 영을 자신이 받고 있는지를 알아보는 방법"을 사도 요한은 다음과 같이 말씀을 전하고 있습니다. **첫 번째**로 "예수님을 그런 분으로(인간으로 오신 것을) 인정하지 않는 사람은 하나님의 영을 받은 것이 아니라 그리스도의 원수인 마귀의 영을 받은 것입니다." 말씀하고 있습니다. 그렇습니다. 예수 그리스도께서 하늘로부터 내려와 이 땅에 실존하셨던 분으로서 육체의 옷을 입고 오신 것을 인정하지 않는 사람은 마귀의 영을 받은 것입니다. 그것은 왜냐하면 예수님께서(요8:23; "나는 위에서 났으며" 말씀하신 분으로서) 인간으로 오시지 않았고, "너희는 아래에서 났고" 말씀하신 것처럼, 평범한 인간으로서 하나님의 일을 준행하는 것이라면, 그 예수님은 하나님의 온전한 구속 사역을 그 몸으로는 감당할 수 없기 때문입니다.

또한 모든 인간은 죄를 범하였기 때문에 하나님의 영광에 이를 수가 없기 때문(롬3:23)이기도 합니다. 그러므로 흠이 많은 인간은 율법의 요구를(히10:8; 현대인의 성경; 그리스도께서는 먼저 "주께서 제사와 예물과 번제와 속죄제를 원하거나 기뻐하지 않으셨습니다."〈이런 것은 율법이 요구하는 것임〉) 이룰 수가 없는 것입니다. 그와 같이 **예수 그리스도께서 인간으로 오신 것을 부인하는 것은** "하나님께서는 당신의 아들을 죄 많은 인간의 모습으로 보내어 그 육체를 죽이심으로써 이 세상의 죄를 없이 하셨습니다. 이렇게 해서 육체를 따라 살지 않고 성령을 따라 사는 우리 속에서 '율법의 요구'가 모두 이루어졌습니다."(롬8:3-4; 말씀하신 하나님의 말씀을 전적으로 부인하는 것이 되는 것이며, 예수님 당시에 주님께서 "지금 내가 하고 있는 일은 아버지께서 나에게 성취하라고 맡겨 주신 일인데, 그것이 바로 아버지께서 나를 보내셨다는 증거가 된다."〈요5:36; 공동번역〉) 말씀하신 주님을 부인하는 것이 되는 것이며, 그리고 "영원하신 성령으로 말미암아 흠 없는 자기를 하나님께 드린 그리스도의 피를(히9:14) 부인하는 것이 되는 것"입니다.

적그리스도인 마귀의 영을 자신이 받고 있는지를 알아보는 방법 **두 번째**로는 "저희(거짓 예언자)는 세상에 속하였으므로 세상에 속한 말을 하매 세상이 저희 말을(공동번역; 그들의 말에 귀를 기울입니다) 듣느니라 말씀하신 것이며 그리고 하나님에게서 나지 아니한 사람은 우리의 말을 듣지 아니합니다." 말씀하신 것입니다. 무슨 말씀입니까?

거짓 예언자들은 세상에 속하였으므로(세상에서 나온 사람이므로; 예수께서 바리새인들에게 요8:23; 너희는 이 세상에 속하였고 '나는 이 세상에 속하지 아니하였느니라.' 말씀하신 것처럼, 이 세상에 속한 사람들이) 세상에 속한 말을 하게 됩니다. 세례자 요한도 하나님의 말씀을 전하기를 "하나님의 보내신 이는 하나님의 말씀을 하나니"(요3:34) 하였고 "땅에서 난 이는 땅에 속하여 땅에 속한 말을 하느니라."(요3:31) 말씀을 전하고 있습니다. 그렇습니다. 땅에서 난 이는 땅에 속하여 땅에 속한 말을 하게 되는 것입니다. 그렇다면 땅에 속한 말은 무엇일까요?

땅에 속한 말은 바로 율법에 저촉되는 모든 것, 곧 육체의 욕망과 눈의 욕망과 세상 살림에 대한 자랑(요일2:16)으로써, "육체의 욕망"에 관한 모든 말들을 가리키는 것입니다. "이것은 음행과 더러움과 방탕과 우상 숭배와(욥31:24-28; 나〈욥은〉는 '돈을 신뢰'하거나, 재산이 많다고 기뻐한 적이 없으며, 그리고 하늘에 있는 빛나는 태양이나 은빛 길을 걷는 달을 보고, 은

근히 마음이 끌려 '손을 모아 그것들을 숭배'해 본 적도 없습니다.〈예; 강릉관광개발 공사; '1월 1일 새해 첫 뜨겁고 설레는 일출을 바라보며 새해 소원을 빌어 보세요' 하는 것, 우상 숭배 해맞이 축제 같은 것을 말하는 것입니다〉 내〈욥은〉가 그런 짓을 했다면 이것 역시 '재판을 받아야 할 죄'입니다. 그것은 내〈욥은〉가 '위에 계신' '하나님을 배반한 셈이 되기 때문'입니다. 그리고 "탐욕은 우상 숭배니라"〈골3:5〉 말씀처럼 탐욕과) 마술과 원수 맺는 것과 다툼과 시기와 화내는 것과 당파심과 분열과 이단과 질투와 술주정과(벧전4:3; 술에 취하고) 흥청대며 먹고 마시는 것과(벧전4:3; 진탕 먹고 마시며 떠들어 대는 것) 욕심과 그리고 이와 같은 것들입니다." 세상에 속한 것들이 이와 같으므로 "선한 것을 좋아하며 자제하고 의롭고 거룩하며 절제할 줄 알고 가르침을 받은 대로 진리의 말씀을 지켜야 하는데도, 위와 같은 사람들은 양의 옷을 입고 나오는 자와 같이 모양새만 갖추고 지키지 아니합니다. 가르침을 받은 대로 진리의 말씀을 지켜야만 바른 교훈으로 다른 사람들을 교훈하고 권면하고 반대하는 사람들을 책망할 수 있는데도 그렇게 하지 아니합니다.

그리고 위와 같은 사람들은 진리의 말씀에 복종하지 않고 터무니없는 말을 하며 남을 속이는 사람들이 됩니다. 그런 사람들은 땅에 속한 말로 **더러운 수입**을 위해 가르쳐서는 안 될 것을 가르쳐 신자들의 가정을 온통 뒤흔들어 놓는 사람이 되는 것입니다. 그러므로 위와 같은 사람들을 사정없이 책망하여 올바른 믿음을 갖게 하고 유대인의 신화나 진리를 저버린 사람들의 명령에 귀를 기울이지 못하게 하라고 사도 바울은 복음으로 낳은 아들이자 크레테 교회 지도자 디도를 지도하고 있는 것입니다. 그리고 사도 바울은 이어서 말씀을 전하기를 "깨끗한 사람들에게는 모든 것이 다 깨끗합니다. 그러나 더러워진 자들과 믿지 않는 자들에게는 아무것도 깨끗한 것이 없고 오히려 그들의 마음과 양심도 더러워져 있습니다. 그들은 **'하나님을 안다고 말은 하지만 행동으로는 하나님을 부인'**하고 있습니다. 그들은 밉살스럽고 완고해서 좋은 일이라고는 전혀 할 수 없는 자들입니다."(딛 1:8-16; 현대인의 성경, 공동번역)라고 합니다. 그렇습니다. 주님께서 사도 바울을 통해 말씀하심과 같이 '욕심으로 행하는 일'들이 땅에 속한 말이며 헛된 이론이고 하나님에 대한 지식에 대항하는 온갖 교만한 사상의 말인 것입니다. 교회 안에 이러한 사상들이 있다면, 성경 말씀처럼 그들을 사정없이 책망하여 그 마음의 심긴 독초를 뽑아내어 올바른 믿음을 갖도록 해야 합니다. 그래야만 그리스도의 몸 된 건강한 교회로서 영광의 그리스도 몸을 세워 나아갈 수 있습니다.

그와 같이 되기를 간절히 기도하며 적그리스도의 영인 마귀의 영을 자신이 받고 있는지를 알아보는 **두 번째** 방법을 이어 가겠습니다. "거짓 예언자들은 세상에 속하여 그들은 세상에 속한 것을 말하며 세상은 그들의 말을 듣습니다. 하나님께 속하지 아니하는 자는 우리의 말을 듣지 않습니다."라는 말씀입니다. 위 말씀 중에서 "세상은 그들의 말을 듣습니다."라는 말씀에 대하여 "예수님이 이렇게 말씀하셨다. 너희는 아래에서 났고 나는 위에서 났으며 너희는 이 세상에 속하였고 나는 이 세상에 속하지 않았다."(요8:23; 현대인의 성경) 예수님께서 바리새인들에게 이렇게 말씀하신 것입니다. 무슨 말씀입니까?

그 말씀은 예수님을 믿지 않는 바리새인들은 땅에서 난 사람들이며 이 세상에 속한 마귀의 자녀들이라는 말씀입니다. 그러므로 세상은 그들의 말을 듣는다는 말씀이 가리키고 있는 "세상은" 땅에 속한 자들로서 마귀의 지배 아래 있는 사람들을 가리키는 말씀이(요8:44) 되는 것입니다. 그렇기에 그들은 각기 다른 라디오나 텔레비전 방송 전파 신호와 같이 복음을 받는 주파수가 달라서 하늘나라 기쁜 소식을 전하시는 **'예수님의 말씀을 알아들을 수가 없는 것'**입니다. 그것을 예수님께서 바리새파 사람들에게 이렇게 말씀하셨지 않았습니까? "왜 너희는 내 말을 이해하지 못하느냐? 이는 너희가 내 말을 알아듣지 못하기 때문이다."(요8:43)라고 말입니다. 그러기 때문에 "세상은" 주님의 주파수 채널에 맞추고 있지 않기 때문에 주님께서 말씀하시는 말씀을 알아듣지 못하는 것이며, "세상은" 그들의 주파수 채널에 맞는 거짓 예언자들의 말이 오히려 찰떡으로 알고 듣게 되는 것입니다.

위와 같이 하나님께 속하지 않은 사람은 하나님의 말씀에 채널을 고정하여 듣지 않고 있는 것입니다. 그래서 사도 요한은 그러한 자들의 대하여 "하나님께 속하지 아니하는 자는 **'우리의 말'**을(말씀 중에서 "우리의 말"은 '사도들로 전하신 하나님의 말씀을 가리키는 말씀'입니다. 그것은 벧후3:2; 옛날 거룩한 예언자들이 전한 말씀과〈"가라사대 미련하고 선지자들의 말한 모든 것을, 더디 믿는 자들이여" 말씀하신 바와 같이〉 우리 '주님이신 구주께서' 여러분의 사도들을 '통해 명령하신 것'을 다시 한번 상기시켜 주려고 한다고 말씀하신 것입니다) 듣지 아니하나니"라고 말씀하고 있는 것입니다. 그 말씀을 '새 번역 성경'은 다음과 같이 해석하고 있습니다. "하나님에게서 나지 아니한 사람은 우리의 말을 듣지 아니합니다."라고 말입니다. 예수님께서도 사도 요한과 같은 말씀을 말씀하셨습니다. "하나님에게서 난 사람은 하나님의 말씀을 듣는다. 그러므로 **너희가 듣지 않는 것은 너희가 하나님에게서 나지 않았기 때문이다.**"(요8:47; 새 번역 성경)라고 말입니다.

사도 요한을 통해 하늘나라 복음을 전하는 말씀과 하나님에게서 오신 예수님께서 하늘나라 복음을 전하시는 말씀이 서로 똑같지 않습니까? 그와 같이 주님께서 전하신 말씀과 사도 요한을 통해 전하신 하나님의 말씀이 같은 말씀이라면 "주님이신 구주께서" 여러분의 사도들을 통해 전하신 하나님의 말씀을 듣지 않는 사람은 결과적으로는 누구의 자녀라는 말씀입니까?

주님께서 자신의 말을 이해하지 못하고, 자신의 말을 알아듣지 못하는 바리새파 사람들에게 이렇게 말씀하셨습니다. "너희는 너희 아비인 악마에게서 났으며 또 그 아비의 욕심대로 하려고 한다. 그는 처음부터 살인자였다. 또 그는 진리 편에 있지 않다. 그것은 그 속에 진리가 없기 때문이다."(요8:44; 새 번역 성경) 이렇게 말입니다. 그리고 또 이렇게도 말씀하셨습니다. "내가 진리를 말하기 때문에, 너희는 나를 믿지 않는다." "내가 진리를 말하는데 어찌하여 나를 믿지 않느냐?" "하나님에게서 난 사람은 하나님의 말씀을 듣는다. 그러므로 듣지 않는 것은 너희가 하나님에게서 나지 않았기 때문이다."(요8:45-47; 새 번역 성경) 이렇게 말입니다. 하나님의 말씀을 듣지 않는다는 것은 자신이 하나님의 자녀가 아니라는 것을, 자신이 스스로 자신을 증거하는 행위라는 것입니다.

　그래서 주님께서는 사도 요한을 통해 "하나님께 속하지 아니하는 자는, 우리의 말을 '듣지' 아니하나니"("거룩한 사도들을 통해 전하신 하나님의 말씀을 듣지 않습니다. 우리가 여러분에게 하나님의 말씀을 전했을 때, 여러분이 그것을 사람의 말로 받아들이지 않고 사실 그대로 하나님의 말씀으로 받아들였다는 것입니다. 이 하나님의 말씀은 믿는 여러분의 마음속에서 살아 움직이고 있습니다."〈벧후3:2〉 말씀과 같이, 말씀을 받아들이는 자 안에서 성령님께서 그분의 일을 하여야 하는데, 말씀의 반대로 위와 같이 사도들을 통해 전하신 하나님의 말씀을 '하나님의 말씀으로 받아들이지 아니함'으로써, 마귀 안에는 진리가 없는 것처럼, 듣는 자 마음속에 하나님의 말씀이 없음으로 인해 그 사람 마음속에서 일할 수 없는 것입니다〈살전2:13〉)라고 말씀하신 것과 같이 듣지 않는 것입니다. (이런 사람들이 입으로는 하나님을 안다고 말을 하지만, 행위로는 부인하는 거짓의 영을 받은 사람인 것입니다〈딛1:16〉) 그러므로 사도 요한은 "우리는 이것으로(예수 그리스도께서 인간으로 오신 것을, '인정하는 영'으로서 주님이신 구주께서 거룩한 사도들을 통해 전하신 하나님의 말씀을 사실 그대로 하나님의 말씀으로 받아들이는 '진리의 영'과, 그리고 '반대로' 예수 그리스도께서 인간으로 오신 것을, '인정하지 않는 영'으로서 주님이신 구주께서 사도들을 통해 전하신 하나님의 말씀을 사실 그대로 하나님의 말씀으로 받아들이지 않는 '거짓의 영'을 우리는 분별할 수 있다고 하는 것입니다) 진리의 영과 미혹의 영을(공동번역; 진리의 성령과 사람을 속이는 악령을 가릴 수 있습니다) 이로써 아느니라."(요일4:5-6) 말씀하신 것입니다.

위와 같이 해석을 하다가 보니 우연하지 않게 일치하는 신학자가 있었습니다. 그는 '옥스퍼드원어성경대전'에 소개된 신학자 리츠만이었습니다. '옥스퍼드원어성경대전'은 "그 신학자 리츠만(H. Lietzmann)은 고린도전서 14장 38절에서(만일 누구든지 알지 못하면 그는 '알지 못하니라) "알지 못한 자니라"로 번역된 "아그노에타이"를 "하나님의 심판"으로 해석해 "구원에 이르지 못하는 것"으로 이해한다. 요일 4장 6절의 "우리는 하나님께 속하였으니 하나님을 아는 자는 우리의 말을 듣고 하나님께 속하지 아니한 자는 우리의 말을 듣지 아니하나니 진리의 영과 미혹의 영을 이로써 아느니라."는 말씀은 이 견해를 지지하는 듯이 보인다. 그러나 본 절에 이러한 해석을 도입하는 것은 문맥상으로 볼 때 너무 과도한 것임에 틀림없다. 여기서 언급된 바울의 표현은 단지 문제의 사람을 진리를 바로 깨달은 자로 인정하지 않는다는 것이지 그리스도인으로 인정하지 않는다는 말이 아니다. 본 단락 어디에도, 그리고 본 절 어디에도 출교에 관한 것이나 그로 인해 인정받지 못한다는 암시는 찾아볼 수 없다"고 신학자 리츠만이 주장한 해석을 반박하고 있습니다. 그것도 "고린도 교인들이 **스스로 자신들이 신령한 사람**'이라고 말하면서도 그들에 대한 바울의 경고를 주의 명령으로 인정하고 수용하지 않는다면 그것은 자기 스스로를 신령한 사람이라고 확신하는 생각이 **'거짓이 된다'**는 의미이다." 같은 구절을 해석한 사람들이 말입니다.

예수께서도 "내가 너희에게 하는 말도 **'나 스스로 하는 말이 아니라'** 아버지께서 내 안에 계시면서 몸소 하시는 일이다."(요14:10) 말씀하셨건만, '옥스퍼드원어성경대전'의 해석처럼 만일 고린도 교인들이 "스스로 자신들이 신령한 사람(선지자 또는 하나님의 말씀을 받아 전하는 사람 곧 예언자)"이라고 말을 한다면 그 자체가 "성령을 받았다는 말과 같은 것"입니다. 그러나 우리는 교회 안에 그런 사람들이 있다고 해서 다 믿을 수는 없는 것("여러분은 자기가 성령을 받았노라고 말하는 사람들을 다 믿지 말고 그들이 성령 받았다고 주장하는 것이 과연 하나님께로부터 온 것인지 아닌지를 시험해 보십시오."〈공동번역; 요일4:1〉 말씀하셨기 때문입니다)입니다. 그것은 마귀가 최후의 보류인 그리스도인을 무너뜨리려고 교회 안에 거짓 예언자들을 많이 침투(눅10:18; 예수께서 이르시되 사단이 하늘로서 번개같이 떨어지는 것을 내가 보았노라; 요일4:3; 그〈마귀〉가 벌써 세상에 와 있습니다)시켜 놓았기 때문인 것입니다.

그러므로 다윗을 통해서 말씀하시지 않았습니까? "나를 '모욕하는 자'가 원수였다면 차라리 견디기 쉬웠을 것을, 나를 '업신여기는 자'가 적이었다면 그를 비키기라도 했을 것을, 그러나 그것은 **내 동료, 내 친구, 서로 가까이 지내던 벗, 성전에서 정답게 어울리던 네가 아니냐?**"(시55:12-14; 공동번역)라고 말입니다. 그리고 다시 다윗은 그들을 향해 이렇게 말하고 있습니다. "홀연히 사라져 버려라. 죽음이 그들 위에 무너져 내려라. **산 채로 지하로 내려가 버려라.** 그들이 사는 곳, 그들의 집은 죄악의 소굴이다."(시55:14-15; 공동번역)라고 말합니다. 그래서 주님께서는 "의로운 사람들 사이에 끼어 있는 악한 사람"들을 보고 이렇게 말씀하셨습니다. "주인이 가로되 '가만두어라. 가라지를 뽑다가 곡식까지 뽑을까 염려하노라. 둘 다 추수 때까지 함께 자라게 두어라.' 추수 때에 내가(예수님께서) 추수꾼(천사)들에게 말하기를 '가라지는 먼저 거두어 불사르게 단으로 묶고, 곡식은 모아 내 곳간에 넣으라' 하리라."(마13:29-30) 하신 것입니다. 그리고 요한계시록에 나오는, 소아시아의 7개 지역에 분포한 교회 안에도 진실한 성도들만 있었던 것이 아니었듯이, 가라지 곧(마3:12; 쭉정이는 꺼지지 않는 불에 태우시리라는 말씀과 같이) 쭉정이는 교회 안에 끼어 있기 마련입니다.

그런데도 하나님의 집에 함께 다니면서 "스스로 자신들이 신령한 사람"이라고 말을 한다면, 자신이 성령을 받은 신령한 사람일수록 하나님의 자녀로서 더더욱 **주님의 말씀에 복종하며 사는 사람**이 되어야 그 사람에게는 맞는 일인 것입니다. 그렇게 살아야만 함에도 성령을 받았다고 하면서도 그와 같이 사도 바울을 통해 주님께서 "스스로 자신들이 선지자다. 하나님의 계시를 받은 예언자다." 하며 성령을 받았다고 주장하는 사람들에게 주님이신 구주께서 명령(고전14:26-37; 현대인의 성경; 여러분이 함께 모여 예배할 때에 질서를 지킬 것과 여자는 교회 집회에서 말할 권한이 없으니 말하지 말 것 등을)하셨음에도 불구하고(행10:45-

46; "성령이 말씀 듣는 모든 사람에게 내려오시니, 이는 방언을 말하며 '하나님을 높임'을 들음이러라." 말씀하셨음에도 불구하고) 하나님을 높이지도, 주님의 명령을 주님의 명령으로 받아들이지도, 인정하지도 않는다면 그것은 예수님의 말씀처럼 "너희가 (하나님의 말씀을) 듣지 않는 것은 너희가 하나님에게서 나지 않았기 때문이다." (요8:47; 새 번역 성경) 하나님에게서 나지 않은 것입니다. 그러므로 이는 주님의 자녀가 아니라는 것이며, 주님의 명령을, 인간 자신이 그리스도의 적대자가 되어 거역하는 것이요, 복종하지 않는 것입니다. 혹시라도 그와 같이 주님의 명령에 불복종하는 사람이, 고린도교회 사람 중에 있다면, 일부의 사람들이겠지만, 그러한 사람에 대하여 "자기 스스로를 신령한 사람이라고 확신하는 생각이 거짓이 된다는 의미이다."라는 해석의 말은 맞는 해석이 되는 것입니다. 그러므로 '옥스퍼드원어성경대전'의 해석의 말은 곧 "신령한 은사를 받았다고 생각하는 그 자체가 거짓이 된다는 의미하는 말의 해석이 되는 것입니다." 무엇이든지 간에 그리스도인이라면 거짓의 행동은 마귀가 남을 속이는 것으로서 절대적으로 하지 말아야 할 일(계22:15; 거짓말을 좋아하며 지어내는 자마다 성 밖에 있으리라)인 것입니다. 거짓말을 하는 자가 누구입니까? 마귀가 아닙니까?

그러므로 마귀의 자녀들은 고린도전서 14장 38절에서 말한 것처럼 "만일 누구든지(옥스퍼드원어성경대전; 자신을 예언자로 그리고 방언을 말하는 신령한 자로 생각할 정도의 성숙한 그리스도인이라면 지금까지 바울이 진술한 내용들이 바로 예수 그리스도로 말미암은 것이라는 점을) 알지 못하면 그는(옥스퍼드원어성경대전; 고린도 교인들이 스스로 자신들이 신령한 사람들이라고 말하면서도 그들에 대한 바울의 권고를 '주의 명령'으로 인정하고 수용하지 않는다면 그것은 '자기 스스로'를 신령한 사람〈예; 성령의 은사를 받은 사람 또는 선지자나 신령한 자〉이라고 확신하는 생각이 '거짓이 된다는' 의미입니다) 알지 못한 자"입니다. 곧 주님께서 사도 바울을 통해 성령의 은사를 받은 고린도 교인들에게 그와 같이 '명령'하셨음에도 불구하고, '옥스퍼드원어성경대전'의 해석처럼 그들이 무지하거나, 주님의 명령하신 말씀을 깨닫지 못하여 "알아듣지 못한다는 것"은 **"하나님의 말씀을 들을 줄 알지 못하는 자"**인 것입니다. 위에서도 말씀드린 바와 같이 예수께서 하나님의 말씀을 들을 줄을 알지 못하는 사람들에 대하여 이렇게 말씀하시지 않았습니까?

"하나님이 너희 아버지였으면 너희가 나를 사랑하였으리니 이는 내가 하나님께로 나왔음이라. 나는 스스로 온 것이 아니요, 아버지께서 나를 보내신 것이니라. 어찌하여 내 말을 깨닫지 못하느냐? 이는 **'내 말을 들을 줄 알지 못함'**이로다."(요 9:42-43)

왜 당시의 바리새인들과 유대인들은 주님을 사랑하지도 않고, 예수님의 말씀을 알아들을 줄 몰랐습니까? 예수님께서 그 이유에 대하여 유대인들에게 이렇게 말씀하셨습니다. "너희는 너희 아비 마귀에게 났으니 너희 아비의 욕심을 너희도 행하고자 하느니라. 저는 처음부터 살인한 자요, 진리가 그 속에 없으므로 진리에 서지 못하고 거짓을 말할 때마다 제 것으로, 말을 하나니 이는 저가 거짓말쟁이요, 거짓의 아비가 되었음이니라."(요9:44)

이 말씀과 같이 마귀의 자녀들은 사도 요한을 통해 말씀하신 것과 같이 신학자 리츠만의 해석과 같이 예수님을 믿지 않음으로써 하늘나라에 관한 복음의 주파수가 그들의 채널에 맞지 않기 때문에 "하나님의 말씀을 알아듣지 못하는 것"입니다. 성경의 모든 예언은 사사로이 풀 것이(현대인의 성경; 자기 멋대로 해석해서는 안 된다는 것) 아닌데도(벧후2:20) 불구하고 그렇게 지어내어 해석함으로써 주님의 명령을 약화하여 많은 사람을 땅속 깊은 구렁에 빠뜨리는 일을 하게 되는 것입니다. 주님이신 구주께서는 사도 바울을 통해 "여러 사람이 함께 모여 예배할 때 '질서 지키기'와 여자들은 '교회 집회'에서 말할 권리가(교회 집회에서 하나님의 말씀을 받아 전한다거나 하는 설교할 권리를 말씀합니다) 없으니 말을 하지 마십시오." 하셨고, "내가 여러분에게 써 보내는 이 말이, 이 편지가 '주님의 명령'이라는 것을 아십시오."라고 명령하셨습니다. 그럼에도 불구하고 말씀과 같이 알아듣지 못하고 말하기를 "여기서 언급된 바울의 표현은 단지 문제의 사람을 진리를 바로 깨달은 자로 인정하지 않는다는 것이지 그리스도인으로 인정하지 않는다는 말이 아니다."라고 다른 성경처럼 억지로 해석함(먼저 알아야 할 것은 성경의 예언을 자기 멋대로 해석해서는 안 된다는 점입니다.〈벧후1:20; 현대인의 성경〉"그의〈형제 바울의; 벧후2:15; 우리의 사랑하는 형제 바울도 하나님께 받은 지혜로 이와 같은 편지를 여러분에게 써 보냈습니다〉 모든 편지에서도 그는〈형제 바울은〉 이와 같은 말을 했는데 그 가운데는 알기 어려운 말이 더러 있습니다. 무식하고 믿음이 약한 사람들이 다른 성경처럼 그것도 '억지로 해석하여 스스로 멸망'을 불러들이고 있습니다."〈벧후2:16〉라고 사도 베드로를 통하여 강력하게 경고하셨고, 그 옛날 이사야 선지자를 통하여 "그러므로 모든 예언적인 계시가 너희에게는 '봉해진 책'과 같을 것이다. 그것을 '유식한 자에게 주어 읽어 보라'고 해도 그것이 '봉해졌음'으로 그는 읽을 수 없다고 대답할 것이며 또 '무식한 자에게 주어 읽어 보라'고 하면 '무식'해서 읽을 수 없다고 대답할 것이다."〈사29:11-12〉 말씀하셨는데도 불구하고 무슨 성경의 모든 말씀에 박식한 것처럼 자기 지식에 취하여, 다른 성경처럼 억지로 풀어 하나님께서 그렇게 말씀하신 양 가르침으로써 "하나님을 분노케 하는 것"〈욥42:7-8〉입니다. 그와 같은 일로 인해서 사람들의 마음속으로 속삭이는 것까지 다 듣고 보고 계시는 우주와 온 천하 만물을 창조하신 창조주 살아 계신 하나님을 "멸시하는 것"인 줄도 모르고 있는 것〈사29:15; 누가 우리를 보랴, 누가 우리를 알랴 하는 도다〉입니다)으로써 저들에게 목사의 꿈을 꾸게 하고, 그 기회를 주어 목사가 되게 함으로 "그 옛날 고라와 다단과 아비람과 온과 같이(민16:11; 공동번역; 사제직마저 요구함으로써 '그대와 한 무리가 된 사람들은 모두 야훼께 항거하고 있는 것이다.'라고 모세를 통해 말씀하심과 같이) 하나님의 절대적 권위에 대항함으로써, 하나님께서 이들의 소유물과 이들을 산 채로 깊은 구렁에 빠져 죽게 하시면, 여러분은 이 사람들이 정말 **'여호와를 멸시했다는 것'**을 알게 될 것입니다."

무시무시한 경고로 모세를 통해 말씀하셨음에도 불구하고, "모세의 말이 끝나기가 무섭게 다단과 아비람이 서 있는 땅이 갑자기 갈라져 그들과 그 가족들과 고라의 종들과 그들의 소유물을 모두 삼켜 버렸다. 그리고 그들이 산 채로 깊은 구렁에 빠지자 갈라진 땅이 다시 합해지고 그들은 산 채로 매장되어 지상에서 영원히 사라졌"습니다. 하나님의 진노하심을 촉발케 하여 "살아 있는 상태로 불구덩이"에 빠지자 땅이 입을 다물었다고 모세를 통해 엠뷸런스 빨강색 경광등 불빛으로 빠르게 초고속으로 돌려, 강력하게 경고하셨음에도 아랑곳하지 않고 있는 것입니다. 이는 여호와를 멸시하는 일("특별히 육체의 정욕대로 살며 '하나님의 권위를 멸시하는 사람'에게는 '더욱 큰 벌을 내리실 것'입니다." 〈벧후2:10〉라고 사도 베드로로 기록하셨음에도 불구하고 그리고 '옥스퍼드원어성경대전'에서도 "나를 멸시하는 자'를 내가 경멸히 여기리라." 이는 "주를 멸시하는 자들의 종말"이 무엇인지를 알게 한다고 강력하게 "하나님을 멸시하는 자"에 대하여 "나를 멸시하는 자를 멸시할 것이다."〈삼상2:30〉라고 해석의 말씀을 주셨음에도 불구하고)로서 **"제사장 직분"**까지 욕심으로 독차지하려던 그들은 하나님을 최고로 분노케 함으로 "산 채로 깊은 구렁"에 빠져 지상에서 영원히 사라져 버렸다고 기록되었고 '공동번역'은 "그들이 식구들과 함께 **'산 채로 지옥'**에 떨어진 다음에야 땅은 입을 다물었다." 기록하고 있는데도 "무슨 말씀인지를 알아듣지 못하고 있는 것"입니다. 그리고 "산 채로 지옥"에 떨어졌다는 것은 그들이 죽는 것이 아니라, "살아 있는 상태로 상상도 못 할 고통의 벌을 받는다는 것"을 뜻하는 말씀인데도(몸과 영혼을 아울러 지옥에 던져 멸망시킬 수 있는 분을 두려워하라는 말씀과 같이 "지옥은 죽는 곳이, 아니라 벌을 받는 장소입니다."라고 말씀을 드렸습니다 〈마10:28〉) 하나님의 영적인 일은 깨닫지 못하고, 여전히 그들은 특정 목사를 배출하고 있는 것입니다. 그날에 가서 **후회**하면 때는 이미 늦은 것인데도 말입니다.

성령님의 어떠한 명령이라도 어기고(거역하고) 살 사람이 어디에 있다고 그런 일을 꾸미고 있단 말입니까? 지금, 여러분이 짓고 있는 죄가 여러분이 알고 일부러 짓는 그런 죄가 아니기를 빕니다. 왜냐하면 그리스도를 알고 짐짓 죄를 짓는 사람은 여러분들이 더 잘 알고 있듯이 회개할 길이 없기 때문입니다. 그리고 주님을 알고서도 계속 짓는 죄는 주님을 자기 손으로 십자가에 다시 못 박아 공공연하게 수치를 당하게 하는 사람이기 때문(히6:6)입니다. 여러분이 주님을 확실하게 알았다면, 지금과 같은 일은 할 수 없는 일인 것입니다. 그러므로 여러분은 현실 속에서 눈에 보이는 달콤한 유혹에 빠지지 마십시오.

예수 그리스도를 믿는 여러분들을 죄짓게 하는 자들이 누구입니까? 바로 "실족케 하는 그 사람에게는 화가 있습니다."라고 말씀하셨습니다. 위에서도 말씀을 드렸지만, 다시 줄여서 말씀을 드리겠습니다. 그 말씀을 주님께서는 이렇게 말씀하셨습니다. "세상에는 죄짓게 하는 일이 항상 있게 마련이다. 그러나 죄짓게 하는 그 사람에게는 불행이 닥칠 것이다."(마18:7; 현대인의 성경) 말씀하셨습니다. 그렇다면 위 말씀과 같이 "죄짓게 하는 그 사람에게 불행이 닥칠 것이다." 말씀하신 그 불행은 어떤 불행을 말씀하시는 것일까요?

주님을 믿는 믿음의 형제에게 죄를 짓게 하는 그 사람에게 닥칠 불행을 주님께서는 이렇게 말씀하셨습니다. "내가 천사들을 보내겠다. 그들은(천사들은) **'죄를 짓게 하는 모든 사람'**과 **'악을 행하는 사람'**들을 내 나라에서 추려내어 **'불구덩이에 던져 넣을 것'**이다."(마13:11-12; 현대인의 성경)라고 말씀하신 것입니다. 주님의 말씀과 같이 "형제를 죄를 짓게 하는 그 사람"에게 닥치는 불행이란 불구덩이에 던져 넣는 불행을 말씀하신 것입니다. 그래서 예수님께서는 "나를 믿는 이 작은 사람들 가운데서 누구 하나라도 죄짓게 하는 사람은 그 목에 큰 맷돌짝을 달고 바다에 빠져 죽는 편이 오히려 나을 것이다."(마18:6) 말씀하신 것입니다.

그만큼, 형제를 사랑하지도 않으며 살아 계신 하나님, 그분의 말씀을 거역한다는 것은 정말 어리석은 짓을 하는 사람인 것입니다. 히브리서 기자로 어리석은 사람에 대하여 "원수 갚는 것은 나의 일이다. 내가 갚아 주겠다." 하시고 또 **"주께서 자기 백성을 심판하실 것'**이다."라고 말씀하신 분을 우리는 알고 있습니다. **살아 계신 하나님의 심판에서 대상이 된다는 것은** 정말 무서운 일입니다."(히10:30-31; 현대인의 성경)라고 말씀하신 것입니다. 그렇습니다. 정말 무서운 일인 것입니다. 그러니 형제를 죄짓게 하는 일을 하지 맙시다.

위와 같이 살아 계신 하나님께서는 그분의 심판을 말씀과 같이 "아버지께서는 아무도 심판하지 않으시고 심판하는 일을 모두 아들에게 맡기셨다."(요5:22) 말씀과 같이 예수님께 맡기셨습니다. 이처럼 온 인류를 심판하실 그분이, 바로 하나님의 아들 예수 그리스도이십니다. 위와 같이 온 인류를 심판하실 주님은 살아 계신 주님의 아버지, 곧 여호와 하나님의 보내심을 받아 이 땅에 오셨습니다. 여러분은 주님께서 인간으로 오신 것을 마음에 확실하게 믿습니까?

그렇습니다. 그와 같이 인간의 몸으로 이 땅에 오신 우리 주님이신 **예수님은 가상 인물이 아닙니다.** 실제로 이 땅에 존재하셨고 여전히 존재하고 계신 분이십니다. 그러하신 우리 주님은 이 세상 죄를 없이 하시려고 스스로 목숨을 버리셨으며 자기를 믿는 자들을 살리려고 부활하셨습니다. 그리고 많은 사람이 보는 앞에서 들려 하늘로 올라 가셨습니다. 사랑하는 형제자매 여러분, 여러분은 위 말씀을 확실하게 믿지요?

위에 기록한 말씀과 같이 실제로 모진 고난을 겪으시고 우리를 위하여 부활하셨으며 많은 사람이 보는 앞에서 하늘로 승천하신 **우리 주님이, 자신의 아버지, 창조주 하나님**을 우리에게 알려 주셨습니다. 그렇다면 하나님은 실제로 존재하시는 분이심이 확실하게 확인된 것입니다. 그리고 전지전능하신 하나님께서 성경에 말씀하신 모든 것이 그분의 계획에 따라 실제로 진행되고 있으며 그분이 성경에 기록된 대로 천국뿐만 아니라 지옥과 영원토록 유황이 타는 불바다도 존재하고 있는 것도 여러분에게 확인된 것입니다. 그 밖에 "하늘과 땅에 있는 것들과, 보이는 것과 보이지 않는 것들과 천사들과 영적 존재들과 만물이 다 그분에 의해서 창조되었고 그분을 위해 창조되었다는 것"도(골1:16) 확인된 것입니다. 우리 주님이 **가상 인물이 아니라 실존하신 분이심**을 믿는 사람들은 모두가 다 아는 사실입니다. "우리 주님은 모든 만물을 지으시기 전에 탄생하여 계셨고(골1:15-16: 그는 보이지 아니하시는 하나님의 형상이요, 모든 창조물보다 먼저 나신 자니, 그가 만물보다 먼저 계시고 만물이 그 안에 함께 섰느니라) 하나님 곁에서 창조자가 되어 날마다 그분을 즐겁게 하여 드리었습니다."(잠8:22-31) 그와 같이 창조 전부터 하나님과 함께 계셨다가 이 땅에 오신 주님은 바리새파 사람들에게 "하나님이 너희 아버지라면 너희가 나를 사랑할 것이라. 그것은, 내가 하나님에게서 와서 여기에 있기 때문이다. 내가 내 마음대로 온 것이 아니라 아버지께서 나를 보낸 것이다." 말씀하신 것입니다. 예수님의 모든 말씀은 확실한 것입니다.

예수님께서 자신의 아버지를 바리새파 사람들에게 알려 주실 만큼 하나님께서는 우리 주님을 이 땅에 내려보내심과 같이 살아 계십니다. 마찬가지로 그분은 여전히 아버지 자신이 만든 창조물 안에서 일하고 계심으로써 그분의 창조물인 우주와 지구의 대자연을 통해서 주님 자신을 나타내어 온 세상 사람에게와 여러분에게 그 사실을 계속해서 보여 주고 계시지 않습니까?

그러므로 여러분은 잘 생각하십시오. 인생이 그렇게 길지 않습니다. 하나님께서는 길이길이 참는다고 하셔도 사람의 수명이 그리 길지 않다는 것입니다. 모든 사람이 인생을 몇 번씩 사는 것이 아닙니다. 단 한 번의 인생이 모든 사람에게 주어진 것입니다. 우리는 지금 인생에 있어서 가장 중대한 갈림길에 서 있습니다. 어디로 갈는지는 각자에게 달려 있습니다. 하나님께서 저자로 지옥의 세계를 알게 하신 것을 보면, 지옥은 정말로 끔찍한 곳이요, 고통의 세계입니다. 지옥은 심판 때까지만 존재합니다. 심판 후에는 지옥도 영원히 타오르는 유황 불바다에(계20:14; 사망과 지옥이 불바다에 던져졌습니다) 던져집니다. 그리고 사람의 육체의 눈으로 볼 수 없는 '영적인 존재'들도 그들의 '영적인 몸'으로 고통을(계20:10; 또 저희를 미혹하는 마귀가 불과 유황 못에 던지우니 거기는 그 짐승과 거짓 선지자도 있어 "세세토록 밤낮 괴로움"을 받으리라) 세세토록 받는 데가 바로 지옥이 던져진 영원한 불 못의 세계입니다. 그와 같이 **'영적인 존재'**들도 그들의 영적인 몸으로 세세토록 밤낮 괴로움을 받는다면(마25:41; 저주를 받은 자들아, 내게서 떠나서 악마와 졸개들을 가두려고 준비한 "영원한 불에 들어가라." 말씀과 같이 영원한 불에 들어가게 된다면) **'사람의 영혼'**은 어떻겠습니까?

그리고 그것도 "악한 일을 행한 자는 심판의 부활로 나오리라."(요5:29) 말씀과 같이 부활하여 산 채로 유황이 타는 불 못으로 던져진다면 그 비참하고 끔찍한 고통은 표현할 수 없을 만큼, 매우 더 심히 괴롭지 않겠습니까? 지옥으로 던져진 한 부자의 영혼보다(눅16:24; 내가 이 불꽃 가운데서 고민하나이다) 영원히 타는 유황 불꽃 가운데서 더 고통으로 괴로워서 더욱 몸서리치지 않겠습니까?

여러분에게 이렇게 전한 위 말씀은 예수님께서 이스라엘의 같은 동족이요, 서로 형제로서 부자와 거지 나사로를 비유로 한 예화로, 주님을 믿는다는 사람(이것만은 알아 두십시오. 성경에서 "악인은 어떤 사람"을 가리킵니까? 엘리후는 악인에 대하여 하나님의 말씀을 이렇게 전합니다. "하나님은 사람들이 보는 곳에서 '악인들을 처벌'하십니다. 그 이유는 그들이 '하나님을 따르던 길에서 벗어나고〈자기를 떠나고; 현대인의 성경〉' '하나님이 지시하시는 어느 길로도 가지 않기〈그의 모든 명령을 무시하였기〉 때문'입니다."〈욥34:26-27; 새 번역 성경〉라고 말입니다. 이렇게 진리를 가로막는 "악인"에 대하여 앞에서 말씀하고 있듯이 하나님을 믿는 사람들로서 "하나님을 따르던 길에서 벗어난 사람"이며 "하나님의 모든 명령을 무시〈불순종〉하는 사람"을 보고 성경에서는 "악인"이라고 말씀하고 있습니다. 이와 같이 성경에서는 "하나님을 믿는 사람들"로서 "하나님은 안중에도 없고 자신의 욕심을 위해 그분의 거룩한 명령을 계속해서 거스르는 사람"들을 보고 "악인"이라고 하는 것입니다. 그러므로 위와 같은 사람들이 죽으면 지옥의 심판을 피하지 못하여〈마23:33〉, 죽은 자들의 세계로 들어가지 못하고 지옥으로〈막9:43-47; 손과 발이 범죄 하거든 자르고, 눈이 범죄 하거든 빼어라. 그렇지 않으면 온몸이 지옥 불에 들어가게 된다. 라는 말씀과 같이〉 들어가게 되는 사람도 있을 것이라고, 주님은 말씀하는 것입니다. 그러므로 예수님을 믿는 사람들은 어떠한 일이 있어도 계속해서 죄를 범하거나 하나님의 명령들을 거역해서는 안 되는 것입니다. 그것은 왜냐하면 "거룩해지지 않고서는 아무도 주님을 보지 못할 것입니다." 말씀하셨기 때문이며, 그리고 앞에서도 줄곧 말씀을 드렸다시피, "죽인 다음에 '지옥에 던져 넣는 권세 있는 분'에 의하여"〈눅12:5〉 지옥에 던져진 사람들은 "영혼에도 감각이 살아 있어서" 맹렬히 타오르는 그 뜨거운 불꽃 속에서의 기절초풍할 만큼 그 영혼은 고통을 뼈저리게 느끼게 되기 때문입니다. 지옥은 예수님을 전혀 믿지 않는 세상 사람들이 들어가게 되는 곳이 아닙니다. 저자는 지금까지 예수님을 믿는다고 입으로는 고백하면서도 하나님의 보내신 자를 믿지 않는 유대인들과 같이 "주님을 믿지 않음으로서 형제 사랑을 실천하지 않으며, 그의 모든 명령을 거역하며, 악을 행하는 자들이 들어가게 될 것"이라고 말씀을 드렸습니다. 그러나 "예수님을 믿지 않는 세상 사람들은 사도 요한을 통해 말씀한 바와 같이, 바다와 죽음이 죽은 자들의 세계에 있던 사람들을 내놓아 흰 보좌에 앉으신 분에게 자기들의 행위대로 심판을 받고 영원한 불바다에 들어가게 된다고 말씀하고 있습니다."〈계20:13〉 이와 같이 생명책에 기록되어 있지 않은 예수님을 믿지 않는 세상 사람들도 유황이 타는 영원한 불바다에 던져지게 됨으로써 무섭도록 맹렬히 타오르는 유황 불바다가 지옥에 들어간 사람들과 마찬가지로, 세상 사람들에게도 얼마나 두렵고 무서우며 끔찍하겠습니까? 이러함으로 온 세상 사람들도 "기필코" 예수님을 믿어 구원받아야 하지 않겠습니까? 이와 같이 흰 보좌에 앉으신 분에게 자기들의 행위대로 심판을 받게 되는, 예수님을 믿지 않는 온 세상 사람들에게 비하면, 우리에게 베풀어주신 "하나님의 구원 선물"은 감히 상상할 수도 없으리만큼, 어마어마하게 "큰 상급"인데도 별스럽지 않게 생각하고, 그 은혜를 너무나도 가볍게 여겨 "계속 죄를 짓는 사람들"이 있는 것입니다. 그렇게 계속하여 죄짓는 일을 함으로써, 자신이 "하나님의 아들을 짓밟는 행동"을 하는 것인데도 불구하고 죄를 스스럼없이 짓는 사람들이 있습니다. 그러므로 "하나님의 백성으로서 죄를 짓는 자들을 위해 율법이 제정된 것"〈딤전1:9-10; 율법이 제정된 것은〉처럼, "지옥은" "하나님의 그 크신 은혜의 선물"을 받고서도 그와 같이 온갖 악한 행동으로 진리를 가로막는 사람들〈롬2:13〉에게 있는 것이며, 예수님을 믿는다고 하면서도 진리를 알고 난 후에 짐짓 죄를 짓는 자〈히10:26-27〉, 곧 율법을 계속해서 거스르는 죄인들로서, 그와 같이 "하나님의 아들을 짓밟는 짓의 일을 계속하며 자기를 거룩하게 해준 언약의 피를 대수롭지 않게 여기고 은혜의 성령을 모욕하는 사람들〈히10:29; 새 번역 성경〉"을 위해 마련된 장소라는 것"을 형제 여러분들은 절대로 잊지 마시기를 바랍니다. 주님께서는 우리에게 "성령을 따라 사는 우리 속에서 율법의 요구가 모두 이루어졌습니다."〈롬8:4; 공동번역〉 말씀하지 않았습니까? 그러므로 이제부터는 성령을 따라 사는 사람들로서, 율법의 지배를 받는 삶〈갈5:19-21〉이 아니라, 여러분 안에서 지도하시는 성령님의 지도하심을 따라 그분이 지배하는 거룩한 삶〈갈5:22-23〉을 살아가라고 예수 그리스도를 믿는 모든 사람에게 주님은 엄중히 말씀하시고 또 말씀하시는 것입니다) 모두에게 하시는 말씀입니다. 명심, 또 명심하시기를 바랍니다.

저자는 그런 끔찍한 지옥과 영원한 유황 불바다에 누구든지 들어가지 말라고 모든 사람에게 전하는 이 글을 씁니다.

형제자매 여러분, 여러분만 아니라 사람이라면 누구라도 인생이 살아 있는 동안(롬5:10; 현대인의 성경; 각 사람은 "육체에 머물러 있는 동안" 자기가 행한 일에 따라 "선한 일"을 한 사람은 상을 받고 "악한 일"을 한 사람은 벌을 받게 될 것입니다)에 자신이 하나님께 죄를 지었다고 생각이 든다면, 곧바로 회개하고 올바른 길로 돌아와 "하나님의 선한 일"을(벧전4:19; 현대인의 성경; 그러므로 하나님의 뜻을 따라 고난을 받는 사람은 "계속 선한 일"을 하면서 자기 영혼을 신실하신 창조주 하나님께 맡겨야 할 것입니다) 하시기를 바랍니다. 그것은 **"하나님의 백성이 '먼저' 심판을 받을 것입니다."**(벧전4:17; 공동번역) 말씀과, **"주께서 자기 백성을 심판하실 것이다."**(히10:30; 현대인의 성경) 말씀과 같이 우리가 먼저 "하나님을 믿지 않는 이방인"들보다 "그리스도의 심판대 앞에 서서 심판을 받는다고 말씀하셨기 때문입니다."(시50:4-6; 마25;31-46; 롬14:10-12; 히10:30; 벧전4:17-18)

그러므로 여러분은 이 말씀을 기억하십시오. "하나님은 '경건한 사람'은 시험에서 건져 내시고 '악한 사람'들은 '심판 날까지 계속 벌'을 받게 하실 수 있으십니다. 특히, '육체의 더러운 정욕에 빠져 사는 자'들과 '하나님의 권위를 멸시하는 자'들을 벌하실 것입니다."(벧후2:9-10; 현대인의 성경, 공동번역) 말씀과 같이 특히, **"육체의 더러운 정욕에 빠져 사는 자"**들과 **"하나님의 권위를 멸시하는 자"**들을 심판 전에도 실제로 "한 부자와 같이 지옥에서 계속 벌"을 받게 하실 수 있다고 하신 말씀을 말입니다. 그리고 예수님께서 유대인들에게 말씀하신 이 말씀도 기억하십시오. "내 말을 듣고 나를 보내신 분을 믿는 사람은 영원한 생명을 가지고 있고, 심판을 받지 않을 것이다. 그는 이미 죽음에서 생명으로 옮겨 간 것이다."(요5:24) 그리고 "선한 일을 한 사람은 영원한 생명을 얻고"(요5:29)라는 말씀을 말입니다. 그 말씀은 곧 "우리는 형제를 사랑하기 때문에 죽음에서 벗어나 이미 영원한 생명을 소유하고 있다는 것을 압니다. 그러나 사랑하지 않는 사람은 죽음에 그대로 머물러 있습니다."(요일3:14) 말씀하신 것입니다. 그러므로 말세를 만난 우리가 이런 말씀으로 서로 위로하며 우리 모두 그리스도 안에 형제들을 서로 사랑함으로써 영원한 생명을 소유하고 있다는 것을 여러분 모두가 알게 되기를 바랍니다.

사랑하는 자매 여러분, 길이 아니면 가지 말라고 하였습니다. 자매 여러분, 자매 여러분의 현명한 판단이 서기를 우리 주님께 기도하겠습니다.

하늘에 계신 우리 아버지여, 아버지의 딸들을 기억하여 불쌍히 여겨 주옵소서. 그러므로 주님의 딸들에게 현명한 판단을 할 수 있는 지혜를 허락하여 주옵소서. 그리하여 자신의 죄를 알게 하셔서, 주 앞에 엎드려 회개하고 돌아와 아버지께서 하늘에서 내려 주신 모든 은혜에 감사하게 하옵소서. 그리고 아버지께서 기르시는 모든 자연에서 아버지의 손길을 발견하게 하옵시고, 세상을 창조하신 그때부터 아버지의 보이지 않는 속성, 영원하신 신성과 능력이, 우리의 눈에 보이지 않는 것들과 보이는 것들로, 자연에 나타나심과 여전히 자연 속에서 아버지의 손길이, 우리가 미처 생각하지 못한 곳에까지, 매일 빈틈이 없이 닿고 있으심을, 아버지의 딸들로 보고 느끼고 찾게 하셔서 온 마음과 온몸으로 체험하게 하시옵소서. 아버지께서 맺으신 여러 열매와 각종 음식과 기쁨으로, 딸들의 마음을 항상 만족하게 하신 것도, 주님의 딸들로 알게 하옵소서. 그러므로 그와 같이 베풀어 주신, 주님의 하해와 같은 은혜를, 참으로 깨달아 앎으로써 진실로 돌아와서 주님의 딸들을 여전히 변함이 없이 보살펴 주시며, 은혜를 베풀어 주시는 우리 아버지께 기쁨과 찬양으로 감사제를 드리며, 하나님의 영광을 나타내는 아버지의 딸들이 다 되게 하옵소서. 우리 주 예수 그리스도 거룩하신 이름으로 기도합니다. 아멘.